MW00619771

La Sabiduría de la Verdad

🐾® © 2008 The Kabbalah Centre International, Inc.
Todos los derechos están reservados.

Ninguna parte de esta publicación puede ser reproducida
o transmitida en ninguna forma o por ningún medio,
electrónico o mecánico, incluyendo fotocopiado, grabado,
xerografiado o cualquier otro almacenaje de información o
sistema de recuperación, sin la previa autorización escrita
por parte del editor.

Kabbalah Centre Publishing es una DBA registrada de:
Kabbalah Centre International, Inc.

Para más información:
The Kabbalah Centre
155 E. 48th St., New York, NY 10017
1062 S. Robertson Blvd., Los Angeles, CA 90035

Primera edición en inglés: agosto 2008
Primera edición en español: julio 2015

Números de contacto en: es.kabbalah.com/ubicaciones

es.kabbalah.com

ISBN: 978-1-57189-947-7

Impreso en USA

Diseño gráfico: Shlomit Heymann
Diseño: HL Design (Hyun Min Lee) www.hldesignco.com

La Sabiduría
de la Verdad

12 Ensayos por el Santo Kabbalista
Rav Yehuda Áshlag

EDITADO POR MICHAEL BERG

Tabla de Contenidos

Prólogo

Es con el más profundo sentido de insuficiencia que escribo unas pocas palabras por vía de introducción a las enseñanzas de nuestro gran maestro, Kabbalista y hombre santo, Rav Yehuda Áshlag.

No hay mucho que yo pueda o deba decir, porque sin importar qué palabras uso, ellas palidecerán ante la verdad de este gran hombre y sus enseñanzas celestiales.

Los Kabbalistas enseñan que más que simplemente leer un libro, cuando aprendemos de las palabras de los grandes maestros espirituales, debemos imaginarlos de pie frente a nosotros y enseñándonos. Me gustaría, por lo tanto, despertar a usted, lector, a una apreciación de este gran hombre y de este el más importante de sus libros.

Es ampliamente aceptado ahora que Rav Áshlag fue el más grande erudito y revelador de los antiguos secretos de la Kabbalah en nuestro tiempo. Creo que la verdad es que nadie en la historia ha tenido la habilidad y el permiso Celestial para revelar y explicar estos antiguos secretos como Rav Áshlag lo hizo.

A veces la gente encuentra difícil aprender de las palabras de Rav Áshlag. Las encuentran confusas y demasiado profundas. La verdad es que es casi imposible ser un estudiante de la Kabbalah sin una verdadera absorción de sus enseñanzas, y específicamente sus enseñanzas en esta colección de escritos. Se dice en la Biblia: "Aquellos que Me anhelan Me encontrarán". Lo mismo necesita ser dicho acerca del libro que usted tiene ahora en sus manos.

No espere entenderlo en la primera lectura, y en verdad, como yo puedo testificar, ni siquiera podrá captarlo completamente en la centésima lectura. Pero si usted verdaderamente anhela una conexión con la Luz del Creador debe invertir sus energías y deseos en descifrar y absorber este libro.

Esto puede ser comparado con salir de un cuarto oscuro en un día sumamente soleado. Al principio no ve usted nada, pero con el tiempo —asumiendo que no corre de regreso al cuarto oscuro— sus ojos se acostumbrarán otra vez a ser capaces de ver en la luz del Sol. Las enseñanzas de Rav Áshlag son algo parecido: la primera vez que las lee, usted puede entender muy poco, pero en tanto persevere y se mantenga leyendo y regresando, encontrará que estas palabras son una "fuente llena de vida".

Para mí, este libro es la base para mi labor y vida espirituales, y estoy seguro de que aún no he empezado a saborear la dulzura de su Luz. Si usted tiene un verdadero deseo de adherirse al Creador, no hay mayor entendimiento y fuente que este libro.

Que merezcamos todos revelar la Luz de estas enseñanzas sorprendentes para que nos acerquemos más y más al día en que "… la Tierra se llenará con el conocimiento de Dios".

Michael Berg

Artículo sobre Un Tiempo para la Acción

Durante mucho tiempo, he estado poseído por un fuerte deseo. Mi conciencia me atormenta diariamente para salir de mi camino y escribir una composición básica acerca del alma y los fundamentos del conocimiento de la sabiduría de la Kabbalah, y difundirla entre la gente de manera tal que puedan alcanzar una familiaridad y entendimiento apropiados de estos asuntos elevados de gran importancia y su naturaleza y características verdaderas.

En los tiempos antiguos, entre los eruditos del estudio bíblico, antes de que el oficio de imprimir fuera descubierto, no teníamos libros falsos acerca del alma de la Biblia. Casi no teníamos autores entre nosotros que no se responsabilizaran de sus palabras, por la simple razón de que la gente irresponsable generalmente no era bien conocida. Por lo tanto, si por alguna circunstancia alguien se atrevía a escribir tal composición, esta no valdría el esfuerzo del copista para copiar el libro porque por su trabajo no recibiría la paga, pues esta era generalmente una cantidad elevada. En vez de eso, él estaría condenado a desaparecer de la atención pública.

Y en ese tiempo, aun los eruditos de la Kabbalah bien informados no tenían interés en escribir libros de esta clase, ya que esta información no era necesitada por las masas. Por el contrario, era de interés ocultarla detrás de puertas cerradas, por la razón de que: "La gloria de Dios está en las cosas ocultas" (*Proverbios 25:2*). Nuestro respeto por el Creador era tal que se nos instruía para que ocultáramos el alma de la Torá y los secretos del trabajo espiritual del Creador de aquellos que no los necesitaban, o no eran merecedores de ellos, y no degradarlos y exhibirlos como artículos en el aparador de una tienda para los ojos codiciosos de los buscadores de gloria.

מאמר עת לעשות

זה זמן רב אשר מוסר כליותי ירדפני יום יום, לצאת מגדרי ולחבר איזה חיבור יסודי בדבר נשמת היהדות והדת ובידיעת מקוריות חכמת הקבלה ולהפיצו בקרב העם, באופן שישיגו מתוכו היכרות והבנה בכלל הדברים העומדים ברומו של עולם כראוי, באופים וצביונם האמיתי.

ולפנים בישראל, בטרם שנתגלתה בעולם מלאכת הדפוס, לא היו בקרבנו ספרים מזויפים בעניינים הנוגעים לנשמת היהדות וכו', משום שכמעט לא היה בקרבנו איזה מחבר בלתי אחראי על דבריו, וזאת מטעם פשוט, כי הנה אדם בלתי אחראי על פי רוב איננו מהמפורסמים, לפיכך אם במקרה יצא אחד והעיז פניו לחבר חיבור כזה, הרי לא היה כדאי לשום מעתיק להעתיק את ספרו, כי לא ישלמו לו שכר טרחתו, אשר עלה כרגיל סכום חשוב, ונמצא, שהיה משפטו חרוץ מאליו להאבד מתוך הקהל.

ובעת ההיא גם יודעי דבר לא היה להם שום עניין ותביעה לחבר ספרים מהסוג הנ"ל משום שהידיעות הללו אינן נחוצות להמון העם, אלא להיפך, היה להם עניין להסתיר הדבר בחדרי חדרים, מטעם "כבוד אלקים הסתר דבר" (משלי כה', ב'), כי נצטוינו להסתיר את נשמת התורה והעבודה מאותם שאינם צריכים לה או אינם כדאים לה, ולא לזלזל בה ולהציגה בחלונות ראוה לעומת תאוותם של המסתכלים בארובות או בעלי התפארות, כי כן כבוד אלקים מחייב אותנו.

5

Sin embargo, dado que el oficio de imprimir se ha extendido por todo el mundo, los autores ya no necesitan copistas para copiar sus obras. El alto costo de la publicación ha disminuido y ha pavimentado el camino para que autores irresponsables escriban cualesquiera libros que se les antoje, por dinero u honor o razones similares. Y estos autores no consideran las consecuencias de sus actos o se responsabilizan por el daño que causan.

Y desde entonces, libros como aquellos descritos arriba han proliferado sin ningún estudio apropiado o transmisión personal de instrucción "de boca a boca" de un Maestro Kabbalista calificado, hasta el punto de la ignorancia de todos los libros antiguos concernientes a estos asuntos; los autores de esos libros inventan sus propias opiniones y absurdos, y usan estos temas elevados para proclamar que saben cómo ilustrar y explicar el alma de la nación y sus tremendos tesoros. Siendo necios, son descuidados y ni siquiera se dan cuenta de cómo transmiten opiniones falsas. Y al satisfacer sus caprichos mezquinos, pecan y causan que otros pequen por generaciones sin fin.

Recientemente su pestilencia ha llegado a las alturas más elevadas, porque han clavado sus zarpas en la sabiduría de la Kabbalah sin notar que esta sabiduría ha estado oculta y guardada por un millar de sellos protectores hasta hoy, al punto donde uno no puede entender el significado verdadero de una palabra, por no mencionar la conexión entre una palabra y la siguiente. Todos los libros genuinos escritos hasta este día contienen solamente las más mínimas pistas que son apenas suficientes para permitir al estudiante pensante recibir el significado verdadero de un Sabio Kabbalista calificado, como está declarado: "Allí la lechuza anidará y pondrá sus huevos e incubará y empollará bajo su sombra" (*Isaías 34:15*). En estos días los charlatanes han proliferado y están "cocinando" [interpretaciones] que disgustarían a cualquiera que vea esto.

אולם מעת שמלאכת הדפוס נתפשטה בעולם ואין המחברים צריכים יותר
למעתיקים דבריהם ונתמעט המחיר הגבוה של הספר, הנה עם זה הוכן הדרך
גם למחברים בלתי אחראים למעשיהם, לעשות ספרים ככל אות נפשם לפרנסה
ולכבוד וכדומה, ואת עצם מעשה ידיהם אינם מביאים בחשבון ולפועל ידיהם
לא יביטו כלל.

ומהעת ההיא התחילו להתרבות הספרים גם מן הסוג האמור לעיל, אשר בלי
שום לימוד וקבלה פה אל פה מרב מוסמך לכך, ואפילו בהחסרון ידיעה בכל אותם
הספרים הקדמונים שיש להם שייכות לסוג הזה, הולכים מחבריהם ומוציאים
סברות מדמם ובשרם עצמם, ומכל בוקי סריקי*, ותולין הדברים ברומו של
עולם לצייר בזה נשמת האומה וכל אוצרה הכביר. וככסילים לא ידעו להזהר
גם אין להם דרך לידע זאת, אשר מביאים לדורות דעות משובשות, ובתמורת
תאוותיהם הקטנטנות חוטאים ומחטיאים את הרבים לדורות.

ולאחרונה העלו צחנם מעלה מעלה, כי גם תקעו את צפרניהם בחכמת הקבלה,
מבלי לשים לב אשר החכמה הזאת נמצאת סגורה ומסוגרת באלף עזקאות
עד היום הזה, עד אשר אין יוצא ובא בתוכה להבין אף מלה אחת במשמעותה
הראויה ואין צריך לומר איזה קשר בין מלה אחת לחברתה, כי בכל הספרים
האמיתיים שנתחברו עד היום, אין בהם זולת רמזים דקים, אשר בדוחק גדול
המה מספיקים רק בשביל תלמיד מבין מדעתו לקבל פירושם מפי חכם מקובל
ומוסמך לכך. והנה גם ״שמה קננה קפוז ותמלט, ובקעה ודגרה בצלה״ (ישעיהו,
לד׳, טו׳), ונתרבו בימינו אלה חוברי חבר אשר עושים שם מטעמים כאלה שהמה
לגועל נפש לכל המסתכלים בהם.

---

* מארמית: דברי הבל, (מילולית: בקבוקים ריקים).

Y hay aquellos entre ellos que se autoexaltan hasta el tope y se colocan en un lugar que solamente es merecido por los líderes de las generaciones. Ellos pretenden entender las diferencias entre los libros de los sabios antiguos de bendita memoria, enseñando al público cuáles libros merecen ser estudiados y cuáles no vale la pena tratar con ellos, diciendo que los libros están tan deludidos, el Cielo lo prohíba, que es enfurecedor. Hasta ahora, ese trabajo de clasificación estaba reservado para uno de diez de los líderes de las generaciones, y "ahora los necios la violan".

Por lo tanto, el público ha estado terriblemente confundido en términos del entendimiento de estos conceptos, y además, una atmósfera de frivolidad se ha levantado en la cual cada uno piensa que una mirada rápida en el tiempo libre de uno es suficiente para entender estas elevadas materias. Echan un vistazo sobre todo el mundo de esta sabiduría elevada y el origen del alma de la Biblia, como el bien conocido ángel. Y cada uno saca conclusiones de acuerdo a su estado de ánimo en ese momento.

Estas son las razones que me han sacado de quicio, para rescatar eso que puede todavía ser rescatado, y por lo cual he decidido que este es el "tiempo para la acción" por amor al Creador. He asumido revelar un cierto grado de las auténticas escrituras mencionadas arriba y diseminarlas entre la gente.

ויש מהם שיפליגו עוד לעלות על ראש הפסגה ולוקחים להם מקום הראוי לראשי הדורות, שעושים עצמם כיודעים לברר בין ספרים הקדמונים והראשונים ז"ל: להורות לצבור איזה ספר ראוי להגות בו ואיזה ספר שאינו כדאי לטפל בו משום שמלא דברי הזיה ח"ו, וכדי בזיון וקצף. כי עד עתה היתה מלאכת הבירור הזאת מיוחסת ומוגבלת רק לאחד מעשרה ראשי דורות, ועתה נבערים יתעללו בה.

ולפיכך נשתבשה מאד דעת הצבור בתפיסת העניינים האלה, ועוד נוסף, כי נוצרה אווירה של קלות הדעת, וכל אחד חושב לעצמו אשר די לו בסקירה אחת בשעת הפנאי להתבונן ולבקר בדברים הנשגבים האלו, ועוברים ביעף על כל עולם החכמה הגבוה ומקוריות נשמת היהדות, בטיסה אחת, כמו המלאך הנודע, ומוציאים מסקנות כל אחד לפי הלך רוחו.

ואלה הן הסיבות שהוציאו אותי מחוץ לגדרי, והחלטתי כי "עת לעשות לה'" (משנה ברכות ט', ה') ולהציל מה שאפשר עוד להציל. וקבלתי על עצמי לגלות שיעור מסויים מהמקוריות הנוגעת לסוג האמור ולהפיצו בקרב העם.

Artículo sobre Revelar un Palmo Ocultando Dos

Hay un dicho que los grandes sabios usan cuando revelan algo profundo. Empiezan su discurso con las palabras: "Yo revelo ahora un palmo y oculto dos". Nuestros ancianos sabios eran muy cuidadosos de no usar palabras innecesarias, ya que ellos nos enseñaron que "Una palabra por un *sela* (una moneda antigua), y silencio por dos" (*Meguilá 18a* y *Prólogo al Zóhar, párrafo 18*). Esto significa que si tienes una palabra cuyo valor es un *sela*, sabes que no decir la palabra vale dos *selas*, y se refiere a personas que dicen sin pensar palabras innecesarias que no tienen contenido o uso en el contexto dado, y son usadas solamente para hacer más atractivo el lenguaje para el lector. Nuestros antiguos sabios consideraban esto una seria transgresión, como está claro para aquellos que leen sus escritos y como lo probaré en el artículo siguiente. Así, necesitamos poner atención para entender sus palabras elevadas que fueron usadas por ellos tan frecuentemente.

Tres Tipos de Ocultamiento de la Sabiduría

Hay tres partes ocultas de los secretos de la Torá, y cada una tiene su propia razón para estar oculta. Son llamadas con los nombres siguientes:

1) Lo Innecesario;
2) Lo Imposible;
3) "Los secretos de Dios son para aquellos que sienten temor reverencial a Él" (*Salmos 25:14*).
No hay siquiera un minúsculo detalle de esta sabiduría que no pueda ser explicado por estas tres partes mencionadas, y yo las explicaré una por una.

מאמר גילוי טפח
וכיסוי טפחיים

מרגלא בפי הגדולים אנשי השם, במקומות שבאים שם לגלות איזה דבר עמוק,
מתחילים המאמר, "הנני מגלה טפח ומכסה טפחיים", והנה הקדמונים שלנו
נשמרים מאד ממלה יתרה, כמו שהורונו ז"ל (מגילה יח, ע"ב [וכן] הקדמת הזהר
ע"פ הסולם אות י"ח) "מלה בסלע שתיקא בתרין" פירוש, אם יש לך מלה יקרה
בפיך ששויה סלע תדע שהשתיקה ממנה שויה שני סלעים. והכונה לאותם
המפליטים מילות מיותרות שאין בהם תוכן ושימוש לענין, רק כדי לשפר את
הלשון להנאותה לעיני המעיין. והיה זה בעיני קדמונינו לאיסור חמור כמפורסם
למסתכל בדבריהם, וכמו שאוכיח בקונטרסים הבאים, וא"כ צריכים אנו לתשומת
לב להבין מליצתם זאת, שהיתה שגורה בפיהם כל כך.

ג' מינים בהסתר החכמה

והענין הוא, כי יש ג' חלקים בסודות התורה, אשר בכל חלק וחלק יש טעם מיוחד
להסתר שבו, ונקראים בשמותם אלו:

א. האינו נחוץ.

ב. האי אפשר.

ג. משום סוד ה' ליראיו.

ואין לך פרט קטן בחכמה זו שאין נוהגים בה ביאורים מג' חלקים אלו האמורים,
ואבארם אחת לאחת.

11

Lo Innecesario

Esto significa que nada útil vendrá de revelarlas. Obviamente, no hay daño considerable por hacerlo; es solamente cuestión de ser meticuloso. Es decir: uno debe evitar acciones innecesarias donde uno dice: "¡¿Y qué?!", que significa: "¿A quién le importa si hago esto o no, si no hay pérdida?". Usted debe saber que el "¡¿Y qué?!" está considerado por los sabios ser la más destructiva de todas las cosas, ya que toda la gente destructiva que existe y que llegue a existir encaja en esta categoría. Ellos se ocupan y ocupan a otros con cosas innecesarias. Por esta razón, los sabios en el pasado no aceptaban a algún estudiante antes de que estuvieran seguros de que él sería escrupuloso en no revelar algo innecesariamente.

Lo Imposible

Esto significa que el lenguaje no puede dominar y expresar la esencia de estos asuntos debido a su naturaleza etérea más fina y no física. En estos casos, cualquier intento de ponerlas en palabras solamente confundirá al lector y lo pondrá en una senda falsa, lo cual es considerado el más grave de los pecados. Por lo tanto, revelar algo en esta categoría requiere un "Permiso Celestial" especial, que es la segunda parte del ocultamiento de la sabiduría. Pero aun este permiso necesita esta explicación.

"Permiso Celestial"

El concepto de "Permiso Celestial" está explicado en el libro *Shaar Maamerei Rashbi* (*La Entrada a las Enseñanzas de Rav Shimón Bar Yojái*) de Rav Isaac Luria (el Arí), en la porción *Mishpatim, página 100* del *Zóhar*, donde él dice: "Bar Yojái sabía cómo guardar sus caminos", y estas son las palabras del Arí: Sabe que algunas almas de los justos son del aspecto de la Luz Circundante, y algunas almas de los justos son del aspecto de la Luz Interna (las explicaciones de esto pueden ser encontradas en el libro

האינו נחוץ

פירוש, שלא יצמח למי שהוא שום תועלת על ידי התגלותם. וכמובן, אשר אין בזה משום הפסד כ"כ כל כך, כי רק ענין של נקיות הדעת יש כאן, דהיינו כדי להזהר מן אותם מיני מעשים המוגדרים בשם "מה בכך" דהיינו מה בכך שעשיתי זה כיון שאין הפסד בדבר. ותדע ש"המה בכך" נחשב בעיני החכמים למשחית היותר נורא בין המשחיתים, שהרי כל מבלי עולם שנבראו ושעתידים להבראות אינם אלא מסוג האנשים של "מה בכך", דהיינו שעוסקים ומעסיקים את זולתם בדברים שאין בהם צורך. ולפיכך לא היו החכמים מקבלים שום תלמיד בטרם ישיגו ממנו בטחון שיהיה זהיר בעסקיו שלא לגלות מה שאינו נחוץ.

האי אפשר

פירושו, כי אין השפה שולטת בהם לדבר מאומה מתכונתם,לרוב דקותם ורוחניותם. ולפיכך, כל נסיון להלבישם במלים אינו עשוי אלא להטעות בהם את המעיינים ולהטותם לדרך שוא, שזה נחשב לעון היותר גדול מנשוא, וע"כ ועל כן כדי לגלות משהו מעניינים כגון אלו, צריכים רשות מן השמים שזהו חלק הב' מהסתרת החכמה, אולם גם דבר הרשיון הזה צריך ביאור.

רשות מן השמים

הנה דבר זה מבואר בספר שער מאמרי רשב"י רבי שמעון בר יוחאי להאר"י רבי יצחק לוריא ז"ל, בפרשת משפטים זוהר דף ק', בד"ה דבור המתחיל [במילים] בריה דיוחאי ידע לאסתמרא בר יוחאי יודע היה לשמור, וזה לשונו: דע, כי נשמות הצדיקים יש מהם מבחי' אור המקיף ויש מהם שהם מבחי' אור פנימי (פירושם תמצא בספרי פנים מאירות בשער המקיפין ענף מ"ח, דף רל"ג), וכל אותם שהם מצד אור מקיף, יש בהם כח לדבר בנסתרות וסודות התורה דרך כיסוי והעלם גדול, כדי שלא יובנו אלא למי שראוי להבינם. והנה רבי שמעון בר יוחאי ע"ה עליו השלום, היתה נשמתו

Panim Meirot, Entrada de la Luz Circundante, Rama 58), y aquellos que son del aspecto de la Luz Circundante tienen el poder de hablar de las cosas ocultas y los secretos de la Torá, envolviéndolos en gran ocultamiento, para que solamente aquellos que son merecedores de entenderlas las entiendan. El alma de Rav Shimón Bar Yojái era de la Luz Circundante, y por lo tanto él tenía el poder de envolver las palabras y exponer acerca de ellas de una manera que, cuando las enseñaba en público, solamente aquellos que eran merecedores de entenderlas las entenderían.

Y así le fue otorgado el "permiso" para escribir el libro del *Zóhar*, mientras que no fue otorgado permiso a sus maestros o sus predecesores para escribir un libro acerca de esta sabiduría, aunque ellos ciertamente conocían esta sabiduría mejor que él. Sin embargo, ellos no tuvieron el poder para envolver estas cosas como él lo hizo. Este es el significado de "Bar Yojái sabía cómo guardar sus caminos..." y por esto usted puede ver la grandeza del ocultamiento del *Zóhar* que Bar Yojái escribió, porque no cualquier mente puede captar sus palabras.

Para poner esto concisamente, la explicación de los asuntos de la verdadera sabiduría no depende en absoluto de la grandeza o la pequeñez del Sabio Kabbalista, sino más bien del tipo de iluminación imbuida en esa alma, la cual fue asignada para ese propósito. Esta alma-luz determina si será otorgado "permiso" por el Cielo para revelar la sabiduría elevada o no. Aprendemos que quien no tiene este permiso tiene prohibido tratar con amplitud las materias de esta sabiduría, ya que él no puede vestir con los más finos tejidos las palabras apropiadas de modo que sus lectores no sean confundidos. Esta es la razón por la cual no hay libro escrito acerca de la sabiduría de la verdad antes del *Zóhar* por Rav Shimón Bar Yojái. Como los iniciados saben, todos los libros de esta sabiduría que precedieron al suyo no son explicaciones de la sabiduría, sino más bien insinuaciones y sin algún orden particular de Causa y Efecto, como es sabido por

מצד אור המקיף, ולכן היה בו כח להלביש הדברים ולדורשן, באופן שאף אם
ידרשם לרבים לא יבינם אלא מי שראוי להבינם.

ולכן ניתן לו "רשות" לכתוב ספר הזוהר, ולא ניתן "רשות" לרבותיו או לראשונים
אשר קדמו לו לכתוב ספר בחכמה הזאת, עם היות שודאי היו יודעים בחכמה
הזאת יותר ממנו, אבל הטעם הוא שלא היה בהם כח להלביש הדברים כמוהו.
וזהו מה שכתוב בריה דיוחאי ידע לאסתמרא ארחוי בר יוחאי היה יודע לשמור דרכיו,
וכו', ובזה תבין גודל העלם ספר הזוהר אשר כתב רשב"י שאין כל מוח ומוח יכול
להבין דבריו, עכ"ל עד כאן לשונו.

תמצית דבריו, אשר ענין ביאורי דברים בחכמת האמת אינו תלוי כלל בגדלותו
וקטנותו של החכם המקובל, אלא הוא ענין הארת הנשמה המיוחדת לדבר זה,
אשר הארת נשמה זאת היא בחי' בחינת נתינת "רשות" מהשמים, לגלות חכמה
העליונה. ונמצינו למדים אשר מי שלא זכה לרשות הזאת אסור לו לבאר ביאורים
בחכמה זו, משום שאינו יכול להלביש הדברים הדקים ההם במלות המתאימות
לדבר, באופן שלא יכשלו המעיינים בה. משום זה לא מצינו שום ספר מסודר
בחכמת האמת מלפני ספר הזוהר של רשב"י, כי כל הספרים שקדמוהו באותה

aquellos que han encontrado el conocimiento. Esta es la explicación de sus palabras.

Y yo añadiría, basado en lo que he recibido de los escritores y los libros, que desde el tiempo de Rashbi (Rav Shimón Bar Yojái) y sus estudiantes, los autores del *Zóhar*, hasta el tiempo del Arí, ninguno de los autores entendía las palabras del *Zóhar* tan bien como el Arí, y todos los escritos que lo precedieron solamente insinuaban esta sabiduría, incluyendo las obras de Ramak z"l (Rav Moshé Cordovero).

Las mismas cosas deben ser dichas del Arí z"l, cosas que él dijo acerca de Rashbi. Significando esto que los predecesores del Arí no tenían otorgado Permiso Celestial para revelar la explicación de esta sabiduría pero que al Arí le fue concedido este permiso. Y este no es para nada un asunto de grandeza o pequeñez. Es posible que ellos fueran infinitamente más grandes que el Arí, pero no les fue dado permiso para hacerlo. De modo que sus predecesores se abstuvieron de explicaciones escritas de la sabiduría misma y se las arreglaron con insinuaciones concisas; una no estaba conectada con la otra.

Esta es la razón de por qué, como es sabido por aquellos que tratan con esta sabiduría, desde el tiempo en que los escritos del Arí fueron revelados al mundo, cualquiera que se ocupa con la sabiduría de la Kabbalah ha abandonado los escritos del Ramak y los de todos los sabios que precedieron al Arí. Ellos adhirieron sus vidas espirituales solamente a los escritos del Arí, de modo que las únicas explicaciones de esta sabiduría que son consideradas significativas son el *Zóhar*, su adenda (*Tikunim*) y los *Escritos del Arí* (*Quitvei HaArí*).

החכמה אינם מוגדרים בשם ביאורים בחכמה, אלא רק רמזים בעלמא, וגם בלי סדר של קודם ונמשך, כנודע למוצאי דעת, ע"כ עד כאן הבנת דבריו ז"ל.

ויש להוסיף כפי מה שקבלתי מפי סופרים ומפי ספרים, אשר מזמן רשב"י ותלמידיו בעלי הזוהר עד זמנו של האר"י ז"ל, לא היה אף אחד מהמחברים שיבאר דברי הזוהר והתיקונים כמו האר"י ז"ל, וכל החיבורים האלו שקדמוהו אינם אלא בבחינת בעלי רמז בחכמה זו, וגם ספרי החכם הרמ"ק רבי משה קורדובירו ז"ל בכללם.

וגם על האר"י ז"ל עצמו ראוי לומר אותם הדברים שאמר על רשב"י, דהיינו אשר לקודמיו של האר"י ז"ל לא ניתן רשות מהשמים לגלות ביאורי החכמה, ולהאר"י ז"ל ניתנה הרשות הזאת, באופן שאין כאן להבחין משום גדלות וקטנות כלל, כי יכול להיות שמעלת הקודמים לו היתה לאין ערך, גדולה ממעלת האר"י ז"ל, אמנם להם לא ניתנה הרשות לדבר זה. ולפיכך נשמרו מלכתוב הביאורים השייכים לעצם החכמה רק הסתפקו ברמזים קצרים, בלתי נקשרים זה בזה כלל.

ומטעם זה, מעת שנתגלו ספרי האר"י ז"ל בעולם, כל העוסקים בחכמת הקבלה הניחו ידיהם מכל ספרי הרמ"ק ז"ל ומכל הראשונים והגאונים שקדמו להאר"י ז"ל, כמפורסם בין העוסקים בחכמה זו, וכל חיי רוחם הדביקו רק בכתבי האר"י ז"ל בלבד, באופן אשר עיקרי החיבורים הנחשבים בבחינת ביאורים בחכמה זו כראוי להיות, אינם אלא ספרי הזוהר והתיקונים ואחריהם ספרי האר"י ז"ל.

"Los Secretos de Dios son Para Aquellos que sienten Temor Reverencial de Él"

Esto significa que los secretos de la Torá pueden ser solamente explicados a aquellos que viven en temor reverencial del Creador y protegen Su honor con toda su alma y fuerza, de modo que nunca profanen el nombre de Dios. Esta parte es la más estricta de las tres partes del Ocultamiento, porque muchos se han vuelto "víctimas" caídas debido a revelaciones de los "Secretos de Dios" por medio de este tipo de gente que trata con juramentos y encantamientos y Kabbalah "Mágica", quienes son cazadores de almas inocentes. Y también de toda clase de vendedores ambulantes de misterios quienes usan la sabiduría de estudiantes no merecedores para su propio beneficio o para el de otros, y por quienes el mundo ha sufrido mucho y continúa sufriendo.

Sepa que todo el sentido y la razón para el ocultamiento se debió a esta parte, y es por esto que los sabios adoptaban las pruebas más rigurosas para sus estudiantes, basados en las palabras de los sabios: "El comienzo de los secretos reales debe ser compartido solamente con el director de la corte espiritual, y a condición de que él tenga 'un corazón caritativo'". Y: "Dos pueden no estudiar los secretos de la Creación, y uno no puede estudiar la *merkavá* (carroza)" (*Jaguigá 13a*). Hay muchos otros ejemplos. Todo esto es por temor de lo que fue explicado arriba, y es por esto que hay tan pocos que fueron merecedores de esta sabiduría. Aquellos que pasaron las más rigurosas pruebas fueron además comprometidos por medio de los más terribles y comprometedores juramentos de no revelar cualquiera de los secretos de las clases mencionadas anteriormente. (Ver la *Introducción al Séfer Yetsirá por Rav Moshé Boutril*, de bendita memoria).

No malinterpreten mis palabras, donde yo he dividido las tres partes del Ocultamiento de la Sabiduría, y piensen que yo quiero decir que la Sabiduría de la Verdad misma se divide en tres partes. Entiendan que

סוד ה' ליראיו

פירושו, שסודות התורה מתבארים רק ליראי שמו ית' השומרים על כבודו ית'
בכל נפשם ומאודם, שלעולם לא יצא מתחת ידיהם ח"ו שום חילול השם של
משהו, והוא חלק הג' מהסתרת החכמה. והחלק הזה, הוא היותר חמור בענין
ההסתרה, כי רבים חללים הפילו הגילויים ממין זה, כי מבטנם יצאו כל בעלי
ההשבעות והקמיעות ובעלי קבלה מעשית הצודים נפשות בערמתם, וכל מיני
בעלי המסתורין המשתמשים בנובלות חכמה שיצאו מתחת ידיהם של תלמידים
דלא מעלי שאינם חשובים, להפיק מהם תועלת גופנית לעצמם או לאחרים, אשר
העולם סבלו הרבה ועדיין סובלים מכך.

ודע, שכל עיקר ושורש ההסתר מתחלתו היה רק משום החלק הזה, ומכאן
לקחו להם החכמים חומרות יתירות בבדיקת התלמידים, ע"ד על דרך שאמרו ז"ל
(מסכת חגיגה יג.) "אין מוסרים ראשי פרקים אלא לאב בית דין, והוא שלבו דואג
בקרבו", וכן "אין דורשין במעשה בראשית בשנים ולא במרכבה ביחיד", וכמותם
תמצא רבות. אשר כל הפחד הזה הוא מהמבואר לעיל, ומטעם זה מועטים המה
יחידי הסגולה שזכו בחכמה זו, ואפילו אותם שיצאו כל חובתם בשבע בדיקות
וחקירות נמצאים מושבעים בשבועות חמורות ונוראות מבלי לגלות בכל אותם
ג' החלקים הנ"ל ולא כלום. (ועיין מזה בהקדמת הר"ר הרב רבי משה בוטריל ז"ל
לספר יצירה).

ואל תטעה בדברי, במה שחילקתי כאן ג' חלקים בענין הסתרת החכמה, אשר
כוונתי שחכמת האמת מתחלקת בעצמה לג' חלקים כגון אלו, אלא כוונתי על כל
פרט ופרט שבכל מרחבי החכמה, אשר אין לך מלה קטנה בכל מרחבי החכמה

me estoy refiriendo a cada parte individual del campo completo de la sabiduría, en el cual no hay una palabra que no entronque en estas tres partes, porque ellas son las tres maneras de interpretar esta sabiduría que son usadas siempre.

Sin embargo, uno debe preguntar: Si es verdad que el ocultamiento de la sabiduría ha llegado a tal nivel, ¿de dónde vinieron todos los miles de escritos acerca de esta sabiduría?

La respuesta es que hay una diferencia entre las dos primeras partes y la última parte. Dado que la tercera es la más pesada, por la razón dada previamente, los dos primeros aspectos no están bajo una prohibición constante, ya que de la parte "innecesaria" cierta materia puede a veces volverse "necesaria" por alguna razón, y las cosas que son consideradas "imposibles" pueden a veces volverse "posibles". Hay dos razones para eso: por el desarrollo de la generación o por permiso concedido del Cielo, como en el caso de Rashbi y el Arí, y en menor escala, también a sus predecesores. Estas dos razones son la causa de la revelación de todos los libros genuinos que fueron escritos acerca de esta sabiduría.

Este es el significado del dicho de los sabios: "Yo revelo ahora un palmo y oculto dos". Sucedió que ellos descubrieron algo nuevo que sus predecesores no podían imaginar. Por lo tanto, ellos revelan solamente un "palmo", esto es: revelan solamente una parte de las tres partes del ocultamiento, y las otras dos son dejadas ocultas, indicando que algo ocurrió que fue la razón para revelar esto; ya sea que lo "innecesario" se volvió "necesario", o que se les haya concedidi "Permiso Celestial", como expliqué anteriormente. Esto está expresado por el dicho: "Yo revelo ahora un palmo...".

Les hago saber a mis lectores que tengo la intención de publicar estas obras este año, obras que son completamente nuevas. Ninguno de mis

הזאת, שלא יסתעפו ממנה ג' חלקים ההם, כי המה רק ג' אופני הביאור הנוהגים תמיד בחכמה זו, והבן.

אולם יש לשאול כאן, אם אמת היא אשר תוקפה של הסתרת החכמה הגיעה לידי מדה כזאת, א"כ אם כן מהיכן נלקחו כל אלו אלפי החיבורים שנתחברו בחכמה זאת?

והתשובה היא, כי יש הפרש בין ב' החלקים הראשונים ובין החלק האחרון, כי עיקר כובד המשא מוטל רק על חלק הג' הנ"ל, מטעם המבואר לעיל, אולם ב' החלקים הראשונים אינם תחת איסור קבוע, כי מחלק "האינו נחוץ" מתהפך לפעמים ענין אחד ויוצא מגדר "האינו נחוץ", משום איזו סיבה, ובא לבחי' נחוץ. וכן מהחלק "האי אפשר" נעשה לפעמים בחי' אפשר, שהוא מב' סיבות: או מבחינת התפתחות הדור, או על ידי נתינת רשות מהשמים כמו שקרה לרשב"י ולהאר"י ז"ל, ובשיעורים קטנים גם לקודמים אליהם. ומבחינות הללו יוצאים ומתגלים כל הספרים האמיתיים שנתחברו בחכמה.

ולדבר זה נתכוונו במליצתם "גליתי טפח ואכסה טפחיים", שכוונתם, כי קרה להם ענין לגלות דבר חדש שלא שערוהו הקודמים לו, וע"כ מרמז כי רק טפח אחד, כלומר החלק הא' מג' חלקי ההסתרה הנ"ל הוא מגלה שם, וב' חלקים הוא משאיר בהסתר, והוא להורות, כי קרה לו איזה ענין שהוא סיבה לדבר הגילוי ההוא. או שהאינו נחוץ קיבל צורת נחוץ או שניתנה לו רשות מהשמים ע"ד על דרך שביארתי לעיל. וזהו שמתבטא במליצה של גליתי "טפח".

וידעו המעיינים בקונטרסים האלו שדעתי להדפיסם במשך השנה, אשר כולם המה חדשות, שאינן מובאות בטהרה ובתוכנם המדויק לאמיתו בשום ספר

predecesores ha explicado estos asuntos en forma tan pura y precisa. Los he recibido directamente "de boca a boca" de parte de mi maestro, de bendita memoria, quien estaba autorizado para transmitírmelas dado que él los recibió "boca a boca" de parte de su maestro, y así sucesivamente.

Yo también he aceptado sobre mí estas condiciones de ocultamiento y protección, pero debido a la necesidad que he mencionado en mi artículo: "Un Tiempo Para la Acción", parte de lo "innecesario" se ha vuelto "necesario", y por lo tanto he revelado este "palmo" completamente por medio del permiso del cual hice mención previamente, en tanto que ocultaré los otros dos como estoy obligado.

מהקודמים אותי,ואני קבלתי אותם פה אל פה ממורי ז"ל המוסמך לדבר, דהיינו
שגם הוא קבל מרבותיו פה אל פה וכו'.

והגם שקבלתי אותם בכל אותם התנאים של כיסוי ושמירה כנ"ל, אולם מתוך
ההכרח שהבאתי במאמרי "עת לעשות" הנ"ל, נתהפך לי חלק "האינו נחוץ", ויצא
והיה לבחי' "נחוץ", וע"כ גליתי טפח זה בהיתר גמור, כמו שביארתי לעיל, אמנם
ב' הטפחים, אותם אשמור כמצווה עלי.

Artículo sobre la Entrega de la Torá

"Y ama a tu prójimo como a ti mismo" (Vayikrá 19:18)
Rav Akivá dice: "Este es un gran principio inclusivo de la Torá"
(Bereshit Rabá, Capítulo 24)

1) Este dicho de los sabios exige una explicación, porque la palabra "principio" (*clal* en hebreo), implica que todos los detalles, cuando se unen, crean un principio. Encontramos que cuando Rav Akivá dice: "Ama a tu prójimo como a ti mismo", que es un gran principio inclusivo de la Torá, debemos entender que los 612 preceptos remanentes de la Torá, con todas sus implicaciones, son no más y no menos que la suma de los detalles que están compuestos y condicionados por este único precepto de "Ama a tu prójimo como a ti mismo". Esto te hace preguntarte, ya que aunque tiene sentido en términos de los preceptos con respecto al hombre y su semejante, ¿cómo puede incluir todos los preceptos que se aplican al hombre y al Creador, los cuales se componen de los principios fundamentales y la mayoría de la Torá?

2) Si deseamos hacer el esfuerzo para resolver el conflicto detrás de estas palabras, tenemos otro ejemplo más obvio concerniente al converso que se acercó a Hilel diciendo: "Enséñame la totalidad de la Torá mientras estoy parado sobre una pierna" (*Shabbat, 31a*) y él respondió: "No hagas a otros lo que no quieres que te hagan a ti" (implicando: 'Ama a tu prójimo como a ti mismo'); todo el resto es comentario; ve y estúdialo".

Esta es una clara indicación de que ninguno de los otros 612 preceptos de la Torá es más importante que el precepto único de "Ama a tu prójimo como a ti mismo", ya que todo su propósito es permitirnos cumplir el propósito de amar a nuestro prójimo correctamente. Hilel dice claramente que "... todo el resto es comentario; ve y estúdialo", queriendo decir

מאמר מתן תורה

"ואהבת לרעך כמוך" *(ויקרא יט', יח)*
רבי עקיבא אומר זה כלל גדול בתורה (מדרש בראשית רבא, פרק כד')

א) מאמר חז"ל זה אומר לנו בארוני. כי מלת "כלל" יורה על סכום של פרטים שמבין השתתפותם יחד הועמד אותו הכלל. נמצא כשהוא אומר על המצוה של "ואהבת לרעך כמוך" *(ויקרא יט', יח)* שהוא כלל גדול בתורה, הנה עלינו להבין ששאר תרי"ב המצוות שבתורה עם כל המקראות שבתוכה אינן לא פחות ולא יותר מאשר סכום הפרטים המוכנסים ומותנים במצוה האחת הזאת של "ואהבת לרעך כמוך", שאין אלו אלא דברים מתמיהים, כי זה יצדק במצוות שבין אדם לחבירו, אולם איך יכולה אותה המצוה האחת להכיל ולכלכל בתוכה את כל המצוות שבין אדם למקום, הן עקרי התורה ורוב מנין ובנין שלה.

ב) ואם עוד אפשר לנו להתיגע ולמצוא איזה דרך ליישב דבריהם שבכאן, הנה ערוך לעינינו מאמר שני עוד יותר בולט, באותו הגר שבא לפני הלל *(תלמוד, מסכת שבת דף לא.)* ואמר לו "למדני כל התורה כולה כשאני עומד על רגל אחת, ואמר לו כל מה דעלך סני לחברך לא תעביד *(מה ששנוא עליך אל תעשה לחברך,)* (התרגום של ואהבת לרעך כמוך) ואידך, פירושא הוא זיל גמור *והיתר פירוש הוא, צא ולמד".*

הרי לפנינו הלכה ברורה, אשר אין לנו שום העדפה בכל התרי"ב מצוות ובכל המקראות שבתורה על המצוה האחת של ואהבת לרעך כמוך. כיון שבאים רק כדי לפרש ולאפשר לנו לקיים מצות אהבת זולתו על היכנה, שהרי אומר בפירוש "ואידך פירושא היא זיל גמור *והיתר פירוש הוא, צא ולמד,* דהיינו שכל שאר התורה הם

25

que el resto de la Torá es un comentario sobre este único precepto, y es imposible cumplir el precepto de amar al prójimo de uno perfectamente sin este resto.

3) Pero antes de que ahondemos en este concepto, debemos primero mirar en la estructura de este precepto: "Ama a tu prójimo como a ti mismo" porque las palabras "como a ti mismo" implican que debes amar a tu prójimo en la misma medida en que te amas a ti mismo y ni una pizca menos. Esto significa que yo debo estar siempre listo a satisfacer las necesidades de cada individuo de la nación israelita, no menos de lo que estoy siempre listo para satisfacer mis propias necesidades. Esto es completamente imposible, ya que no hay muchas personas cuyo día de trabajo baste para satisfacer sus propias necesidades, así que ¿cómo se puede esperar que ellos satisfagan las necesidades de toda la nación? No debemos pensar que la Torá estaba exagerando, porque la Torá nos dice: "… no añadas y no sustraigas…" (*Deuteronomio 13:1*), significando que las palabras de las leyes y reglas de la Torá son precisas y exactas.

4) Si usted encuentra esto insuficiente, yo añadiré que el significado simple del precepto de: "amar a otras personas" es aún más estricto: debemos anteponer las necesidades de nuestro prójimo a las nuestras. Esto es lo que *Tosefot* dijo en el nombre del *Talmud de Jerusalén* en el pasaje: "… y es bueno para aquel contigo" (*Kidushin página 20a*) refiriéndose a un servidor hebreo. Y estas son sus palabras: "Si una persona tiene solamente un cochón, y él duerme en este y no lo da a su servidor, él no está cumpliendo: '… y es bueno para aquel contigo', porque él duerme en el colchón y el servidor duerme en el suelo. Y si él no duerme en este y no lo da a su servidor, este es un atributo sodomita. Vemos que el amo está obligado a dar el colchón a su servidor y dormir él luego en el suelo"; fin de las palabras; lea eso cuidadosamente.

פירוש של המצוה האחת הזאת שאי אפשר לגמור מצות ואהבת לרעך כמוך זולתם.

ג) ובטרם נחדור לעומק הדבר יש לנו להתבונן במצוה הזאת גופה, כי נצטוינו, "ואהבת לרעך כמוך", אשר מלת "כמוך", אומר לנו שתתאהב את חברך באותו השיעור שאתה אוהב את עצמך לא פחות בשום פנים שבעולם, זאת אומרת שאני מחויב לעמוד תמיד על המשמר ולמלאות צרכי כל איש ואיש מכל האומה הישראלית, לא פחות כמו שאני עומד תמיד על המשמר למלאות את צרכי עצמי, אשר זה הוא לגמרי מן הנמנעות, כי לא רבים המה שיוכלו ביום העבודה שלהם למלאות די צרכי עצמם ואיך אתה מטיל עליו עוד לעבוד ולספק את משאלות כל האומה. וזאת לא יתכן כלל לחשוב שהתורה מדברת על דרך הגזמה כי ע"כ מזהירה לנו התורה לא תוסף ולא תגרע וכו' (לפי דברים, ד', ב'), לומר לך שהדברים והחוקים נאמרו בדיוק הנמרץ.

ד) ואם מעט לך זה, אומר לך, שפשטה של המצוה הזאת של אהבת זולתו מחמיר עוד עלינו להקדים צרכי חברינו על צרכי עצמינו, ע"ד על דרך שכתבו התוס' [פרושין] התוספות בשם התלמוד הירושלמי (מסכת קידושין דף כ.) בהפסוק "כי טוב לו עמך" (דברים טו', טז') האמור לגבי עבד עברי, וזה לשונם: דפעמים שאין לו אלא כר אחד, ואם שוכב עליו בעצמו ואינו נותנו לעבד הרי אינו מקיים כי 'טוב לו עמך', שהוא שוכב על כר והעבד על הארץ. ואם אינו שוכב עליו וגם אינו מוסרו לעבדו הרי זו מדת סדום. נמצא, שעל כרחו צריך למסרו לעבדו והאדון עצמו שוכב על הארץ. עכ"ל עש"ה עד כאן לשונם, עיין שם היטב.

De la explicación arriba podemos aprender y extendernos acerca de amar al prójimo, porque aquí también el libro dice que uno debe satisfacer las necesidades de su prójimo como satisface las suyas propias en el ejemplo: "… y es bueno para aquel contigo" concerniente al servidor hebreo; la *Halajá* (reglas de la Torá) especifica que si una persona tiene solamente una silla mientras que su prójimo no tiene silla alguna, y no se la da, viola el precepto de "Ama a tu prójimo como a ti mismo" porque no está satisfaciendo las necesidades de su prójimo como satisface las suyas. Y si no se sienta en la silla y no la da a su prójimo, esto es considerado un atributo tan malo como ese de los sodomitas, y está obligado a dar la silla a su prójimo mientras que él se sienta en el suelo o permanece de pie. Está claro que esta regla se aplica a todas las necesidades y carencias de su prójimo. Considere ahora: ¿es posible cumplir este precepto?

5) Primero que todo, debemos entender por qué la Torá fue entregada a la nación israelita y no simultánea e igualmente a toda la gente. ¿Es esto debido al nacionalismo, el Cielo no lo permita? Está claro que solo un demente podría pensar así. Y la verdad es que los sabios ya han tratado este asunto y esto es lo que dicen: "El Creador ofreció la Torá a cada nación y lenguaje, y ellos contestaron que no la aceptaban" (*Avodá Zará, página 2b*).

Pero, ¿cómo vamos a entender esto? Porque si es así, ¿por qué somos llamados "pueblo escogido de Dios", como está dicho: "… es a ti a quien Dios ha escogido" (*Deuteronomio 7:6*) si ninguna otra nación aceptó la Torá? Y además, estas cosas son contradictorias en su esencia, porque ¿es posible que el Creador viniera a estas naciones salvajes (espiritualmente) de ese tiempo con la Torá en Su mano y negociara con ellas? Ni lo hicieron sus profetas. Nunca antes se había oído tal cosa y es inconcebible y no es aceptada.

ונמצינו למידים אותו הדין גם בכתוב שלנו בשיעור של אהבת זולתו, שהרי גם כאן השווה הכתוב את מילוי צרכי חבירו כמו מילוי צרכי עצמו, כדוגמת "כי טוב לו עמך" שבעבד עברי, באופן, שגם כאן במקרה אם אין לו אלא כסא אחד ולחבירו אין כסא כלל, יוצא הפסק הלכה, שאם הוא יושב עליו ואינו נותנו לחבירו הריהו עובר על מצות עשה של ואהבת לרעך כמוך, כי אינו ממלא צרכי חבירו כמו שהוא ממלא צרכי עצמו. ואם הוא אינו יושב עליו וגם אינו נותנו לחבירו, הרי זו רשעות כמדת סדום, אלא שמחויב ליתנו לחבירו לשבת עליו והוא עצמו ישב על הארץ או יעמוד. ומובן מעצמו שכן הדין אמור בכל הצרכים שמצויים לו וחסרים לחברו, ומעתה צא ולמד, האם המצוה הזאת היא בגדר האפשרות לקיימה.

ה) ויש לנו להבין קודם כל, למה ניתנה התורה ביחוד לאומה הישראלית ולא ניתנה לכל באי העולם בשוה יחד, היש כאן ח"ו משום לאומיות? וכמובן, אשר רק היוצא מדעתו יכול להרהר כזאת. ובאמת, כבר עמדו חז"ל בשאלה זו, שזוהי כוונתם במה שאמרו ז"ל חז"ל (ע"ז ב: [מסכת] עבודה זרה דף ב' עמוד ב') שהחזירה הקב"ה על כל אומה ולשון ולא קיבלוה, כנודע.

אולם מה שקשה לדבריהם, אם כן למה נקראנו עם הנבחר כמ"ש כמו שכתוב בך בחר ה' וכו' (דברים ז, ו) מאחר שלא היה מי שהוא מאומה אחרת שירצה בה. ועוד, שהדברים מוקשים מעיקרם, היתכן שהקב"ה בא עם תורתו בידו ונשא ונתן עם עמי הארצות הפראיים ההם, או ע"י נביאיו אשר לא נשמע מעולם כזאת ואינו מקובל על הלב כלל.

6) Sin embargo, cuando entendemos suficientemente bien la esencia de la Torá y sus preceptos que nos fueron entregados, así como lo que se esperaba de su cumplimiento en el nivel que los sabios nos enseñaron, que es el propósito de la gran Creación que contemplamos, entonces entenderemos todo. Porque es evidente en sí mismo que no hay realizador de acción sin un propósito, y no hay excepciones a esta regla excepto en el caso de tontos o infantes. Por lo tanto, no podemos tener duda alguna acerca del Creador —cuya exaltación está más allá de nuestro entendimiento— diciendo que Él realizaría algún acto, grande o pequeño, que no tenga un propósito.

Y nuestros sabios nos han enseñado que el mundo fue solamente creado para el cumplimiento de la Torá y sus preceptos. Esto significa, como los sabios de bendita memoria han explicado, que desde el tiempo de la Creación la intención del Creador ha sido informar a la Creación de Su Piedad. Y el conocimiento de Su Piedad es transmitido a los creados a través de la agradable abundancia que Él provee, la cual aumenta hasta que alcanza el grado deseado. Por medio de recibir esta beneficencia los modestos son elevados a través del verdadero reconocimiento de esto, que es convertirse en la carroza de Su Santidad y adherirse a Él hasta que llegan a su perfección máxima: "Ningún ojo ha visto a Dios además de ti" (*Berajot 34b*). Ya que esta perfección es tan grande y espléndida, aun la Torá y los Profetas fueron cuidadosos de no mencionar ni siquiera una palabra de esto. Como los sabios señalaron: "Todos los profetas profetizaron solamente acerca de los días del Mesías, pero en lo concerniente al Mundo por Venir: 'Ningún ojo ha visto a Dios además de ti'". Esto es conocido por aquellos que encuentran el conocimiento, y este no es el lugar para extenderme sobre esto.

ו) אולם כשנבין היטב את מהות התורה והמצוות הנתונות לנו ואת הנרצה מקיומם, בשיעור שהורונו חז"ל, שהוא תכלית כל הבריאה הגדולה העורכה לעינינו, אז נבין הכל. כי מושכל ראשון הוא, שאין לך פועל בלי תכלית, ואין לך יוצא מהכלל הזה זולת הירודים שבמין האנושי, או התינוקות, וא"כ ואם כן לא יוטל ספק כלל על הבורא ית', שלרוממותו אין חקר, שיפעל ח"ו דבר קטן או גדול בלי תכלית.

והורונו חז"ל על זה שלא נברא העולם אלא בשביל קיום התורה והמצוות. פירוש הדבר, כפי שבאארוה לנו הראשונים ז"ל, כי כונת הבורא ית' על הבריאה מעת שנבראה הוא להודיע את אלקותו לזולתו. כי דבר הודעת אלקותו מגיע לנברא במדת שפעו הנעים ההולך ומתרבה אליו עד השיעור הרצוי. שבזאת מתרוממים השפלים בהכרה אמיתית להיות למרכבה אליו ית' ולדבקה בו, עד שמגיעים לשלמותם הסופי: "עין לא ראתה אלקים זולתך" (ישעיהו סד, ג') אשר מרוב גודלה ותפארתה של השלמות ההיא גם התורה והנבואה נשמרו לדבר אף מלה אחת מהפלגה הזו. כמו שרמזו על זה חז"ל (מסכת ברכות דף ל"ד:) "כל הנביאים לא נתנבאו אלא לימות המשיח אבל לעולם הבא עין לא ראתה אלקים זולתך" (ישעיהו סד, ג').כידוע הדבר למוצאי דעת ואכמ"ל ואין כאן מה להוסיף.

Esta perfección está expresada en las palabras de la Torá, la Profecía y las palabras de los sabios por medio de la simple palabra *"devekut"* que significa "adherirse". Esa palabra es tan comúnmente usada por la gente que casi ha perdido su significado. Pero si usted piensa por un momento en esta palabra, se sorprenderá de su maravillosa nobleza, porque si usted imagina el concepto de la Piedad en comparación con la humildad de la Creación, será capaz de valorar la magnitud de la capacidad de adherirse uno al otro, y entonces entenderá por qué consideramos este concepto como el propósito de toda esta gran Creación.

De lo que hemos dicho, por medio de la aplicación de los preceptos de la Torá, se concluye que el propósito total de la Creación es para que todas las modestas creaciones evolucionen y se eleven siempre más alto, hasta que se adhieran totalmente a su Creador.

7) Sin embargo, aquí los Sabios del *Zóhar* se detuvieron y preguntaron: "¿Por qué no fuimos creados con toda la elevación necesaria para adherirnos al Creador en primer lugar? ¿Y cuál fue Su propósito en ponernos a través de toda esta lucha y esfuerzo de la Creación y de la Torá y sus preceptos?". Y respondieron: "Aquel que come del alimento de otro teme mirarlo a la cara..." (*Talmud de Jerusalén, Orla, Capítulo 1*).

Esto significa que quien come y obtiene placer de las acciones de otro siente temor de ver al otro a la cara, porque se vuelve cada vez más avergonzado hasta que pierde su dignidad humana. Y dado que no puede haber defecto en lo que se deriva de Su perfección, el Creador nos ha dado un espacio en el que podemos ganar por nosotros mismos la elevación deseada a través de nuestros actos de aplicar la Torá y sus preceptos. Y estos conceptos son más que profundos, y ya los he explicado en mi libro *Panim Masbirot* en la *Primera Rama del Árbol de la Vida*, y en el libro de *Talmud Éser Sefirot* (*Diez Emanaciones Luminosas*), *Reflexión Interna Parte 1*, y aquí los explicaré brevemente para que todos puedan entender.

ומתבטאת השלמות הזו בדברי התורה והנבואה ודחז"ל וּדברי חכמינו ז"ל, רק במלה הפשוטה "דביקות". והנה מתוך גלגולה של המלה ההיא בפיות ההמון כמעט שאיבדה כל תוכן, אולם אם תשהה את רעיונך על המלה הזאת רגע קט, תשאר עומד ומשתומם על גובהה המפליא, כי תצייר לך העניין האלקי וחין ערכו של הנברא השפל, אז תוכל לערוך יחס הדביקות מזה לזה, ואז תבין, למה אנו משימים את המלה הזאת לתכלית לכל הבריאה הגדולה הזאת.

היוצא מדברינו, אשר תכלית כל הבריאה היא, אשר הברואים השפלים יוכלו ע"י קיום התורה והמצוות לילך מעלה מעלה הלוך ומתפתח עד שיזכו להדבק בבוראם ית' וית'.

ז) אולם כאן עמדו חכמי הזוהר ושאלו, למה לא בראנו מתחילה בכל אותה הרוממות הרצויה להדבק בו ית', ומה היה לו ית' לגלגל עלינו את כל המשא והטורח הזה של הבריאה והתורה והמצוות? והשיבו,דמאן דאכיל דלאו דיליה בהית לאסתכולא באפיה וכו' מי שאוכל לא משלו, מתבייש להסתכל בפני חבירו.

פירוש, כי מי שאוכל ונהנה מיגיע כפיו של חברו מפחד הוא להסתכל בתואר פניו, כי נעשה מושפל והולך עי"ז על ידי זה עד שמאבד צורתו האנושית. ומתוך שמה שבנמשך משלימותו ית' ויתעלה, לא יתכן שימצא בו בחינת חסרון מאיזה צד, לכן הניח לנו מקום להרויח בעצמינו את רוממותינו הנרצית על ידי מעשה ידינו בתורה ומצוות. ודברים אלו המה עמוקים מכל עמוק, וכבר בארתי אותם במתכונתם בספרי פנים מסבירות לעץ החיים בענף הראשון, ובספר תלמוד עשר הספירות, הסתכלות פנימית חלק א', וכאן אפרשם בקצרה, שיהיו מובנים לכל נפש.

8) Esto puede ser comparado por medio de una analogía a un hombre rico que llamó a un hombre pobre de la plaza pública y lo alimentó, le dio de beber, y le dio plata y oro y todas las cosas deseables, día tras día. Y cada día le daba más que el anterior, y así sucesivamente hasta que el hombre rico le preguntó: "Dime, ¿han sido satisfechos todos tus deseos?" Y le respondió "Todos mis deseos no han sido satisfechos, porque ¡qué maravilloso y agradable habría sido si toda esta riqueza y lujo hubieran llegado a mí por medio de mis propias acciones, como han llegado a ti, en vez de ser recibidas a través de tu caridad!". Y el hombre rico replicó: "Si es así, entonces no hay hombre que pueda satisfacer tus deseos".

Y es natural que aun si, por un lado, él prueba el gran placer que aumenta a medida que los regalos aumentan, por el otro lado es duro para él sufrir el bochorno de recibir estos beneficios que el hombre rico aumenta momento a momento, porque es una Ley de la Naturaleza que un receptor siempre sentirá alguna clase de vergüenza e impaciencia cuando recibe un obsequio a cambio de nada de alguien que da por caridad y piedad. Y de esto derivamos una segunda ley: que no hay nadie en el mundo que pueda satisfacer completamente los deseos de su prójimo, porque al final, uno no puede dar a otro el sentimiento y la sensación de autorealización que es necesaria para alcanzar el fin deseado.

Y vemos que esto es verdad solamente de lo creado, y no es aplicable a la perfección exaltada del Creador. Esta es la razón de por qué Él planeó las cosas de modo que debemos luchar y esforzarnos por medio de la Torá y sus preceptos para alcanzar nuestra propia exaltación, de manera que la totalidad del placer y la bondad que llega a nosotros de Él, esto es: en el concepto de adherirnos a Él, es ganado por nosotros a través de nuestros actos, y entonces sentimos verdadera posesión sin la cual no hay el sentimiento de consumación, como hemos explicado.

ח) כי הדבר הזה דומה, לעשיר אחד שקרא לאדם מן השוק ומאכילו ומשקהו ומעניק לו מכסף וזהב וכל חמדה יום יום, וכל יום מרובים מתנותיו על הקודם לו וכן מוסיף והולך, לבסוף שאלהו העשיר אמור לי האם כבר נתמלאו כל משאלותיך? וענהו, עדיין לא נתמלאו כל מבוקשי, כי מה טוב ומה נעים היה לי אילו כל הרכוש והחמודות הללו הגיעוני על ידי עסקי עצמי כמו שהגיעו אליך, ולא להיות בתור מקבל מתנת ידך בחסד. ויאמר לו העשיר, א"כ אם כן לא נברא עוד איש שיוכל למלאות משאלותיך.

ודבר זה טבעי הוא, כי הגם שמצד אחד הוא טועם תענוג גדול, ומוסיף והולך כפי שיעור ריבוי מתנותיו, הנה יחד עם זה מצד השני קשה לו לסבול מבושה את ריבוי ההטבה הזו, שהעשיר הולך ומרבה עליו בכל פעם. כי חוק טבעי הוא בעולם, שהמקבל מרגיש כמין בושה ואי סבלנות בעת קבלת מתנת החנם מאת הנותן מחמת חסדיו ורחמיו עליו. ומכאן נמשך לנו חוק שני, שלא יצוייר בעולם מי שיוכל למלאות חפצי חברו במילואם כי סוף סוף לא יוכל ליתן לו את האופי והצורה של קנין עצמי, שרק עמה נשלמת כל ההרחבה מכל השלימות הרצויה.

והנה זה אמור רק כלפי הנבראים, מה שלא יתכן ומתאים כלל כלפי שלימותו הנעלה ית' ית'. וזהו שהכין לנו ע"י על ידי היגיעה והטרחה להמציא את רוממותינו בעצמינו ע"י על ידי העסק בתורה ומצוות, כי אז כל העונג והטוב המגיע לנו ממנו ית' דהיינו כל הכלול בדבר דבקותו ית',יהיה כל זה בבחי' בבחינת קנין עצמינו, שהגיע לנו ע"י מעשה ידינו,שאז אנו מרגישים עצמינו בבחינת בעלים לדבר, שאין לנו טעם של שלימות זולתה, כמבואר.

9) Sin embargo, es apropiado para nosotros examinar el significado y el origen de esta ley natural: ¿cuál es la fuente y por qué sentimos vergüenza e impaciencia cuando recibimos caridad de alguien? Esto es aprendido de la ley de la naturaleza conocida por los eruditos: que la naturaleza de cada rama es cercana e igual a esa de su raíz, y todas las cosas concernientes a la raíz se aplican también a la rama, y la rama las ama y las desea y deriva su utilidad de ellas. Y lo contrario: hay aquellas cosas que no se aplican a la raíz de las cuales también la rama se mantiene alejada de ellas y no las puede tolerar y también es dañada por ellas. Y esta ley se aplica a cada raíz y rama sin excepción.

Esto nos da una abertura para entender el origen de todos los placeres y tormentos de nuestro mundo. Dado que el Creador es la raíz de todas las creaciones que Él creó, todas las cosas, por lo tanto, que están incluidas en Él y sacadas por Él directamente, nos son agradables, ya que nuestra naturaleza es íntima de nuestra raíz exaltada. Por otra parte, todas las cosas que no se aplican a Él y no son sacadas para nosotros directamente, sino a través de la naturaleza de la creación misma, van contra nuestra naturaleza y son para nosotros difíciles de tolerar.

Es decir: amamos el reposo y detestamos el movimiento, tanto así que no hacemos movimiento a menos que esto sea para alcanzar reposo. Esto es porque nuestra raíz no es una de movimiento sino una de reposo y el movimiento no se aplica a Él en absoluto. Por lo tanto, va contra nuestra naturaleza y nos disgusta. De la misma manera, amamos la sabiduría y el valor y la riqueza, etc., porque todos estos están incluidos en Él, quien es nuestra raíz. Es por esto que detestamos a sus opuestos, como la ignorancia, la debilidad y la pobreza, porque no pueden ser encontrados en nuestra raíz para nada, lo cual nos provoca rechazo, aversión y aborrecimiento. También pueden causarnos sufrimiento intolerable.

ט) אמנם כן ראוי לנו להתבונן בעיקרו ומקורו של חוק טבעי זה, ומבטן מי יצא לנו פגם הבושה ואי הסבלנות הזה, שאנו מרגישים בעת קבלת החסד ממי שהוא? אולם דבר זה מושכל מחוק הידוע לחכמי הטבע אשר כל ענף טבעו קרוב ושוה אל שורשו, וכל העניינים הנהוגים בשורש יתרצה בהם גם הענף שלו ויאהב אותם ויחמדם ויפיק תועלתו מהם. ולעומתם, כל העניינים שאינם נהוגים בשורש, גם הענף שלו מתרחק מהם לא יוכל לסובלם וגם ניזוק מהם. וחוק זה מצוי בין כל שורש וענף שלו ולא יעבור.

ומכאן נפתח לנו פתח להבין מקור כללות התענוגים והיסורים הקבועים בעולמנו, כי מתוך שהשי"ת שהשם יתברך וית' הוא השורש לכל בריותיו אשר ברא, לפיכך כל העניינים הכלולים בו ית' ונמשכו לנו הימנו בהמשכה ישרה, יבושמו לנו וינעמו לנו, משום שטבענו קרוב לשורשינו ית'. וכל העניינים שאינם נוהגים בו ית', ולא נמשכו לנו הימנו בהמשכה ישרה זולת על פי קוטבה של הבריאה עצמה, יהיו אלה נגד הטבע שלנו, ויהיה קשה לנו לסובלם.

דהיינו, אנו אוהבים את המנוחה, ושונאים מאד את התנועה, עד שאין אנו עושים שום תנועה אם לא להשגת המנוחה, והיה זה, מפני שהשורש שלנו איננו בעל תנועה זולת בעל המנוחה, ואין תנועה ח"ו נוהגת בו כלל, ולפיכך תהיה זו גם כן, נגד טבענו ושנואה לנו. וע"ד"ז ועל דרך זה, אנו אוהבים מאד את החכמה ואת הגבורה ואת העושר וכו', שהוא משום שכל אלה כלולים בו ית' שהוא שורשנו, וע"כ שונאים אנו מאד את הפוכם, כמו הסכלות והחולשה והעניות, משום שאינם מצויים כלל ועיקר בשורש שלנו, שזהו עושה את הרגשתנו מאוס ושנוא וגם גורם מכאובים לאין סבול.

10) Esta es la razón de nuestros sentimientos negativos de vergüenza e impaciencia cuando recibimos caridad de otros. El Creador no tiene el aspecto de recibir beneficio de otros en Su naturaleza. Porque ¿de quién puede Él recibir? Y dado que este concepto no se aplica a nuestra raíz, que es el Creador, nos disgusta, como hemos explicado. Por otra parte, sentimos placer, ternura y confort cuando compartimos con otros, ya que esto se aplica a nuestra raíz, quien comparte con todos.

11) Ahora nuestros ojos han sido abiertos para examinar el propósito de la Creación, el cual es "Adherirse a Él", en su verdadera naturaleza. Este concepto total de nobleza y adherencia que nos está asegurado por medio de dedicarnos a la Torá y sus preceptos es ni más ni menos que el proceso de las ramas para convertirse en afinidad con su raíz exaltada, donde todo lo agradable, eufórico y exaltado llega naturalmente, como hemos explicado anteriormente. Ese placer es nada más que el alcanzar una "afinidad de forma" con su Creador, de modo que cuando nos transformamos para volvernos iguales en cada detalle a nuestra raíz, sentimos un placer maravilloso, y cualquier cosa que nos ocurra que no se encuentra en nuestra raíz se vuelve intolerable, repulsiva o dolorosa, como lo aclara este concepto. Así que es natural que todas nuestras esperanzas dependan de cuán exitosos somos en alcanzar afinidad de forma con nuestra raíz.

12) Es por esto que los sabios preguntaron: "¿Por qué se interesa Dios en si degollamos desde el cuello o desde la nuca? Después de todo, los preceptos fueron entregados solamente para perfeccionar a la humanidad" (*Bereshit Rabá capítulo 44*). Y el significado de este proceso de perfeccionamiento es la purificación del cuerpo turbio, lo cual es el propósito del cumplimiento de la Torá y todos sus preceptos, porque cuando nace, el hombre es similar a una "cría de asno salvaje". Cuando nace está en el máximo nivel de suciedad y ordinariez, significando que hay mucho de amor egoísta

י) והיא הנותנת לנו הטעם הפגום הזה של בושה ואי סבלנות בעת שאנו מקבלים דבר מאחרים בתורת חסד, כי הבורא ית' אין בחוקו ח"ו שום ענין של קבלת טובה, כי ממי יקבל? ומתוך שאין הענין הזה נהוג בשורשנו ית' ע"כ על כן הוא מאוס ושנוא לנו, כאמור. ולעומתו, אנו מרגישים תענוג ונועם רך בעת כל השפעה שאנו משפיעים לזולתנו, להיות דבר זה נהוג בשרשנו ית' שהוא המשפיע לכל.

יא) עתה מצאנו פתח עינים להסתכל בדבר תכלית הבריאה של "ולדבקה בו" בפרצופו האמיתי, שכל ענין הרוממות והדביקות הזה המובטח לנו ע"י מעשה ידינו בתורה ובמצוות, אינו לא פחות ולא יותר, אלא דבר השוואת הענפים לשורשם ית', אשר כל הנעימות והעידון וכל נשגב, נעשה כאן דבר נמשך טבעי מאליו, כמו שנתבאר לעיל, שענין התענוג אינו אלא רק השוואת הצורה ליוצרה, ובהיותנו משתוים בעינינו לכל מנהג הנוהג ומצוי בשורשנו הרי אנו מצויים בתענוגים, וכל ענין שיארע לידנו מהענינים שאינם נמצאים בשורשנו, הרי נעשים לבלתי נסבלים ולגועל נפש או למכאובים ממשיים, כפי אשר יתחייב מהמושג ההוא. ונמצא מאליו, אשר כל תקותנו, תלויה ועומדת בשיעור השוואת צורתנו לשורשנו ית' וית'.

יב) ואלה הם דברי חז"ל (ב"ר פמ"ד [מדרש] בראשית רבא פרק מד') בשאלתם, וכי מה איכפת לי' להקב"ה למי ששוחט מן הצואר או מי ששוחט מן העורף? הוי לא נתנו המצוות אלא לצרף בהם את הבריות עכ"ל עד כאן לשונם. והצירוף הזה, פירושו הזדככות הגוף העכור שזוהי התכלית היוצאת מקיום התורה והמצוות כולן. מפני שעיר פרא אדם יולד (איוב יא', יב'), כי כשיוצא ונולד מחיק הבריאה הוא מצוי בתכלית הזוהמא והשפלות, שפירושם הוא ענין ריבוי גדלות האהבה

39

inherente en él, por lo cual todos sus actos están centrados en él mismo sin ninguna traza de pensamiento de compartir con otros.

Así, él está tan distante como puede estar de su Raíz. Él está diametralmente opuesto, porque la Raíz solamente comparte con otros sin un pensamiento de recibir en absoluto, el Cielo no lo permita. El recién nacido está en un estado total de recibir para sí mismo sin un solo pensamiento de compartir con otros; por lo tanto, se le encuentra en el más bajo punto de ordinariez y suciedad en nuestro mundo humano.

Y mientras más crece, más recibe capacidades parciales de "compartir con otros" de su entorno, lo cual depende de los valores del desarrollo en su entorno. Es enseñado luego a cumplir con la Torá y sus preceptos para su propio beneficio, por una recompensa en este mundo y el Mundo por Venir. Esto es considerado "no por ella misma", ya que es imposible hacer que el niño esté acostumbrado de otra manera. Y a medida que crece, le es mostrado cómo dedicarse a los preceptos de la Torá por ella misma, significando que los hace solamente para dar placer a su Creador. Como el Ramban (Maimónides) dijo: "Las mujeres y los niños no deben ser enseñados a aplicarse a la Torá y sus preceptos por ella misma, porque ellos no son capaces de llevar la carga del concepto. Solamente cuando maduran y adquieren sabiduría y entendimiento debe serles enseñado esto" (*Hiljot Teshuvá, Leyes del Arrepentimiento, Capítulo 10*). Y como los sabios dijeron: "A partir de no aplicar la Torá por ella misma, uno llega finalmente a hacerlo por ella" (*Pesajim página 50b*) significando estudiar la Torá y aplicar los preceptos en la vida de uno con la sola intención de dar placer a nuestro Creador, y no por amor egoísta.

El Creador conoció los poderes inherentes que existen en la Torá y sus preceptos cuando son aplicados a la vida de uno por ella misma, como los sabios nos dicen: "El Creador dijo: 'Yo creé el impulso maligno en la vida y Yo creé la Torá como su remedio'" (*Kidushín 30b*). Así encontramos

העצמית הנטבעת בו, אשר כל תנועותיו סובבים בחזקה על קטבו עצמו, מבלי ניצוצי השפעה לזולתו ולא כלום.

באופן, שאז נמצא במרחק הסופי מן השורש ית' וית', דהיינו מן הקצה אל הקצה, בהיות השורש ית' כולו להשפיע בלי שום ניצוצי קבלה כלל וכלל ח"ו, ואותו הנולד נמצא כולו במצב של קבלה לעצמו בלי שום ניצוצי השפעה ולא כלום, וע"כ נבחן מצבו בנקודה התחתונה של השפלות והזוהמה המצויה בעולמנו האנושי.

וכמו שהוא הולך וגדל, כן יקבל מהסביבה שלו שיעורים חלקיים של "השפעה לזולתו" וזהו ודאי תלוי בערכי התפתחות הנמצאים באותה הסביבה. והנהגם אז מתחילים לחנכו בקיום תורה ומצוות לאהבת עצמו -משום שכר בעוה"ז ועוה"ב בעולם הזה ובעולם הבא, המכונה "שלא לשמה", כי אי אפשר להרגילו באופן אחר. וכשגדל ובא בשנים, אז מגלים לו איך לבא לעסק המצוות לשמה, שהיא בכוונה מיוחדת רק לעשות נ"ר נחת רוח ליוצרו. כמ"ש כמו שכתב הרמב"ם (הלכות תשובה פ"י פרק י') שלנשים וקטנים אין לגלותאת העסק בתורה ומצוות לשמה, כי לא יוכלו שאתו, רק כשגדלים וקונים דעת ושכל אז מלמדים אותם לעשות לשמה. וכמ"ש וכמו שאמרו [חכמינו] ז"ל, "מתוך שלא לשמה בא לשמה" (מסכת פסחים ב:), שהיא מוגדרת בכוונה לעשות נ"ר נחת רוח ליוצרו ולא לשום אהבה עצמית, יהי' מה שיהי'.

וע"י ועל ידי הסגולה הטבעית שבעסק התורה והמצוות לשמה אשר נותן התורה ידעה, כמ"ש כמו שאמרו ז"ל (מסכת קידושין ל:) שהקב"ה אומר: בראתי יצה"ר יצר הרע ובראתי לו תורה תבלין, הרי נמצא הנברא ההוא הולך ומתפתח ופוסע אל על בדרגות ומעלות הרוממות האמורות, עד שמספיק לאבד מקרבו כל הניצוצים

que la persona continúa desarrollándose y subiendo a través de los niveles de elevación hasta que pierde toda chispa de amor egoísta, y todos los preceptos en su cuerpo son levantados, y cada movimiento que él hace es solamente para beneficio de otros. Por lo tanto, aun las más simples necesidades que él debe recibir son canalizadas para compartir con otros. Es por esto que los sabios dijeron: "Los preceptos de la Torá fueron dados solamente para purificar a los seres creados de nuestro mundo" (*Midrash Rabá, capítulo 44*).

13) De hecho, encontramos que hay dos tipos de preceptos de la Torá: a) aquellos entre el hombre y el Creador; y b) aquellos entre el hombre y su semejante. Ambos tienen un propósito, el cual es traer al ser creado a su propósito final de adherirse al Creador, como hemos explicado. Además, aun la aplicación práctica de los dos es la misma, ya que cuando una persona actúa "por ella misma", con ninguna mezcla de amor egoísta, esto es: sin derivar algún beneficio personal, entonces no se sentirá diferente, sin tener en cuenta si está actuando por amor a su semejante o su amor por el Creador.

Es una Ley de la Naturaleza que todo lo percibido por el ser creado como ser externo a sí mismo le parecerá vacío y no parte de su ámbito, de modo que todo acto de amor por otros que una persona hace es motivado por sentir la Luz retornando a él o teniendo la esperanza de obtener una recompensa que es beneficiosa solamente para él mismo. Por lo tanto, estos actos no pueden ser llamados verdaderamente "amar a otras personas" porque son definidos por sus consecuencias. Esto puede ser comparado a un salario que solamente es pagado cuando el trabajo está terminado. Y en cualquier caso, un acto realizado por un salario no puede ser considerado amar a otro. Sin embargo, realizar algún acto o hacer algún esfuerzo puramente por amor a otros, sin un aspecto de chispas de Luz retornando a él y sin una esperanza de alguna recompensa que resulte, es completamente imposible de acuerdo con la Ley de la Naturaleza.

של אהבה עצמית, וכל מצוותיו שבגופו מתרוממים, ועושה את כל תנועותיו רק להשפיע, באופן אשר אפילו ההכרחיות שהוא מקבל, זורם ג"כ לכוונת ההשפעה, כלומר כדי שיוכל להשפיע. וזהו אמרם ז"ל: לא נתנו מצוות אלא לצרף בהם את הבריות (בראשית רבה מד', א').

יג) ואם אמנם נמצאים ב' חלקים בתורה: א', מצוות הנוהגות בין אדם למקום ית', ב', מצוות הנוהגות בין אדם לחבירו. הנה שניהם לדבר אחד מתכוונים דהיינו כדי להביא הנברא לידי המטרה הסופית של הדביקות בו ית' כמבואר. ולא עוד, אלא אפילו הצד המעשי שבשניהם הוא ג"כ כן בחינה אחת ממש, כי בשעה שעושה מעשהו "לשמה" ולא לשום תערובות של אהבה עצמית דהיינו בלי שום הפקת תועלת של משהו בעדו עצמו, אז לא ירגיש האדם שום הפרש במעשהו, בין אם הוא עובד לאהבת חבירו בין אם הוא עובד לאהבת המקום ית'.

משום שחוק טבעי הוא לכל בריה שכל הנמצא מחוץ למסגרת גופו עצמו הוא אצלו כמו דבר ריק ובלתי מציאותי לגמרי, וכל תנועה שאדם עושה לאהבת זולתו הוא עושה זאת בעזרת אור חוזר ואיזה גמול שסופו לחזור אליו ולשמשו לתועלתו עצמו, ולפיכך, אין המעשים כגון אלו יוכלו להיקרא בשם "אהבת זולתו" משום שנידון על שם סופו, ודומה לשכירות שאינה משתלמת אלא לבסוף ומכל מקום אין מעשה השכירות נחשבת לאהבת זולתו. אולם לעשות איזה תנועה וטרחה משום אהבת זולתו לגמרי, דהיינו בלי ניצוצי אור חוזר ושום תקוה של איזה גמול שישוב אליו, זהו מצד הטבע לגמרי מן הנמנעות.

43

Y con relación a tales cosas, el *Tikunéi Zóhar, Tikún 30:10* habla a las naciones del mundo diciendo: "Todo acto de bondad realizado está hecho para el propio beneficio de uno mismo". Significa que todo acto de bondad que ellos realizan para sus amigos o para servir a sus dioses, no es por amor a otros, sino por amor egoísta, y esto es porque esto sería contra la naturaleza humana, como hemos explicado. Por lo tanto, solamente aquellos que cumplen con la Torá y sus preceptos son capaces de esto. Por medio de acostumbrarse uno mismo a cumplir con la Torá y sus preceptos para dar placer al Creador, uno se separa gradualmente del seno de la naturaleza humana y adquiere una segunda naturaleza, que es el mencionado amor a los demás.

Es por esto que los sabios del Zóhar excluyeron completamente a las naciones del mundo de la característica de amar a otros y dijeron que todo acto de bondad que ellos realizan es solamente para su propio beneficio, ya que no tienen nada que hacer con dedicarse ellos mismos a la Torá y sus preceptos por ella misma. El propósito de toda adoración a sus dioses es para obtener recompensa y redención en este mundo y en el siguiente, y así encontramos que su adoración de dioses es derivada de un amor egoísta. En todo caso, ellos nunca llevan a cabo un acto valioso que va estar fuera de la estructura de su propio cuerpo; hacer eso elevaría al propio ser aunque sea el grueso de un pelo encima del suelo de la naturaleza humana.

14) Así podemos ver con nuestros propios ojos que no hay diferencia entre los dos tipos de los preceptos de la Torá, en términos de dedicarse uno mismo a la Torá y sus preceptos por ella misma, aun en términos de la aplicación práctica de la Torá. Es necesario que antes de que uno sea recompensado, todas las acciones de uno hacia otros, sean hacia el Creador o hacia otras personas, se sientan vacías e imperceptibles. Sin embargo, a través de un gran esfuerzo uno puede elevarse gradualmente y alcanzar una segunda naturaleza, como se mencionó previamente, y

ועל כיוצא בזה אמרו בזהר (תקוני הזוהר, תיקון ל') על אומות העולם, "כל חסד דעבדין
לגרמייהו הוא דעבדין" כל חסד שהם עושים רק למען עצמם הם עושים. פירוש, כל מה
שהמה מתחסדים עם חבריהם או בעבדות אלהיהם אין זה משום אהבת זולתם
אלא משום אהבה עצמית, והוא משום שדבר זה הוא מחוץ לדרך הטבע כמבואר.
וע"כ ועל כן רק מקיימי התורה ומצוות מוכשרים לדבר זה, שבהרגילו את עצמו
לקיים את התורה ומצוות לעשות נ"ר נחת רוח ליוצרו, אז לאט לאט נפרש ויוצא
מחיק הבריאה הטבעית וקונה טבע שני, שהוא אהבת זולתו האמורה.

וזהו שהביא לחכמי הזוהר להוציא את אומות העולם מדבר אהבת זולתם מכל
וכל. ואמרו כל חסד דעבדין לגרמייהו הוא דעבדין, משום שאין להם ענין העסק
בתו"מ בתורה ומצוות לשמה, וכל דבר העבדות לאלהיהם הוא משום שכר והצלה
בעוה"ז ובעוה"ב בעולם הזה והעולם הבא כנודע, ונמצא גם עבדותם לאלהיהם הוא
משום אהבה עצמית. וממילא לא תארע להם לעולם שום פעולה שתהיה מחוץ
למסגרת גופם עצמם, שיוכלו להתרומם בשבילה אפילו כחוט השערה ממעל
לקרקע הטבע.

יד) והננו רואים בשתי עינינו, אשר כלפי העוסק בתורה ומצוות לשמה, הנה
אפילו מצד המעשיות שבתורה אינו מרגיש שום הפרש בב' חלקי התורה. כי
בטרם שמשתלם בדבר, הכרח הוא, שכל פעולה לזולתו הן להשי"ת להשם יתברך
והן לבני אדם מורגשת אצלו כמו ריקנית לבלי מושג, אולם ע"י יגיעה גדולה

45

entonces uno alcanza la meta final, que es adherirse al Creador, como hemos explicado.

Dado que esto es así, la lógica enseña que la parte de la Torá concerniente al hombre y a su semejante es más capaz de traer al hombre a su meta deseada. Y dado que el cumplimiento de los preceptos entre el hombre y su Creador está predeterminado y es específico, y no hay retroalimentación en este, y uno se acostumbra a ellos fácilmente, cualquier cosa que es hecha por hábito ya no es capaz de traer beneficio alguno, como es bien sabido. No es así con los preceptos concernientes al hombre y su semejante, los cuales no están predeterminados o son específicos. Son muy demandantes a dondequiera que uno voltea, y por lo tanto su capacidad está más asegurada y es más fácil y está más cerca de llegar a la meta a través de ellos.

15) Ahora podemos entender claramente las palabras de Hilel el Anciano al converso, donde declara que la esencia de la Torá es "Ama a tu prójimo como a ti mismo y el resto de los preceptos son un comentario y preparación para esto" (ver la Sección 2). Aun los preceptos concerniendo al hombre y al Creador están incluidos en este precepto, ya que es la meta máxima de toda la Torá y sus preceptos, como los sabios dijeron: "La Torá y sus preceptos fueron entregados solamente para purificar a los israelitas" (ver la Sección 12), lo cual significa la purificación del cuerpo al punto donde uno adquiere una segunda naturaleza que es definida como el amor a otros, esto es: el precepto de: "Ama a tu prójimo como a ti mismo", que es la meta máxima de la Torá, después de lo cual uno pronto alcanza la adhesión con el Creador.

No hay necesidad de preguntar por qué esto no está definido por el precepto: "Amarás al Señor tu Dios con todo tu corazón, con toda tu alma y con toda tu fuerza" (*Deuteronomio 6:5*) porque por la razón explicada previamente, no hay diferencia entre el amor al Creador y el amor a otros

נמצא עולה ומתרומם לאט לאט לטבע שני, כנ"ל. ואז זוכה תיכף למטרה הסופית, שהיא הדביקות בו ית' כמבואר.

וכיון שכן הוא, הנה הסברה נותנת אשר אותו חלק התורה הנוהג בין אדם לחברו, הוא היותר מסוגל בשביל האדם להביאו להמטרה הנרצה, משום שהעבודה במצוות שבין אדם למקום ית' היא קבועה ומסויימת ואין לה תובעים. והאדם מתרגל בה בנקל, וכל שעושה מחמת הרגל כבר אינו מסוגל להביא לו תועלת כנודע. משא"כ מה שאין כן המצוות שבין אדם לחברו הוא בלתי קבוע ובלתי מסויים והתובעים מסבבים אותו בכל אשר יפנה, וע"כ סגולתם יותר בטוחה ומטרתם יותר קרובה.

טו) עתה נבין בפשיטות דברי הלל הנשיא להאי גיורא לאותו גר, אשר עיקר הקוטב שבתורה הוא ואהבת לרעך כמוך ויתר תרי"ב מצוות הם פירוש והכשר אליה (כנ"ל אות ב'). ואפילו המצוות שבין אדם למקום הם ג"כ בכלל הכשר המצוה הזו, להיותה המטרה הסופית היוצאת מכל התורה והמצוות, כמ"ש ז"ל כמו שאמרו חז"ל "לא נתנו תורה ומצוות אלא לצרף בהם את ישראל" (כנ"ל אות י"ב), שהיא הזדככות הגוף, עד שקונה טבע שני המוגדר באהבת זולתו, דהיינו המצוה האחת של ואהבת לרעך כמוך, שהיא המטרה הסופית בתורה, אשר אחריה זוכה תיכף לדביקותו ית'.

ואין להקשות למה לא הגדיר זה בכתוב "ואהבת את ה' אלקיך בכל לבבך ובכל נפשך ובכל מאודך" (דברים ו', ה') כי זה מטעם המבואר לעיל, אשר באמת כלפי האדם הנמצא עוד בטבע הבריאה אין הפרש כלל בין אהבת השי"ת השם יתברך לאהבת חברו, משום שכל שמזולתו הוא אצלו בגדר בלתי מציאותי. ומתוך

por uno que está sujeto todavía a la naturaleza humana, ya que todo lo externo a uno mismo no es real y no existe. Y dado que este converso preguntó a Hilel el Anciano que le explicara la esencia de lo que la Torá pide de una manera que su meta fuera fácil de alcanzar y más cercana para que él la encuentre, diciendo: "Enséñame toda la Torá mientras me sostengo en un solo pie", Hilel definió esto como el amor a otros, ya que esta meta es más cercana y rápida de ser revelada (ver la Sección 14), porque es más segura y puede ser cumplida sin error y es acompañada con un mecanismo preciso de retroalimentación.

16) En este encontramos una oportunidad para entender cómo la Torá exige algo de nosotros que no podemos cumplir (ver las Secciones 3 y 4 y especialmente el contenido del precepto: "Ama a tu prójimo como a ti mismo"). ¡Lea esto cuidadosamente y entiéndalo! Esta es la razón por la que la Torá no fue dada a nuestros santos antepasados Abraham, Isaac y Jacob, sino que fue retrasada hasta el Éxodo de Egipto; solamente cuando se volvieron una nación completa de seiscientos mil hombres mayores de 21 años. A cada miembro de la nación se le preguntó si estaba de acuerdo con esta tarea elevada. Y solamente cuando cada persona en la nación aceptó con todo su corazón y alma y dijo: "¡Haremos y escucharemos!" (*Éxodo 24:7*), solamente entonces fue posible cumplir con el principio de toda la Torá, que dejó el ámbito de la imposibilidad y entró en el ámbito de la posibilidad.

Porque entonces es absolutamente cierto: si seiscientos mil hombres ponen su atención lejos de sus propias necesidades y están de acuerdo en refrenarse de cualquier otra actividad y se dedican a garantizar que a ninguno de sus compañeros les falte algo, y lo hacen con amor increíble, con todo sus corazón y toda su alma y cumplen totalmente el precepto de "Ama a tu prójimo como a ti mismo", entonces está claro y es indudable que ningún individuo entre ellos tendría que preocuparse por su propia subsistencia. Por medio de esto, cada persona se vuelve

שאותו הגר ביקש מהלל הנשיא שיסביר לו כללות הנרצה מהתורה כדי שתהיה מטרתו קרובה לבוא ולא ירבה בדרך הליכה כאמרו: "למדני כל התורה כולה על רגל אחת" (מסכת שבת, דף לא' עמוד א') ע"כ על כן הגדיר לו באהבת חברו משום שמטרתה יותר קרובה ומהירה להתגלות (כנ"ל אות י"ד) משום ששמורה מטעויות ומשום שיש לה תובעים.

טז) ובאמור מצאנו הפתח להבין במה שעמדנו לעיל (אות ג' וד') בעיקר תוכנה של המצוה הזאת "ואהבת לרעך כמוך" איך מחייבת אותנו התורה בדבר שהוא מהנמנעות לקיימה, עש"ה עיין שם היטב. אכן השכל! שמהטעם הזה לא ניתנה התורה לאבותינו הק' הקדושים אברהם יצחק ויעקב, אלא נמשך הדבר עד יציאת מצרים, שיצאו והיו לאומה שלימה בת שש מאות אלף איש מעשרים שנה ומעלה, אשר אז נשאלו אם כל אחד מהאומה מסכים לעבודה הנשגבה הזאת, ואחר שכל אחד ואחד מהאומה הסכים בכל לב ונפש לדבר, ואמר נעשה ונשמע (שמות יט', יז') , אז נעשה הדבר הזה שהוא כללות התורה לאפשר לקיימה, שיצאה מגדר הנמנעות ובאה לגדר האפשרות.

כי זהו ודאי גמור, אם שש מאות אלף איש מסתלקים מכל עסקיהם לצרכי עצמם ואין להם שום עסק בחייהם רק לעמוד על המשמר תמיד שלא יחסר שום צורך לחבריהם. ולא עוד אלא שיעסקו בזה באהבה עצומה בכל לבבם ונפשם ככל גדרה של המצוה "ואהבת לרעך כמוך", אז ברור בלי שום ספק, שאפס כל צורך מכל יחיד מחברי האומה לדאוג מה בשביל קיומו עצמו. ונעשה משום זה פנוי לגמרי משמירת קיומו עצמו, ויכול לקיים בנקל את המצוה של ואהבת לרעך כמוך בכל אותם התנאים המבוארים באות ג' וד'. כי איך יפול לו איזה פחד כרגע על קיומו עצמו, בה בשעה ששש מאות אלף איש אוהבים נאמנים עומדים

libre absolutamente de su propia subsistencia y podría fácilmente cumplir el precepto de "Ama a tu prójimo como a ti mismo" de acuerdo con todas las condiciones explicadas en las Secciones 3 y 4. Porque ¿cómo podría alguien preocuparse de su propia subsistencia cuando seiscientos mil amados y leales amigos están asegurándose constantemente de que todas las necesidades de él sean satisfechas?

Así, una vez que todos los miembros de la nación estuvieron de acuerdo con esto, la Torá les fue entregada inmediatamente, ya que eran entonces capaces de cumplirla. Antes de que alcanzaran el tamaño de una nación completa, por no hablar del tiempo de los antepasados, cuando no eran sino unos pocos, no eran verdaderamente capaces de cumplir con la Torá apropiadamente, ya que un pequeño número de personas no puede siquiera empezar a tratar con los preceptos concernientes al hombre y su prójimo al grado de "Ama a tu prójimo como a ti mismo" como está explicado en las Secciones 3 y 4, y es por eso que la Torá no les fue entregada a ellos.

17) Así podemos entender uno de los más asombrosos dichos de los sabios: "Todos los israelitas son responsables uno del otro" (*Midrash Rabá, Shir Hashirim capítulo 7:14*) el cual parece totalmente injustificable. ¿Es posible si otra persona peca o transgrede y se enoja con su Creador, y yo ni siquiera lo conozco ni tengo nada que ver con él, que el Creador me haga pagar por su transgresión? Hay un pasaje en la Torá que dice: "Los padres no serán muertos por los pecados de sus hijos, cada persona debe ser muerta por sus propios pecados" (*Deuteronomio 24:16*), de modo que ¿cómo puede ser dicho que yo soy responsable por los pecados de un completo desconocido?, Y si esto no fuera suficiente, en el *Tratado Kidushim, página 40b*, se dice: Rav Elazar hijo de Rav Shimón, dijo: 'Dado que el mundo es juzgado por la mayoría, y el individuo es juzgado por la mayoría, el que cumple un precepto causa que él mismo y el mundo entero inclinen la balanza del mérito; y ¡Ay de aquel que comete una transgresión, porque

על המשמר הכן בהשגחה עצומה שלא יחסר לו כלום מצרכיו. ולפיכך, אחר שכל חברי האומה הסכימו לדבר, תיכף ניתנה להם התורה, כי עתה המה נעשו מוכשרים לקיימה.

אמנם מקודם שבאו ונתרבו לשיעור אומה שלימה. ואין צריך לומר בזמן האבות שהיו רק יחידים בארץ, לא הוכשרו באמת לקיים התורה על אופנה הרצוי, כי במספר קטן של אנשים אי אפשר אפילו להתחיל בעניין עסק המצוות שבין אדם לחברו כפי הקוטב של ואהבת לרעך כמוך, כמבואר באות ג' וד', ולפיכך לא ניתנה להם התורה.

יז) ובאמור נוכל להבין מאמר אחד מהיותר מתמיהים שבמאמרי חז"ל, דהיינו במה שאמרו אשר כל ישראל ערבים זה לזה (מסכת סנהדרין כז), שלכאורה הוא בלתי מוצדק בתכלית, כי היתכן אם מי שהוא חוטא או עובר עבירה ומכעיס את קונו ואין לי שום הכרות ושייכות עמו, יגבה הקב"ה את חובו ממני, ומקרא כתוב "לא יומתו אבות על בנים וגו' איש בחטאו יומתו" (דברים כד', טז') ואיך אומרים אשר אפילו הנכרי לי לגמרי שאיני מכיר לא אותו ולא את מקומו נמצאת ערב בחטאיו? והמעט לך מזה, קח וראה במסכת קידושין דף מ' ע"ב עמוד ב', וזה לשונם: רבי אלעזר ברבי שמעון אומר לפי שהעולם נידון אחר רובו, והיחיד נידון אחר רובו, עשה מצוה אחת אשריו שהכריע את עצמו ואת כל העולם לכף זכות, עבר

51

causa que él mismo y el mundo entero inclinen la balanza del demérito, como está escrito: Un pecador causa mucho bien en estar perdido!'".

Al decir esto, Rav Elazar hijo de Rav Shimón nos hace responsables por el mundo entero, porque en su opinión todas las personas en el mundo son responsables unas de las otras. Cada persona causa mérito o demérito por el mundo entero a través de sus actos. Y esto es un gran enigma. Sin embargo, de acuerdo con eso que hemos explicado anteriormente, sus palabras son precisas y simples, ya que hemos probado claramente que cada uno de los preceptos de la Torá está incluido en el precepto solo de: "Ama a tu prójimo como a ti mismo", y esto no puede ser cumplido a menos que una nación entera, todos sus miembros, estén listos para hacerlo.

עבירה אחת אוי לו שהכריע את עצמו ואת כל העולם לכף חובה, שנאמר וחוטא אחד יאבד טובה הרבה". עכ"ל עד כאן לשונו.

והנה עשאוני ר"א בר"ש רבי אלעזר בן רבי שמעון ערב גם בשביל העולם כולו, שנמצא לדעתו, אשר כל בני העולם ערבים זה לזה, וכל יחיד במעשיו יגרום זכות או חובה לכל העולם כולו. שזוהי תמיהה ע"ג על גבי תמיהה. אולם לפי המתבאר לעיל הרי דבריהם ז"ל מובנים ומוסכמים בתכלית הפשטות, כי הנה הוכחנו לעינים אשר כל פרט ופרט מהתרי"ג 613 מצוות שבתורה סובבים על קוטבה של המצוה האחת של ואהבת לרעך כמוך, ונתבאר, שקוטב זה אינו בגדר של קיום זולת באומה שלימה שכל חבריה מוכנים לדבר.

Artículo sobre la Responsabilidad

(Continuación del "Artículo sobre la Entrega de la Torá")

"Porque todos los israelitas son responsables uno del otro"
(Sanhedrín27b, Juramentos 39a)

Esta es la responsabilidad de todos los israelitas: que se hagan responsables el uno del otro, significando que la Torá no les fue entregada hasta que a todos y cada uno de los israelitas les fue preguntado si estaban de acuerdo en llevar el precepto de amar a su prójimo al grado descrito por el versículo: "Ama a tu prójimo como a ti mismo" hasta su última consecuencia, como está explicado en las secciones 2 y 3; lea eso palabra por palabra. Esto es: cada israelita carga con la obligación de interesarse y servir a cada miembro de la nación, satisfacer sus necesidades no menos de lo que es natural para él satisfacer las suyas propias. Y después de que la nación entera aceptó unánimemente y dijo: "¡Haremos y escucharemos!", cada israelita se hizo responsable de todas las necesidades y carencias de cada miembro de la nación, y solamente entonces fueron merecedores de recibir la Torá y no antes. Porque a través de esta responsabilidad colectiva cada miembro es aliviado de la preocupación por sus necesidades personales y puede cumplir el precepto de amar a su prójimo como a sí mismo en su totalidad y dar de todo lo que tiene a todo aquel con necesidad, ya que él no necesita preocuparse por sus propias necesidades porque sabe y está seguro de que 600,000 personas confiables que lo aman están cerca de él y están preparados para cuidar de él, como está explicado en la sección 16; léala cuidadosamente.

Y por esta razón ellos no estaban preparados en absoluto para recibir la Torá desde los tiempos de Abraham, Isaac y Jacob, hasta el Éxodo de Egipto. Entonces se volvieron una nación distinta, porque solamente entonces

מאמר הערבות

(המשך מ"מאמר מתן תורה")

"שכל ישראל ערבים זה בזה."
(סנהדרין כ"ז: שבועות ל"ט)

וזה ודבר הערבות אשר כל ישראל נעשו ערבים זה לזה, כי לא ניתנה להם התורה בטרם שנשאל כל אחד ואחד מישראל אם מסכים לקבל עליו את המצוה של אהבת זולתו בשיעור הכתוב, "ואהבת לרעך כמוך" בכל שיעורו (כפי המתבאר באות ב' וג' עש"ה עיין שם היטב מלה במלה). דהיינו שכל מישראל יקבל על עצמו, לדאוג ולעבוד בעד כל אחד מחברי האומה למלאות כל צרכיו לא פחות ממה שהוטבע באדם לדאוג בעד צרכיו עצמו, ואחר שכל האומה הסכימו פה אחד ואמרו נעשה ונשמע, הרי שכל אחד מישראל נעשה ערב שלא יחסר דבר מה לשום חבר מחברי האומה, אשר אז נעשו ראויים לקבלת התורה ולא זולת, משום שבערבות הכללית הזאת נפטר כל יחיד מהאומה מכל דאגותיו לצרכי גופו עצמו, ויכול לקיים מצות ואהבת לרעך כמוך בכל שיעורו וליתן כל מה שיש לו לכל המצטרך, היות שאינו מפחד עוד בעד קיום גופו עצמו כי יודע ובטוח הוא ששש מאות אלף אוהבים נאמנים נמצאים בסביבתו עומדים הכן לדאוג בשבילו, (כמבואר באות ט"ז עש"ה).

שמטעם זה לא היו מוכנים כלל לקבל התורה מזמן אברהם יצחק ויעקב, אלא עד שיצאו ממצרים והיו לאומה שלימה בפני עצמם, כי אז נעשתה המציאות שכל אחד יהי' מובטח בכל צרכיו בלי שום דאגה והרהור כלל, משא"כ מה שאין

fue posible para cada persona estar segura de que sus necesidades serían afrontadas sin preocupación alguna, lo cual no era verdad cuando ellos estaban todavía entremezclados con los egipcios, porque por necesidad algunas de sus carencias estaban en las manos de aquellas otras personas incontroladas que estaban llenas de egocentrismo y amor egoísta. Ese nivel de necesidad que estaba bajo el dominio del otro pueblo no podía ser asegurado a algún individuo israelita ya que sus compañeros no serían capaces de satisfacer sus necesidades dado que esto no estaba en sus manos. Y ya hemos visto que mientras un individuo está preocupado con su propio bienestar, él no está en una posición para siquiera empezar a cumplir el precepto de amar a su prójimo como a él mismo.

Está muy claro que el asunto de la entrega de la Torá tuvo que ser demorado hasta el Éxodo de Egipto, cuando los israelitas se volverían una nación independiente y singular, y su bienestar estaría en sus propias manos sin ninguna dependencia de otros. Entonces fueron capaces de aceptar la promesa (ser responsables) previamente mencionada, y entonces les fue entregada la Torá. Y encontramos que debido a esto, aun después de que la Torá fue entregada, si unos cuantos israelitas eran infieles y regresaban a la impudicia del amor egoísta sin consideración por los demás, entonces el mismo nivel de carencias que no fueron satisfechas, de lo cual esos pocos son responsables, se volvería inconveniente para cada miembro de los israelitas y él mismo tendría necesidad de atenderlo. Y debido a que estos pocos no tendrían misericordia del resto, el precepto de amar al prójimo no sería cumplido, porque esta gente infiel causaría que aquellos que honraban la Torá permanecieran en la impureza del amor egoísta, y así no podrían cumplir el precepto de amar al prójimo como a ellos mismos y completar el ciclo de amar a su semejante sin la ayuda de los pocos.

כן בהיותם עוד מעורבים בין המצריים ובהכרח אשר חלק מסוים מצרכיהם היה מסור בידי הנכרים הפראים הללו המלאים אהבה עצמית, ונמצא שאותו שיעור המסור בידי הנכרים יהיה בלתי מובטח כלל לכל יחיד מישראל, כי חבריו לא יוכלו למלאות לו את המחסורים האלו משום שאינם בידיהם, וכבר נתבאר שכל עוד שהיחיד מוטרד במאומה בדאגותיו עצמו אינו מוכשר כלל אפילו להתחיל בקיום המצוה של ואהבת לרעך כמוך.

והנך מוצא בעליל, אשר ענין מתן התורה, היה מוכרח להתעכב עד זמן יציאתם ממצרים והיו לאומה בפני עצמה, דהיינו עד שכל צרכיהם יהיו מסורים בידיהם עצמם בלתי תלוים על אחרים, אשר אז הוכשרו לקבלת הערבות האמורה ואז ניתנה להם התורה, ונמצא משום זה, אשר גם אחר קבלת התורה, אם יבגדו מעטים מישראל, ויחזרו לזוהמת האהבה העצמית מבלי להתחשב עם זולתם, הרי אותו שיעור הצטרכות המסור בידי המעטים מטרידים לכל יחיד מישראל לדאוג עליו בעצמו, כי אותם המעטים לא יחמלו עליו כלל, וממילא נמנע קיום המצוה של אהבת זולתו לכל ישראל כולם כנ"ל, באופן אשר אותם פורקי העול גורמים לשומרי התורה שישארו בזוהמתם באהבה העצמית, שהרי לא יוכלו לעסוק במצות ואהבת לרעך כמוך, ולהשתלם באהבה זולתו בלתי עזרתם, כאמור.

Ahora le está claro a usted que todos los israelitas son responsables uno del otro, ambos en términos de cumplimiento y no cumplimiento, ya que en términos de cumplimiento, esto es: si cada uno cumple la responsabilidad al punto donde cada individuo satisface las necesidades de su semejante, todos pueden cumplir los preceptos de la Torá por completo y dar placer a su Creador (como se mencionó en la sección 13). Y en términos de no cumplimiento, esto es: si una parte de la nación rechaza cumplir la responsabilidad, y prefiere permanecer profundamente en el amor egoísta, estas personas pueden causar que el resto de la nación permanezca profundamente en la impureza y la inferioridad sin vía de escape de este estado de impureza.

18) Es por esto que el Tanná (El Sabio Talmúdico) explicaba el asunto de la responsabilidad con una analogía de dos personas en un bote: Uno comenzó a taladrar un agujero bajo él mismo, y su compañero dijo: "¿Por qué estás taladrando?" El otro replicó: "¿Qué te importa? Después de todo, estoy taladrando debajo de mí, no debajo de ti". El primero dijo: "¡Necio! ¡Ambos nos ahogaremos!" (*Vayikrá Rabá, Capítulo 4*). Esta es la misma situación, ya que cuando los infieles se hunden en el amor egoísta, al estar de esta manera crean una pared de hierro que detiene a los seguidores de la Torá de siquiera empezar a cumplir los preceptos de la Torá apropiadamente, esto es: al grado de "Ama a tu prójimo como a ti mismo", lo cual es la escalera que lo lleva a uno a adherirse al Creador. ¡Cuán ciertas son la palabras de la analogía, donde él dice: "¡Necio! ¡Ambos nos ahogaremos!".

19) Rav Elazar, hijo de Rav Shimón Bar Yojái, lleva el asunto de la responsabilidad aún más lejos; no es suficiente para él que todos los israelitas sean responsables uno del otro; en su opinión, el mundo entero es parte de la responsabilidad, Sin embargo, esto no es un desacuerdo, ya que cada uno está de acuerdo en que para empezar con esto es suficiente que una nación sostenga la Torá, lo cual es el principio del

הרי לעיניך, שכל ישראל ערבים זה לזה, הן מצד הקיום והן מצד השלילה, כי מצד הקיום, דהיינו אם מקיימים הערבות עד שכל אחד דואג וממלא כל מחסוריו של חבריו, הנה נמצאים משום זה שיכולים לקיים התורה והמצוות בשלימות דהיינו לעשות נחת רוח ליוצרו (כנזכר באות י"ג). והן מצד השלילה, דהיינו אם חלק מהאומה, אינם רוצים לקיים הערבות, אלא להיות שקועים באהבה עצמית, הרי הם גורמים לשאר האומה להשאר שקועים בזוהמתם ובשפלותם מבלי למצוא שום מוצא לצאת מעמידתם המזוהמת כמבואר.

יח) ולכן הסביר התנא דבר הערבות בדמיון לשנים שהיו באים בספינה, והתחיל אחד קודח תחתיו ולעשות נקב בספינה, אמר לו חבירו למה אתה קודח? אמר לו מאי איכפת לך, הלא תחתי אני קודח ולא תחתיך, אמר לו, שוטה! הרי שנינו נאבדים יחד בספינה, עכ"ל עד כאן לשונו (ויקרא רבה, פרק ד'). והיינו כדאמרן, כי מתוך שפורקי העול משוקעים באהבה עצמית, הרי הם עושים במעשיהם גדר של ברזל המעכב על שומרי התורה מלהתחיל אפילו בשמירת התורה והמצוה על היכנה, דהיינו בשיעור הכתוב ואהבת לרעך כמוך, שהוא הסולם להגיע לדביקותו ית' כנ"ל, ומה צדקו דברי המשל, שאומר לו: שוטה! הרי שנינו נאבדים יחד בספינה.

יט) ורבי אלעזר בנו של רשב"י רבי שמעון בר יוחאי מפליג עוד יותר בדבר הערבות, ולא די לו שכל ישראל ערבים זה לזה, אלא כל העולם נכנסים בדבר הערבות. אמנם לא פליגי, כי הכל מודים שמתחילה דיה ומספיקה אומה אחת לקיומה של התורה והיינו רק להתחלת תיקון העולם, מפני שאי אפשר היה להתחיל בכל אומות העולם בבת אחת, כאמרם ז"ל שסבב הקב"ה עם התורה לכל אומה ולשון ולא רצו לקבלה (מסכת עבודה זרה, ע:), כלומר שהיו שקועים בזוהמת אהבה

59

tikún (corrección) del mundo, ya que habría sido imposible empezar con todas las naciones a la vez. Los sabios dijeron: "El Creador ofreció la Torá a todas las naciones del mundo y ninguna de ellas la aceptó". Todas ellas estaban hundidas hasta sus narices en la impureza del amor egoísta, algunas a través del adulterio, algunas a través del robo, o el asesinato, y así sucesivamente, al punto donde en aquellos días no tenía caso siquiera hablarles de abandonar su amor egoísta.

Por esta razón, el Creador no encontró alguna nación capaz de recibir la Torá excepto los hijos de Abraham, Isaac y Jacob, de quienes los méritos de sus antepasados eran pilares para que ellos se mantuvieran de pie. Como los sabios dijeron: los antepasados guardaron la Torá toda aún antes de que fuera entregada, significando que a través de la inferioridad de sus almas ellos tenían la habilidad para concebir los caminos del Creador en términos de la espiritualidad de la Torá —la fuente de la cual es el adherirse al Creador— sin usar primero la escalera de los actos mencionados en la Torá, los cuales ellos no tenían manera de cumplir (ver Sección 16). Y sin duda alguna ambas, la pureza física y la grandeza espiritual de los santos antepasados, tuvieron una fuerte influencia sobre sus hijos y los hijos de sus hijos, y su mérito permaneció con ellos hasta la generación en la que todos y cada uno de los miembros de la nación aceptó esta tarea exaltada y todos y cada uno dijeron con todo el corazón: "¡Haremos y escucharemos!". Por esta razón no hubo otra opción y fuimos seleccionados para ser la "Nación Modelo" entre todas las naciones. Y vemos que solamente la nación israelita aceptó la responsabilidad necesaria, y no los miembros de alguna otra nación, porque ellos no participaron en esto. Esa es simplemente la realidad, así que ¿cómo podía estar Rav Elazar en desacuerdo con esto?

20) Sin embargo, la compleción del *tikún* del mundo será cuando toda la gente del mundo esté enterada del secreto de Su obra. Como está escrito: "Y el Señor será Uno y Su nombre será Uno" (*Zejaryá, 14:9*) y

עצמית עד למעלה מחוטמם, אלו בניאוף ואלו בגזל ורציחה וכדומה, עד שלא היה אפילו להעלות על הדעת בימים ההם, לדבר עמהם, אם מסכימים לפרוש מאהבה העצמית.

ולפיכך, לא מצא הקב"ה שום עם ולשון שיהיו מוכשרים לקבלת התורה זולת בני אברהם יצחק ויעקב שזכות אבותם עמדה להם, וכמו שאמרו רז"ל האבות קיימו כל התורה עוד בטרם שניתנה, שפירושו שמתוך רוממות נשמתן היתה להם היכולת להשיג ולבא בכל דרכי ה' בבחינת רוחניותה של התורה, הנובעת מדביקותו ית' בלי הקדם הסולם של המעשיות שבתורה, שלא היתה להם האפשרות לקיימם כלל, (כנ"ל אות ט"ז), שבלי ספק הן הזיכוך הגופני והן הרוממות הנפשית של אבותינו הק' הקדושים פעלו הרבה מאד על בניהם ובני בניהם אלה, וזכותם זו עמדה להם לאותו הדור אשר כל אחד ואחד מחברי האומה קיבל עליו את העבודה הגבוהה הזאת וכל אחד ואחד אמר בפה מלא נעשה ונשמע. ומטעם זה נבחרנו מתוך הכרח לעם סגולה מכל העמים. ונמצא, שרק בני האומה הישראלית לבד נכנסו בערבות הדרושה, ולא בני אומות העולם כלל, כי לא השתתפו בדבר, וזה פשוט כי מציאות היא, ואיך יוכל רבי אלעזר לחלוק עליו.

כ) אולם הגמר של תיקון העולם, אי אפשר שיהיה זולת בהכנסת כל באי עולם בסוד עבודתו ית', כמ"ש כמו שכתוב: והיה ה' למלך על כל הארץ ביום ההוא יהיה ה' אחד ושמו אחד (זכריה, י"ד, ט'), ודייק הכתוב "ביום ההוא" ולא לפני זה, וכן כמה

específicamente dice: "en ese día", y no antes de entonces, y hay otros versículos semejantes, tales como: "Porque el mundo estará lleno del conocimiento del Eterno" (*Isaías 11:9*). Y: "... y todas las naciones fluir án a Él" (*Isaías 2:2*). Sin embargo, el papel de los israelitas en relación con el resto del mundo es como el papel de los santos antepasados en relación con la nación israelita, esto es: tal como los méritos de los antepasados fueron pilares para nosotros y nos ayudaron a desarrollarnos y purificarnos hasta que fuimos merecedores de recibir la Torá. Si los antepasados no hubieran guardado la Torá antes de que fuera entregada, no habríamos sido nada mejores que el resto de las naciones (ver Sección 19).

De ese modo la nación israelita está obligada a dedicarse a la Torá y sus preceptos por su propio bien para purificarse a sí misma y al mundo entero hasta que ellos hayan avanzado lo suficiente para aceptar la tarea exaltada de amar a otros, que es la escalera al Propósito de la Creación, que es adherirse al Creador, como he explicado. Dado que cada precepto que todo israelita cumple es con el solo propósito de dar placer a su Creador y no por recompensa alguna de amor egoísta, al hacerlo, esto añade al avance de todos en el mundo. Este proceso no es hecho todo de una sola vez. En realidad, es hecho como un proceso en desarrollo, paso a paso, agregando hasta que alcanza la masa crítica que trae a todos en el mundo al deseado grado de pureza. Y esto es llamado en el lenguaje de los sabios: "La inclinación de la balanza hacia el lado del merecimiento". Esto es: hay suficiente "masa" de pureza para inclinar la balanza, tal como suficiente peso en un lado de los platillos inclina la balanza.

21) Y estas son las palabras de Rav Elazar, citando a Rav Shimón, quien dijo que el mundo es juzgado por la mayoría, esto es: refiriéndose al papel de la nación israelita en la conducción del mundo a un grado particular de pureza hasta que cada uno es merecedor de asumir la tarea del Creador, no menos que los israelitas mismos fueron merecedores cuando recibieron la Torá. Los sabios llaman a esto: "Alcanzar una mayoría de mérito", ya que

כתובים: כי מלאה הארץ דעה את ה' וגו' (ישעיהו, י"א, ט'), ונהרו אליו כל הגויים
וגו', (שם, ב', ב'). אולם תפקידם של ישראל כלפי כל העולם דומה לתפקידם של
אבותינו הק' כלפי האומה הישראלית, דהיינו, כמו שזכות אבותינו עמדה לנו
להתפתח ולהזדכך עד שנעשינו ראויים לקבלת התורה. שלולא אבותינו שקיימו
כל התורה בטרם שניתנה, כי אז לא היינו משובחים כלל משאר האומות (כנ"ל
אות י"ט) כמובן.

כן מוטל על האומה הישראלית ע"י העסק בתורה ובמצוות לשמה להכשיר את
עצמם ואת בני העולם כולו עד שיתפתחו לקבל עליהם את העבודה הגבוהה הזו
של אהבת זולתו שהוא הסולם לתכלית הבריאה, שהיא דביקותו ית' כמבואר,
באופן, אשר כל מצוה ומצוה שכל יחיד מישראל עושה כדי לעשות נ"ר נחת רוח
ליוצרו ולא לשום תשלום גמול ואהבה עצמית, נמצא פועל בזה איזה שיעור
בהתפתחות כל בני העולם. כי אין הדבר נעשה בבת אחת, אלא בהתפתחות
הדרגתית לאט לאט עד שמתרבים בשיעור גדול כזה באופן שיוכלו להכריע
את כל בני העולם להזדככות הרצויה. וזהו המכונה במליצת חז"ל הכרעת הכף
לזכות. כלומר, שנגמר המשקל של ההזדככות הרצויה, ודימו הדבר כמו שוקל
בכף מאזנים, אשר הכרעת הכף הוא גמר המשקל הנרצה לשוקל.

כא) ואלה הם דברי רבי אלעזר ברבי שמעון באמרו העולם נידון אחר רובו וכו',
שכוונתו על תפקיד האומה הישראלית להכשיר את העולם להזדככות מסוימת
עד שיהיו ראויים לקבל עליהם את עבודתו ית' לא פחות משהיו ישראל עצמם
ראויים בעת קבלת התורה, שזה נקרא בלשון חז"ל שכבר השיגו רוב זכויות,
באופן שהמה מכריעים על כף החובה שהיא האהבה העצמית המזוהמת. ומובן,
שאם הכף של זכיות שהיא ההבנה הגבוהה בטיב אהבת זולתו היא רבה ועולה

hay aquellos que inclinan la balanza al lado del demérito a través del amor egoísta impuro. Está claro que si el platillo del mérito, que es el elevado entendimiento del amor a otros, es más grande y pesado que el platillo del demérito impuro, entonces los impuros son así preparados para estar listos para estar de acuerdo y decir: "¡Haremos y escucharemos!" como los israelitas hicieron. Esto no puede suceder antes de "alcanzar una mayoría de mérito", porque el amor egoísta es la fuerza decisiva que lleva a la gente a rechazar aceptar Su yugo.

Y esto es lo que ellos quisieron decir al expresar: "¡Afortunada es la persona que cumple un precepto, porque él inclina la balanza hacia el lado del merecimiento para él mismo y para el mundo entero!" (*Kidushin 40b*). Esto es: cada parte individual del israelita añade al peso colectivo, como uno que pesa semillas de ajonjolí y se mantiene agregándolas una por una hasta que inclina la balanza. Es cierto que cuando cada persona hace su parte agrega al peso colectivo. Sin él, la balanza nunca se inclinaría, y esto es lo que se quiso decir con el dicho: "los actos de cada israelita inclinan la balanza del mundo entero al lado del merecimiento". Porque cuando los platillos del mundo entero son inclinados al lado del merecimiento, cada individuo habrá hecho su parte en inclinar la balanza, y sin sus acciones el peso habría sido insuficiente. De ese modo usted ve que Rav Elazar, hijo de Rav Shimón, no está realmente en desacuerdo con las palabras de los sabios, quienes dijeron que "todos los israelitas son responsables uno del otro". Él se está refiriendo al *tikún* del mundo entero en el futuro, y los sabios estaban hablando del presente, cuando solamente los israelitas han aceptado la Torá.

22) Rav Elazar, hijo de Rav Shimón, apoya sus palabras en el pasaje: "… y un pecador causa mucho bien al perderse" (*Eclesiástés 9:18*), como ya hemos explicado arriba en la sección 20: que la euforia e impresión que lo toca a uno cuando se aplica a los preceptos concernientes a la humanidad y al Creador es la misma que uno siente cuando se aplica a

על כף החובה המזוהמת, נעשים מוכשרים להכרעה ולהסכמה, ולומר נעשה ונשמע כמו שאמרו ישראל, משא"כ מה שאין כן קודם זה, דהיינו בטרם שזוכים לרוב זכיות, אז ודאי האהבה העצמית מכריעה שימאנו לקבל עולו ית'.

וזה אמרו: עשה מצוה אחת אשריו שהכריע את עצמו ואת כל העולם לכף זכות (קידושין, מ:) כלומר, כי סוף סוף מצטרף חלקו הפרטי של היחיד מישראל בשיעור ההכרעה הסופית, כמו השוקל שומשומים ומוסיף והולך על כף המאזנים אחד אחד עד שגומר ההכרעה, הרי ודאי כל אחד נתן חלק בהכרעה זו, שבלעדיו היתה ההכרעה בלתי נגמרת, ועד"ז ועל דרך זה אומר על מעשה היחיד מישראל, שמכריע את כל העולם כולו לכף זכות, כי בזמן שנגמר הדבר והוכרעה הכף זכות של העולם כולו, הרי לכל יחיד ויחיד חלק בהכרעה הזו שלולא מעשיו היתה ההכרעה חסרה. והנך מוצא אשר רבי אלעזר בר"ש בן רבי שמעון אינו חולק על המאמר חז"ל שכל ישראל ערבים זה לזה, אלא ר"א בר"ש רהי אלעזר בן רבי שמעון מדבר לעניין התיקון של כל העולם העתיד לבא, וחז"ל מדברים בהוה, אשר רק ישראל בלבד קבלו עליהם את התורה.

כב) וזהו שמסתייע ר"א בר"ש מהמקרא וחוטא אחד יאבד טובה הרבה (קהלת, ט', י"ח), כי כבר נתבאר לעיל (אות כ') אשר הרגש ההתפעלות המגיע לאדם בעסק המצוות בין אדם למקום הוא שוה לגמרי עם הרגש ההתפעלות המגיע לו בעת עסק המצוות שבין אדם לחבירו, כי כל המצוות מחויב לעשותם לשמה בלי שום תקוה של אהבה עצמית, כלומר, שאין שום הארה ותקוה חוזרת אליו על

los preceptos concernientes al hombre y su prójimo. Uno está obligado a cumplir los preceptos por ellos mismos, sin ninguna esperanza de alcanzar de ese modo el amor egoísta, esto es: sin algún derecho o esperanza en retorno, que por hacer este esfuerzo recibirá una recompensa u honor o algo parecido. Y aquí en este punto elevado el amor a Dios y el amor al prójimo se vuelven uno y el mismo (ver la Sección 15).

Y vemos que al hacerlo, uno ayuda a cada ser humano en el mundo a avanzar en el ascenso de la escalera de amar al prójimo. Ya sea grande o pequeño, al final esta acción ayuda a inclinar la balanza al lado del mérito, porque su parte añade al peso decisivo (ver Sección 20 —con relación a la analogía de pesar semillas de ajonjolí— léala cuidadosamente). Y uno que realiza una transgresión, significando que es incapaz de vencer y conquistar a su amor propio impuro y roba o transgrede de otra manera, inclina la balanza al lado del demérito para él mismo y para el mundo entero.

Dado que a través de la manifestación de la impureza del amor egoísta, la baja naturaleza del hombre se vuelve más fuerte y resta de la balanza del mérito a un cierto grado y es como alguien que quita esa semilla de ajonjolí de la balanza que otra persona ha puesto. Así, la balanza del demérito se eleva y el avance del mundo es revertido. Esto es lo que se quiso decir con: "… y un pecador causa mucho bien al perderse". Ya que él no puede controlar sus deseos mezquinos, causa que el avance espiritual del mundo sea revertido.

23) Estas cosas que explicamos justo anteriormente aclaran lo que establecimos en la Sección 5, y esto fue aceptado y no hay dos opiniones en el asunto: que aunque la Torá fue entregada primero a la nación israelita, el asunto del Propósito de la Creación incumbe a toda la humanidad, negros, blancos y amarillos por igual, sin distinción. Debido a la naturaleza humana que tiende a gravitar al más bajo nivel, como se

ידי טרחתו זו מתשלום גמול או כבוד וכדומה, אשר כאן בנקודה הגבוהה הזאת מתחברים אהבת ה' ואהבת חבירו לאחת ממש, (כנ"ל אות ט"ו).

נמצא שהוא פועל בזה שיעור מסויים של התקדמות בסולם של אהבת זולתו בכל בני העולם בכללם, כי מדרגה זו שאותו היחיד גרם במעשיו אם מדה גדולה או מדה קטנה, סוף סוף נמצאת מצטרפת לעתיד בהכרעת העולם לכף זכות, כי גם חלקו הוכנס ומצטרף שם להכרעה (כנ"ל אות כא') עיין שם היטב במשל שוקל השומשומים. והעושה עבירה אחת, שמשמעה, שלא יכול להתגבר ולכבוש את האהבה עצמית המזוהמת וע"כ ועל כן פרץ בגניבה וכדומה, שנמצא מכריע את עצמו ואת העולם כולו לכף חובה, כי בגילוי זוהמתה של אהבה העצמית הרי הטבע השפל של הבריאה חוזרת ומתחזקת, ונמצא שהוא גורע שיעור מסויים מתוך ההכרעה לכף זכות הסופית.

בדומה, כמו שאחד חוזר ונוטל מן כף המאזנים אותו השומשום היחיד שחבירו הניח שם, שנמצא אשר בשיעור זה חוזר ומגביה מעט את הכף של חובה למעלה, ונמצא שהוא מחזיר את העולם אחורנית, וזה אמרו וחוטא אחד יאבד טובה הרבה, שבשביל שלא יכול להתאפק על תאותו הקטנה, גרם לדחיפה אחורנית לרוחניותו של העולם כולו.

כג) ובדברים הללו מתבארים היטב מה שעמדנו לעיל (אות ה'), במה שניתנה התורה ביחוד אל גזע האומה הישראלית, כי זהו ודאי שאין כאן ב' דעות בדבר אשר דבר תכלית הבריאה מוטל על כל המין האנושי יחד: כשחור כלבן כצהוב, בלי שום הפרש מעיקרו, אולם מתוך ירידתו של טבע הבריות עד לדיוטא התחתונה, כמבואר לעיל שהוא ענין האהבה עצמית השולטת שליטה בלי מצרים על כל האנושות, לא היה שום דרך ומבוא לבא במשא ומתן עמהם

explicó arriba, como resultado del amor egoísta que controla a toda la humanidad sin impedimento, no hubo manera ni abertura para debatir con ellos y convencerlos de que prometieran, aun a la ligera, hacerse cargo y abandonar su marco estrecho de mente y salir al ancho mundo del amor los demás.

Esto fue con excepción de la nación israelita que tenía la fuerza que vino a ellos a través de la terrible aflicción de la esclavitud durante 400 años en el reino impuro de Egipto. Estamos familiarizados con las palabras de los sabios que dijeron: "Así como la sal suaviza la carne, la aflicción cancela los pecados del hombre" (*Berajot 5a*), significando que purifica grandemente el cuerpo, y además, la pureza de los antepasados eran pilares para ellos (ver la Sección 16), lo cual es la razón principal, como lo prueban muchos pasajes en la Torá.

Y a través del poder de estos dos asuntos preparatorios, ellos estaban preparados para esto, y esta es la razón de por qué la Escritura se refiere a ellos en singular, como en: "Y allí Israel acampó ante la montaña" (*Éxodo 19:2*). Los sabios interpretaron esto como ser como una persona con un solo corazón, ya que cada individuo en la nación se deshizo de todo amor egoísta, y toda su intención era solamente ser de asistencia a su prójimo, como hemos probado arriba en la Sección 16, concerniente al significado de "Ama a tu prójimo como a ti mismo"; léala cuidadosamente. Así encontramos que todos los individuos en la nación se vincularon juntos como un corazón y un hombre, porque solamente entonces estuvieron preparados para recibir la Torá, como hemos explicado.

24) Y debido a lo imperativo mencionado previamente, la Torá fue dada especialmente a la simiente de Abraham, Isaac y Jacob solamente ya que habría sido inconcebible que algún extranjero se hubiera unido a ellos. Y así, la nación israelita se volvió una clase de conducto a través del cual las chispas de la purificación fluirían a toda la humanidad en todo el mundo,

ולהסביר להם, שיכריעו ויסכימו לקבל על עצמם, אפילו בהבטחה בעלמא, לצאת ממסגרתם הצרה אל העולם הרחב של אהבת הזולת.

מלבד האומה הישראלית, אשר מכח שהקדים להם השעבוד למלכות הפראית של מצרים ארבע מאות שנה ביסורים גדולים ונוראים, ונודע דברי חז"ל שאמרו "מה מלח ממתק את הבשר כן יסורין ממרקין עוונותיו של אדם" (ברכות, דף ה), דהיינו שמביאין אל הגוף הזדככות גדולה, ונוסף על זה, שהזדככות אבותיהם הק' הקדושים עמדה להם (כנ"ל אות ט"ז), שזהו העיקר, כמו שמעידים על זה כמה מקראות שבתורה.

ומכח ב' ההקדמות האלה נעשו אז מוכשרים לדבר הזה, דע"כ שעל כן מכנה אותם הכתוב בעת ההיא בלשון יחיד, כמ"ש כמו שכתוב ויחן שם ישראל נגד ההר (שמות, י"ט,ב'), ופירשו חז"ל כאיש אחד בלב אחד, מפני שכל יחיד ויחיד מהאומה סילק את עצמו לגמרי מאהבה עצמית, וכל מגמתו היתה רק להועיל לחבירו, כמו שהוכחנו לעיל (אות ט"ז) במשמעות המצוה של ואהבת לרעך כמוך, עיין שם היטב. ונמצא שנתלכדו יחד כל היחידים שבאומה ונעשו ללב אחד ולאיש אחד, כי רק אז הוכשרו לקבלת התורה כמבואר.

כד) ולפיכך מתוך ההכרח האמור, ניתנה התורה ביחוד לאומה הישראלית גזע אברהם יצחק ויעקב בלבדה, כי לא היה מקום אפילו להעלות על הדעת ששום זר ישתתף עמה. אמנם בגלל זה, הותקנה ונעשית האומה הישראלית כמין מעבר, שעל ידיהם יזרמו ניצוצי ההזדככות לכל המין האנושי שבעולם כולו, באופן שניצוצי הזדככות הללו הולכים ומתרבים יום יום כדמיון הנותן לאוצר, עד

para que estas chispas añadieran cada día como alguien que agrega a su tesoro hasta que este está lleno al grado deseado. Es decir: hasta que ellos avancen al punto donde puedan comprender la complacencia y paz mental inherente a la semilla del amor a los demás. Porque entonces ellos entenderán cómo inclinar la balanza hacia el lado del mérito y colocarse bajo Su yugo, y entonces la balanza del demérito será quitada del mundo.

25) Ahora todo lo que nos queda es completar eso que hemos explicado en la sección 16: que la razón por la que la Torá no fue entregada a los ancestros es debida al precepto de: "Ama a tu prójimo como a ti mismo", que es el meollo de toda la Torá, del cual todos los otros preceptos siguen para clarificarlo y explicarlo. Esto no puede ser cumplido por un individuo sin la aceptación previa de toda la nación, y por lo tanto, esto fue retrasado hasta el Éxodo de Egipto, cuando fueron capaces de honrarlo. Y aún entonces, ellos fueron consultados, cada miembro de la nación, si aceptaban este precepto. Solamente después de que la aceptaron les fue entregada la Torá; lea eso cuidadosamente. Sin embargo, queda por ser explicado en dónde encontramos en la Torá que les fue hecha esta pregunta y que ellos estuvieron de acuerdo antes de recibir la Torá.

26) Sepa que estas cosas son obvias para cualquier persona conocedora, como está revelado en la invitación que Dios envió a Israel por medio de Moisés antes de la recepción de la Torá, como está escrito en *Éxodo 19:5- 9*: "Y ahora, si ustedes escuchan Mi Voz y guardan Mi Pacto y si serán Mi Modelo entre todas las naciones, porque el mundo entero es Mío. Y serán para Mí un reino de sacerdotes y una nación santa; estas son las cosas que ustedes dirán a los hijos de Israel. Y Moisés vino y llamó a los ancianos de la nación y colocó delante de ellos todas estas cosas que Dios le ordenó, y la nación toda contestó a una y dijo: 'Todo lo que Dios ha dicho haremos', y Moisés llevó las palabras del pueblo a Dios".

שיתמלאו לשיעור הנרצה, דהיינו עד שיתפתחו ויבואו לידי כך, שיוכלו להבין את הנועם ואת השלוה השרויים בגרעין של אהבת זולתו. כי אז יבינו להכריע את כף הזכות ויכניסו את עצמם תחת עולו ית', וכף החובה יתבער מן הארץ.

כה) עתה נשאר לנו להשלים מה שביארנו (באות ט"ז), שמשום זה לא ניתנה התורה לאבות משום שהמצוה של "ואהבת לרעך כמוך" שהיא הקוטב של התורה כולה אשר כל המצוות מסבבות עליה כדי לבארה ולפרשה, הנה איננה ראויה לקיימה ביחידות. זולת בהסכמה מוקדמת של אומה שלימה, וע"כ נמשך הדבר עד צאתם ממצרים, שנעשו ראוים לקיימה, ואז נשאלו מקודם, אם כל אחד ואחד מהאומה מסכים לקבל על עצמו מצוה זאת, ואח"כ ואחר כך שהסכימו לדבר ניתנה להם התורה עש"ה עיין שם היטב. אולם עדיין צריך לבאר, היכן מצינו בתורה שנשאלו בני ישראל שאלה זו, ושהסכימו לזה קודם קבלת התורה?

כו) ודע, שהדברים האלה מגולים בעליל לכל משכיל, בהזמנה ההיא, ששלח הקב"ה לישראל ע"י משה רבינו קודם קבלת התורה, כמ"ש כמו שכתוב (שמות, פ' יתרו, י"ט, פסוק ה'): "ועתה אם שמוע תשמעו בקולי ושמרתם את בריתי והייתם לי סגולה מכל העמים כי לי כל הארץ. ואתם תהיו לי ממלכת כהנים וגוי קדוש אלה הדברים אשר תדבר אל בני ישראל. ויבא משה ויקרא לזקני העם וישם לפניהם את כל דברים האלה אשר צוהו ה', ויענו כל העם יחדיו ויאמרו כל אשר דבר ה' נעשה וישב משה את דברי העם אל השם" ע"כ עד כאן.

Puede parecer que estas palabras son inapropiadas, ya que lógicamente, si una persona ofrece a otra un empleo y desea que lo acepte, debe explicar primero en qué consiste el empleo y cuál es el salario, porque entonces el otro puede examinarlo y decidir si lo acepta o lo rechaza. Y aquí en estos dos pasajes no encontramos aparentemente una explicación de en qué consiste el trabajo ni el pago por él, ya que Él dice: "… si ustedes escuchan Mi Voz y guardan Mi Pacto…" sin explicar ni la voz ni el pacto que están obligados a guardar, y luego dice: "y ustedes serán Mi Modelo entre todas las naciones, porque el mundo entero es Mío", lo cual no indica si Él está ordenándonos hacer el esfuerzo para la "Nación Modelo", o si esta es una promesa beneficiosa que el Creador nos está haciendo.

También debemos entender la conexión con el final de este pasaje: "… porque el mundo entero es Mío". Las tres traducciones: Onkelós, Yonatán Ben Uziel y la Yerushalmi, así como los comentaristas Rashí, el Ramban, etc., todos tienen dificultad estableciendo el significado simple de este pasaje. El Ibn Ezra en nombre de Rav Marinos dice que la palabra "porque" significa realmente "aunque", y explica que esto significa: "… y ustedes serán Mi Nación Modelo entre todas las naciones aunque el mundo entero es Mío". Y la opinión de Ibn Ezra está de acuerdo con esto; lea eso cuidadosamente. Sin embargo, los sabios no estuvieron de acuerdo con esta interpretación diciendo que "porque" puede significar cuatro cosas: "o", "quizá", "más bien" o "porque". Y Rav Marinos añade un quinto significado: "aunque". El pasaje termina con: "… y ustedes serán para Mí un reino de sacerdotes y una nación santa". Y también de esto no está claro si este es un precepto y una obligación de hacer el esfuerzo, o si es una promesa de algo bueno. También la frase "reino de sacerdotes (*cohanim*)" no tiene interpretación y no hay otra mención de esta en algún lugar más en la Biblia. En particular debemos determinar la diferencia entre "reino de sacerdotes" y "nación santa", ya que el significado usual de "sacerdote" es uno que es santo, así que un "reino de sacerdotes" debe

והנה לכאורה הדברים אינם מותאמים לתפקידם, כי השכל מחייב, באם אחד מציע לחבירו לעשות איזו עבודה ורוצה לשמוע הסכמתו, הריהו צריך לבאר לו דוגמה של תוכן העבודה ההיא וגם שכרה, אשר אז נמצא מקום למקבל לעיין בה אם למאן או להסכים. וכאן בב' מקראות אלו, אין אנו מוצאים לכאורה, לא דוגמא של עבודה ולא שכר שום חלף העבודה, כי אומר "אם שמוע תשמעו בקלי ושמרתם את בריתי" ואינו מפרש לנו לא את הקול ולא את הברית על מה שיחולו, אח"כ אומר, "והייתם לי סגולה מכל העמים כי לי כל הארץ" שאינו מוכח מתוכו, אם הוא מצוה עלינו דהיינו להתאמץ להיות סגולה מכל העמים או שזו הבטחה טובה לנו.

גם יש להבין הקשר שיש כאן לסיום הכתוב "כי לי כל הארץ" אשר ג' התרגומים: אונקלוס יונתן בן עוזיאל והירושלמי, וכל המפרשים רש"י ורמב"ן וכו', נדחקים כאן לתקן את פשט הכתוב הזה, והאבן עזרא מביא בשם ר' מרינוס אשר "כי" הזה הוראתו אע"פ אף על פי ומפרש, והייתם לי סגולה מכל העמים אע"פ אף על פי שלי כל הארץ. ולזה נוטה גם דעתו עצמו עש"ה עיין שם היטב. אולם פירושו זה, אינו מותאם עם חז"ל, שאמרו "כי" משמש בארבע לשונות: או, דלמא, אלא, דהא. והוא עוד מוסיף לשון חמישי: אעפ"י אף על פי, ואח"כ ואחר כך מסיים הכתוב ואתם תהיו לי ממלכת כהנים וגוי קדוש. וגם כאן אינו מוכח מתוכו, אם זו מצוה וחובה להתאמץ בדבר זה או שזו הבטחה טובה. גם המלות הללו "ממלכת כהנים" אין לו פירוש ואין לו חבר בכל התנ"ך, ובעיקר צריך להגדיר כאן עכ"פ על כל פנים איזה הבחן בין ממלכת כהנים ובין גוי קדוש, שהרי לפי המשמעות

ser por definición una "nación santa", y si es así, la frase "nación santa" es superflua.

27) Sin embargo, de acuerdo a las cosas que explicamos desde el principio de este artículo, estos pasajes se vuelven claros, ya que deben indicar un diálogo de oferta y aceptación, esto es: Dios está de hecho ofreciendo a los israelitas con esas palabras la forma y la esencia del trabajo de la Torá y sus preceptos, así como la potencial recompensa. Porque la forma de trabajo de la Torá y sus preceptos está expresada por medio de la frase: "... y ustedes serán para Mí un reino de sacerdotes...", ya que "reino de sacerdotes" significa que todos ustedes, grandes y pequeños, serán como sacerdotes, esto es: tal como los sacerdotes que no tienen propiedad material ni herencia de la tierra, ya que "Dios es su herencia". Así que la nación entera debe aceptar una estructura en la cual toda la Tierra, y todo lo que hay en ella, está asignada y dedicada al Creador. Y ningún individuo debe ocuparse él mismo con esta excepto para el propósito de cumplir los preceptos del Creador y aportar para las necesidades de su prójimo de manera que él tenga todo lo que desea, y que ningún individuo necesite preocuparse por satisfacer sus propias necesidades.

De esa manera, aun las actividades ordinarias y mundanas, tales como cosechar y plantar y demás, están consideradas exactamente como el trabajo del sacerdote (*cohén*) con los sacrificios en el Templo, porque así como sacrificar para el Creador es un precepto positivo, amar al prójimo de uno como a uno mismo es un precepto positivo. Y por consiguiente, encontramos que uno cosecha su campo para alimentar a su prójimo como uno que sacrifica para el Creador. De hecho, de acuerdo con esta explicación razonable, cumplir el precepto de amar al prójimo como a uno mismo es más importante que ofrecer un sacrificio, como hemos probado arriba en las secciones 14 y 15; lea eso cuidadosamente.

הרגילה של כהונה הרי זו בחי' אחת עם קדושה, וממילא מובן שממלכה שכולה כהנים הרי זה גוי קדוש ואם כן המלות גוי קדוש מיותרות.

כז) אולם על פי כל אותם הדברים שביארנו מראש המאמר עד כאן, מתבארים הכתובים על מתכונתם, כתפקידם הראוי להיות לדמות משא ומתן של הצעה והסכמה. דהיינו שמציע להם באמת בדברים האלו כל צורתה ותוכנה של ענין העבודה של התורה והמצוות, ואת כל מתן שכרה הראוי להשמע. כי צורת העבודה שבתורה ובמצוות מתבטאת בכתוב: ואתם תהיו לי ממלכת כהנים, כי ממלכת כהנים פירושה, שתהיו כולכם מקטון ועד גדול כמו כהנים, דהיינו כמו שהכהנים אין להם חלק ונחלה ושום קנין גשמי בארץ, כי ה' הוא נחלתם, כן תהיה כל האומה מסודרת בכללה, באופן אשר הארץ וכל מלואה, כולה מוקדש לה' ית'. ואין לשום פרט לעסוק בה יותר, רק כדי לקיים מצות השי"ת ולמלא את צרכי זולתו, שלא יחסר כלום ממשאלותיו, באופן שלא יהיה לשום פרט לדאוג מה לצרכי עצמו.

שבאופן זה נמצאו אפילו העבודות של חולין -כקצירה וזריעה וכדומה, נבחנים ממש בדוגמת עבודות הקרבנות, שהכהנים היו עושים בביהמ"ק בבית המקדש, כי מה לי העסק במצוה של הקרבת עולה לה' שהיא מצות עשה, ומה לי אם מקיים מצות עשה של "ואהבת לרעך כמוך", ונמצא שהקוצר שדהו כדי להאכיל לזולתו, דומה כעומד ומקריב קרבן לה'. ולא עוד, אלא שהסברא נותנת אשר מצות עשה של ואהבת לרעך כמוך היא עוד יותר חשובה ממקריב הקרבן, כמו שהוכחנו לעיל (באות י"ד ט"ו, עש"ה עיין שם היטב).

Pero esta no es la conclusión final, ya que toda la Torá y sus preceptos fueron dados únicamente para refinar a los israelitas, para que ellos purifiquen sus cuerpos (ver Sección 12), por medio de lo cual alcanzan la verdadera recompensa de adherirse al Creador, que es el Propósito de la Creación (ver Sección 6; léala cuidadosamente). Esta recompensa está expresada por medio de la frase: "pueblo santo", porque por medio de adherirnos a Dios fuimos hechos santos, como está escrito: "Ustedes serán santos porque Yo, el Eterno su Dios, soy Santo" (*Levítico 19:2*). Ustedes pueden ver que la frase: "reino de sacerdotes" expresa la forma de trabajo basada en "Ama a tu prójimo como a ti mismo", esto es: un reino compuesto enteramente de sacerdotes, para quienes el Creador es su herencia, y no tienen posesión de propiedad material alguna.

No tenemos más elección que estar de acuerdo con que esta es la única forma posible de entender la frase: "reino de sacerdotes", dado que no puede significar ofrecer sacrificios en el altar. Pero esto no puede ser dicho de una nación entera, ya que ¿quiénes serían los que traen las ofrendas? Y en términos de recibir los Regalos Sacerdotales: ¿quiénes serían los que los dieran? También, en términos de la santidad de estos sacerdotes, ya ha sido dicho que ellos son "una nación santa". De modo que el verdadero significado de esto debe ser que el Creador es su herencia y no tienen propiedad material, y "amar al prójimo" incluye a toda la Torá. Y la frase "nación santa" expresa la recompensa completa, que es adherirse al Creador.

28) Ahora podemos entender completamente los pasajes precedentes que dicen: "… y ahora, si ustedes escuchan Mi Voz y guardan Mi Pacto…", significando que ustedes hacen un pacto acerca de lo que Yo les digo aquí, que es: "… y si serán Mi Modelo entre todas las naciones….", significando que ustedes serán para Mí un modelo (*Segulá*) y que a través de ustedes las chispas de la purificación corporal pasarán a todas las naciones y pueblos del mundo, ya que las otras naciones no están preparadas de

76

אמנם עדיין אין זה גמר הדבר, כי כל התורה והמצוות אינם נתונים אלא לצרף בהם את ישראל, שהיא הזדככות הגוף (כנ"ל אות י"ב) אשר אח"כ אחר כך יזכה בגללם לשכר האמיתי, שהיא הדביקות בו יתברך, שהיא תכלית הבריאה (כנ"ל באות ו' עש"ה עיין שם היטב). והנה השכר הזה מתבטא בהמלות "גוי קדוש" שע"י הדביקות בו ית' נעשינו קדושים, כמ"ש קדושים תהיו כי קדוש אני ה' אלקיכם (ויקרא, י"ט, ב'). והנך רואה שבהמלות "ממלכת כהנים" מתבטאת כל צורת העבודה על קוטבה של "ואהבת לרעך כמוך" דהיינו ממלכה שכולה כהנים שה' הוא נחלתם ואין להם שום קנין עצמי מכל הקנינים הגשמיים.

ובעל כרחינו יש לנו להודות, אשר זוהי ההגדרה היחידה, שאך אפשר להבין בענין "הממלכת כהנים" זו, כי לא תוכל לפרשה בדבר הקרבת קרבנות למזבח, כי לא יתכן זה להאמר על האומה כולה, כי מי יהיו המקריבים? וכן בענין לקיחת מתנות הכהונה, מי יהיו הנותנים? וכן לפרשם על דבר הקדושה של הכהנים הלא כבר נאמר וגוי קדוש, אלא בהכרח שכל המשמעות שבדבר, אינו אלא רק במה שה' הוא נחלתם, שנעדרים מכל קנין גשמי לעצמם, והיינו השיעור של ואהבת לרעך כמוך הכולל כל התורה כנ"ל, ובמילים "גוי קדוש" מתבטאת כל צורת המתן שכר שהיא הדביקות כנ"ל.

כח) ועתה מובנות לנו היטב גם המילות הקודמות בכל שיעורן כי אומר, "ועתה אם שמוע תשמעו בקולי ושמרתם את בריתי" כלומר, לעשות ברית על זה שאני אומר אליכם כאן, דהיינו, "והייתם לי סגולה מכל העמים", כלומר, שאתם תהיו לי הסגולה, שעל ידכם יעברו ניצוצי הזדככות וצירוף הגוף אל כל העמים ואומות העולם, בהיות שכל אומות העולם עדיין אינם מוכנים כלל לדבר הזה, וצריך אני לאומה אחת עכ"פ על כל פנים להתחיל בה עתה, שתעשה סגולה מכל העמים,

plano para esto, y Yo necesito una nación para empezar este proceso ahora, una nación que se vuelva Mi Nación Modelo para preparar a todas las naciones. Es por esto que el pasaje termina con: "... porque el mundo entero es Mío", es decir: todas las naciones del mundo Me pertenecen tal como ustedes, y al final ellas se adherirán a Mí (ver Sección 20).

Pero por ahora, mientras ellas no están preparadas todavía para este papel, Yo necesito una Nación Modelo y si ustedes aceptan esto —si ustedes serán Mi Nación Modelo entre todas las naciones— les ordeno ser Mi "reino de sacerdotes", que es el cumplimiento del amor fraternal como en: "Ama a tu prójimo como a ti mismo", que es el meollo de la Torá y sus preceptos, resultando en "una nación santa", que es la forma máxima de recompensa por adherirse al Creador, que incluye toda la recompensa que ustedes pueden posiblemente ofrecer.

Esto es a lo que los sabios se estaban refiriendo en su explicación de: "... estas son las palabras que ustedes dirán a los hijos de Israel" (*Deuteronomio 1:1*). Dice específicamente: "... estas son las palabras...", no más y no menos. Pero es difícil imaginar que Moisés añadiría u omitiría algo de las palabras del Creador para que el Creador le advirtiera. No hay nada parecido a esto en toda la Torá; por el contrario, la Escritura dice de Moisés: "Él es el más leal en todo Mi hogar" (*Números 12:7*).

29) De esto está bien entendido que al describir la forma final de trabajo como está expresada por la frase "reino de sacerdotes", que es la definición máxima de "Ama a tu prójimo como a ti mismo", Moisés podía fácilmente haber considerado retrasar o no revelar de plano inmediatamente este mensaje de tan elevada y completa tarea, por temor a que los Hijos de Israel no desearan entregar sus posesiones materiales al Creador, como demandaba la frase "reino de sacerdotes". Esto es similar a lo que Maimónides escribió: "... está prohibido revelar a las mujeres y a los niños el sencillo servicio que ha de ser, sin intención de

וע"כ ועל כן מסיים ע"ז "כי לי כל הארץ" כלומר, כל עמי הארץ שייכים לי כמותכם
וסופם להדבק בי (כנ"ל אות כ').

אלא עתה באותה שעה שהמה עדיין אינם מסוגלים לתפקיד זה, הנה לעם
סגולה אני צריך, ואם אתם מסכימים לזה, דהיינו להיות הסגולה מכל העמים,
הריני מצוה אתכם, אשר ואתם תהיו לי "ממלכת כהנים" שהיא בחי' אהבת
זולתו באופיה האחרון של ואהבת לרעך כמוך, שהיא קוטבה של כללות התורה
והמצוות. "וגוי קדוש" שהוא השכר בצורתו האחרון של ולדבקה בו ית', הכולל
כל השכר שאך אפשר להודיע עליו.

וזהו שהשמיעונו חז"ל בביאור הסיום "אלה הדברים אשר תדבר אל בני ישראל"
(דברים, א', א') שדייקו "אלה הדברים" "לא פחות" "ולא יותר", שקשה מהיכן
תבוא. שמשמעו כיצד נלמד. שמשה רבינו יעדיף או יחסיר מדברי ה' עד שהשי"ת
צריך להזהירו עליו, שלא מצאנו דוגמתו בכל התורה ואדרבה מקרא כתוב עליו
"בכל ביתי נאמן הוא" (במדבר, י"ב, ז').

כט) ובאמור מובן היטב כי בענין ציור העבודה על אפיה האחרון כמבואר
בהמלות של "ממלכת כהנים", שהיא ההגדרה הסופית של "ואהבת לרעך כמוך"
הנה באמת, שהיה אפשר למשה רבינו להעלות על דעתו להתעכב ולא לגלות
בפעם אחת צורת העבודה בהפלגה הגדולה והרמה הזו, מפחד פן לא יתרצו בני
ישראל להסתלק מכל הקנינים הגשמיים ולמסור כל הונם ורכושם לה' כהוראת
המלות של "ממלכת כהנים", בדומה למה שכתב הרמב"ם, אשר לנשים וקטנים
אסור לגלות להם ענין העבדות הנקיה שמחוייבת להיות על מנת שלא לקבל
פרס, רק להמתין עד שיגדלו ויחכמו ויהיה להם האומץ להוציא אל הפועל את
זה, כמ"ש כמו שכתוב לעיל. ולפיכך הקדים אליו השי"ת האזהרה הנ"ל "לא פחות"

recibir una recompensa…". Más bien, uno debe esperar a que ellos sean lo suficientemente maduros y sabios para tener el coraje de poner esto en acción, como hemos mencionado arriba. Por lo tanto, el Creador anticipó esto y le previno no decir nada menos, sino decirles la verdadera naturaleza de la tarea en toda su exaltación enteramente como está expresada por la frase "reino de sacerdotes".

Esto también es verdad con relación a la recompensa expresada por la frase "nación santa". Moisés podía haber considerado el expandirse sobre la euforia exaltada y el agrado implícitos en adherirse al Creador, para prepararlos y traerlos al acto supremo de abandonar todas sus posesiones materiales, como lo hacen los sacerdotes. Por eso él comprendió que esta advertencia de Dios también anticipaba esto y lo prevenía de no añadir nada más tampoco, y no explicar todos los aspectos de la recompensa que está incluida en la frase "nación santa". La razón para esto es que si él les hubiera hablado acerca de la sorprendente grandeza de la recompensa, ellos habrían ciertamente cometido el error de tomar la tarea de Dios para recibir esta recompensa. Esto habría equivalido a autoservicio y amor egoísta, y habría sido corrompido, lo cual derrotaría al completo propósito como se explicó arriba en la Sección 13; léala cuidadosamente.

Así vemos que de la forma de la tarea expresada por la frase "reino de sacerdotes", se le dijo a Moisés que no dijera nada menos; y de la recompensa desconocida expresada por la frase "nación santa", se le dijo que no dijera nada más.

אלא להציע להם את האופי האמיתי עם כל הפלגתה הנשגבה המתבטאת
במלות "ממלכת כהנים".

וכן בעניין המתן שכר המוגדר בהמלות "וגוי קדוש". והיה אפשר למשה רבינו
להעלות על דעתו, לפרש ולהרחיב להם ביותר את הנועם והעידון הנשגב הטמון
בדביקותו ית', כדי להתאימם ולקרבם שיקבלו ויסכימו אל ההפלגה העצומה
הזו להסתלק לגמרי מכל קניני עוה"ז עולם הזה, כבחי' כבחינת כהנים, ולפיכך
הגיעה אליו האזהרה ו"לא יותר" רק לסתום ולא לפרש כל בחי' המתן שכר
הכלול במלות הללו של "וגוי קדוש" בלבד. וטעם הדבר, כי אם היה מגלה להם
ההפלגה הנפלאה שבמהות השכר, הנה אז בהכרח שהיו משתבשים ומקבלים
את עבודתו ית' על מנת להשיג לעצמם את השכר הטוב הזה, שזה היה נחשב
לעובד את עצמו, ולאהבה עצמית, שנמצאת כל הכוונה מסורסת כנ"ל (אות י"ג)
עש"ה עיין שם היטב.

והנה נתבאר, אשר על שיעור המלה של צורת העבודה המתבטאת ב"ממלכת
כהנים" נאמר לו "לא פחות", ועל שיעור הסתום של מתן השכר המתבטא
בהמלות ו"גוי קדוש" נאמר לו "לא יותר".

La Esencia y el Propósito de la Religión

a) "El Dios Absoluto"
b) "La Supervisión del Creador es Supervisión con un Propósito"
c) Los Dos Caminos: El Camino del Sufrimiento y El Camino de la Torá
d) La Esencia de la Religión es el Desarrollo de la Habilidad para eso que no es el Bien
e) Desarrollo Consciente y Desarrollo Inconsciente
f) La Religión es Para Beneficio de Quien Trabaja con Esta

Aquí deseo responder a las tres preguntas siguientes: Primera: ¿Cuál es la esencia de la Religión? Segunda: ¿Será alcanzado el propósito de la religión en este mundo o más bien en el Mundo por Venir? Tercera: ¿Es el propósito para el beneficio del Creador o de Sus Seres creados?

A primera vista, cualquiera que lee mis palabras puede no entender las tres preguntas que he colocado como el tema de este artículo. Vaya y pregunte a cualquiera: ¿Quién no sabe lo que es la religión? ¿O que la recompensa y el castigo se esperan principalmente para el Mundo por Venir? Por no mencionar la tercera pregunta, ya que todos saben que existe para el beneficio de la humanidad, para guiarnos al bien y la felicidad. ¿Qué más hay para añadir a esto?

Y de hecho, no hay nada para añadir a esto. Sin embargo, dado que todos conocemos y a todos se nos enseñaron estas tres cosas desde la niñez a tal punto que no hay nada para añadir o explicar acerca de ellas por el esto de nuestras vidas, esto solamente muestra la ignorancia de estos asuntos elevados, especialmente dado que son el fundamento que carga todo el peso de la religión.

מהות הדת ומטרתה

א. הטוב המוחלט.
ב. השגחה מטרתית.
ג. ב' דרכים: דרך יסורים ודרך תורה.
ד. התפתחות חוש הכרת הרע.
ה. התפתחות מדעת והתפתחות שלא מדעת.
ו. הדת לתועלת העובד.

כאן אני רוצה להשיב על שלש שאלות: האחת, מהותה של הדת מהי. השניה, אם מטרתה מקווה בעוה"ז בעולם הזה או לעוה"ב לעולם הבא דוקא. השלישית, אם מטרתה עומדת לטובת הבורא או לטובת הבריות.

ובהשקפה ראשונה יתפלא כל מעיין בדברי ולא יבין את שלש השאלות הללו שהצבתי לי לנושא למאמר הזה. שהרי זיל קרי בי רב הוא לך וקרא לכל מי שהוא, ומי הוא שאינו יודע מהי דת? ומכ"ש ומכל שכן שהשכר והעונש שלה המקווה וצפוי בעיקר לעולם הבא? ואין צריך לומר השאלה הג', שהכל יודעים שהיא לטובת הבריות להנחותם לטובה ולאושר, וכי מה יש להוסיף על זה?

ובאמת אין לי מה להוסיף כלום, אולם מתוך שיודעים את ג' הידיעות הללו, ושגורה כל כך בפיהם מגירסא דינקותא מלמוד בגיל הילדות על בוריים עד שלא נמצא להם שום הוספה ובירור דברים במשך כל חייהם, הרי זה מורה על אי הידיעה בדברים הנשגבים האלה, ובהכרח שהמה כל עיקרי היסוד אשר כל המשא של הבנין הדתי בני ונשען עליו.

Entonces dígame: ¿Cómo es posible que un jovencito de 12 o 14 tenga una mente lista para entender estos tres temas detallados, y menos aún, que sean suficientes para que no tenga que agregarles por el resto de su vida? ¡Porque esta es la médula del asunto! Esta suposición apresurada es la fuente de toda la necedad y conclusiones atrevidas que han llenado el aire de nuestro mundo en esta generación y nos han traído al punto donde la generación siguiente casi se nos ha escapado.

a) "El Bien Absoluto"

Para no cargar a mis lectores con extensas explicaciones, he basado esta en todo lo que he escrito en los ensayos anteriores y especialmente en el "Artículo sobre el Don de la Biblia". Todos estos artículos son una introducción al elevado tema ante nosotros. Aquí, hablaré tan breve y sencillamente como sea posible para que todos puedan entender.

Primero, debemos entender que el Creador es "El Bien Absoluto", esto es: Él no puede posiblemente causar a nadie alguna pena. Esto es conocimiento básico, ya que una mente sana ve claramente que la base de todos los malhechores puede ser definida como *Deseo de Recibir*. Eso significa que por el intenso *Deseo de Recibir* bondad y satisfacción para uno mismo, uno satisface su deseo por medio de herir a otros, debido al *Deseo de Recibir* para la propia satisfacción. Así, aun si uno no encontró satisfacción para uno mismo, nadie haría mal a otros. Y si encontramos a veces a una persona dañando a otros sin *Deseo de Recibir* gratificación propia, solamente lo hace así por un viejo hábito que vino originalmente del *Deseo de Recibir*. Este hábito lo disculpa de cualquier nueva razón, como sabemos. De lo que entendemos anteriormente, está claro para nosotros que el Creador es perfecto y completo, y no tiene necesidad de que alguien lo ayude a completarlo a Él. Esto es porque Él precede a todo. Como resultado, también está claro no tiene *Deseo de Recibir*. Y dado que

וא"כ הגידו לי, איך אפשרי הדבר שנער קטן כבן י"ב או י"ד שנים, כבר נמצא לו מקום מוכן במוחו לכלכל היטב ולהבין ג' הידיעות דקי העיון הללו, ומכ"ש ומכל שכן באופן מספיק כזה שלא יצטרך להוסיף עליו עוד דעה והשכל במשך כל ימי חייו? אכן כאן הדבר קבור! כי ההנחה הנמהרה הזאת, הביאה לכל קלות הדעת והמסקנות הפראיות שמלאו את אויר עולמנו בדורנו זה, והביא אותנו לידי מצב אשר הדור השני כמעט שנשמט כולו מתחת ידינו.

א. "הטוב המוחלט"

וכדי שלא להלאות המעיינים בדברים ארוכים, נתמכתי על כל הכתוב ומבואר במאמרים הקודמים ובעיקר על המבואר במאמר "מתן תורה" שהמה כולם כמו הקדמה לנושא הנשגב שלפנינו, וכאן אדבר בקצרות ובתכלית הפשטות, כדי שיהיה מובן לכל נפש.

ובראשונה צריכים להבין את הבורא ית' אשר הוא "הטוב המוחלט", כלומר שאי אפשר בשום פנים שבעולם אשר יגרום למי שהוא צער כלשהו, שזהו מובן לנו כמו מושכל ראשון, באשר השכל הבריא מראנו בעליל את הבסיס לכל עושי רעות שהוא מוגדר אך ורק "ברצון לקבל", פירוש,שמתוך שלהוט אחרי קבלת טובה להשלמתו עצמו, והוא מוצא את רצונו זה בהרע לזולתו, הנה משום זה יוצא להרע לזולתו, מתוך "הרצון לקבל" את השלמתו עצמו. באופן שאם הבריה לא היתה מוצאת שום קורת רוח בעדה עצמה, לא היתה שום בריה בעולם שתרע לזולתה, ואם לפעמים אנו מוצאים איזו בריה המזקת לזולתה בלי שום "רצון לקבל" הנאה לעצמה, אינה עושה זאת רק מתוך הרגל קדום שהגיע לה מתחילה מתוך הרצון לקבל, אשר ההרגל פוטר אותה עתה מכל סבה חדשה, כנודע. ותוך שהבורא ית' מובן לנו שהוא שלם מעצמו, ואינו נצרך למי שהוא שיעזור לו להשלמתו להיותו קדמון לכל דבר, א"כ ברור הוא, שאין לו שום "רצון

el Creador no tiene *Deseo de Recibir*, se sigue que Él no tiene razón para dañar a alguien. Eso es la sencillez misma.

No solamente esto, sino que es simple y obvio que es un conocimiento básico que el Creador tiene un *Deseo de Compartir* bondad con los demás —Sus creaciones— lo cual nos está probado por la gran Creación que puso ante nosotros. Porque en este mundo hay seres sensibles, seres que sienten el bien o el mal. Cualquier cosa que sentimos es causada por el Creador, Cuando nos damos cuenta claramente que la naturaleza del Creador es no dañar, como fue explicado, debemos darnos cuenta de que todo lo que recibimos del Creador es solamente bueno, ya que Él creó a los seres con el único propósito de beneficiarlos.

Así aprendemos que el Creador tiene el *Deseo de Compartir* solamente bondad, y es inimaginable que haya siquiera una pizca de daño o pena o aflicción que venga de Él. Es por esto que definimos al Creador como el "Bien Absoluto". Y ahora que sabemos esto, miremos en la realidad física que está guiada y supervisada por el Creador, y cómo Él comparte solamente bondad.

b) "La Supervisión del Creador es Supervisión con un Propósito"

Está claro para nosotros que todas las formas de la naturaleza que vemos frente a nosotros, aun la criatura más pequeña, puede ser clasificada en cuatro grupos: Inanimado, Vegetal, Animal y Hablante, en lo general y en lo particular. Y dentro de cada criatura encontramos supervisión con un propósito: un crecimiento y desarrollo lento y gradual, basado en causa y efecto, tal como la fruta en un árbol, que es supervisada con el propósito benéfico de terminar en un fruto atractivo y sabroso.

Pregunten a cualquier botánico por cuántas etapas pasa un fruto, desde su primera aparición hasta que cumple su propósito, que es la madurez.

לקבל", וכיון שאין לו שום בחי' בחינה של "רצון לקבל" ממילא אין לו שום בסיס להרע למי שהוא, וזהו פשוט בתכלית הפשטות.

ולא עוד אלא שמקובל ומתיישב על לבנו על תכלית הפשטות במושכל ראשון שיש לו "רצון להשפיע" טוב אל זולתו, דהיינו לנבראיו, שזה מוכח לנו מכל הבריאה הגדולה שברא וערך לעינינו. כי בהכרח, שיש כאן בעולמנו בריות שמרגישות: או הרגשה טובה או הרגשה רעה. ואיזו הרגשה שהן מרגישות, בהכרח הוא, שנגרמת להם מהבורא ית', ואחר שידוע בבירור גמור שאין בחוק הבורא ית' להרע, כמו שנתבאר, א"כ אם כן בהכרח שכל הבריות מקבלים הימנו ית' טובות בלבד, הרי שברא את הבריות רק כדי להטיב להם.

נמצינו למדים, שיש לו ית' "רצון להשפיע" טוב בלבד, ובשום אופן שבעולם לא יצוייר בחוקו איזה גרם של היזק וצער שיהיה נמשך הימנו ית'. ועל כן גדרנו אותו ית' בשם "הטוב המוחלט". ואחרי שידיענו את זה, נרד ונסתכל במציאות הממשית המתנהלת ומושגחת על ידו ית', איך הוא ית' משפיע להם רק טוב בלבד.

ב. "השגחתו ית' היא השגחה מטרתית"

זה מובן לנו מכל מערכות הטבע המוצגים לעינינו, אשר כל בריה קטנה איזו שהיא מד' הסוגים: דומם, צומח, חי, ומדבר, הן בכללם והן בפרטם, אנו מוצאים בהם השגחה מטרתית, כלומר, גידול אטי והדרגתי בדרך התפתחות של "קודם ונמשך", כמו הפרי על האילן, אשר מושגח במטרה טובה לסופו שיהיה פרי נאה ומתוק לחיך.

וצא נא ושאל להבוטניקאי, כמה מצבים הם העוברים על הפרי הזה מעת שנראה לעינים עד ביאתו לתכליתו, שהוא גמר בישולו. אשר כל המצבים

No solamente todas las etapas que preceden a la madurez no nos dan indicación alguna de la dulzura y belleza de la fruta madura, sino que más bien, como para molestarnos, indican lo opuesto de la etapa final; mientras más dulce es la fruta al madurar, más amarga y repugnante es durante las etapas tempranas de desarrollo.

Y esto también es verdad en los Animales y los Hablantes, ya que el animal que tiene baja inteligencia al madurar no está tan limitado a lo largo de su crecimiento, a diferencia del hombre, cuya inteligencia es mayor cuando es maduro y muy reducida cuando al principio se está desarrollando. Porque "un ternero de un día de nacido puede ser llamado un toro", esto es: tiene la fuerza para estar parado y caminar y la inteligencia para evitar el peligro, lo cual no es cierto en un humano de un día de nacido, quien es insensato e indefenso. Y si pudiésemos imaginar a alguien que no es familiar con las maneras de este mundo, al mirar a estos dos bebés, ciertamente diría que el bebé humano, aun después del crecimiento, no valdría nada. Mientras que diría que el bebé animal es nacido como un "nuevo Napoleón", esto es: cuando comparara la inteligencia del ternero con la del bebé humano insensato e indefenso.

Debe ser obvio que la supervisión del Creador de la realidad que Él creó es una "Supervisión con un Propósito", aun sin tomar en cuenta las etapas graduales de desarrollo, ya que estas etapas nos conducen a malinterpretar su propósito por parecer siempre ser lo opuesto de ellas mismas en la etapa final del desarrollo. De estas cosas decimos: "Nadie es más sabio que el experimentado" ya que solamente una persona experimentada que tiene la oportunidad de ver a la criatura a través de sus etapas de su desarrollo, en todo el camino hasta su compleción, puede tener la calma suficiente para no temer las formas extrañas que la criatura toma a través de las etapas de su desarrollo, y solamente creer que ellas llegarán a una hermosa madurez y realización (la razón para este desarrollo obligatoriamente gradual está

הקודמים לתכליתו לא די שאינם מראים לנו שום דוגמא מותאמת לתכליתו
המתוק והיפה, אלא עוד כמו להכעיס, מראים לנו את ההפכי לצורה התכליתית,
דהיינו ככל שהפרי יותר מתוק בסופו, הוא נמצא יותר מר ויותר מגונה במצבים
הקודמים של סדר התפתחותו.

וכן במין החי והמדבר, כי הבהמה אשר דעתה מועטת בסוף גידולה איננה לקויה
כל כך בדרך התפתחותה, בניגוד לאדם שדעתו מרובה בגמר גידולו, ולקוי ביותר
בדרך התפתחותו, כי עגל בן יומו קרי שור, כלומר שיש לו כח לעמוד על רגליו
וללכת ולטייל אנה ואנה ושכל להשמר מפגע רע הנמצא על דרכו משא"כ מה
שאין כן יליד האדם בן יומו שהוא מוטל לעצמו כמו נטול חושים. ואם יצוייר לנו
מי שאינו מורגל בהויות עולם הזה, שהיה מסתכל בשתי הולדות אלו, ודאי היה
אומר על יליד האדם שגם בתכליתו לא יצלח למאומה, ועל יליד הבהמה היה
אומר שכאן נולד נאפוליאון חדש. דהיינו אם היה דן ע"פ על פי שיעור חכמתו של
העגל לעומת יליד האדם הטפש והנטול מכל החושים.

הרי בולט לעיניך, שהשגחתו ית' על המציאות שברא אינה אלא בדמות של
"השגחה מטרתית", מבלי לקחת כלל בחשבון את סדר השלבים של ההתפתחות,
כי אדרבה דרכם לרמות אותנו ולהעתיק עינינו מלהבין את תכליתם בהיותם
תמיד במצב ההפכי אל גמר מלאכתם, ועל דברים כאלה אנו אומרים אין חכם
כבעל הניסיון, כי רק בעל הניסיון שיש לו הזדמנות לראות את הבריה בכל מצבי
התפתחותה עד ביאתה לשלימותה הוא יכול להרגיע את הרוחות, שלא לפחד
כלל מכל אותן התמונות המקולקלות שהבריה אוחזת בהן במצבי ההתפתחות,

explicada claramente en la sabiduría de la Kabbalah, y no es este el lugar para profundizar en esto).

Aquí hemos explicado claramente las formas en las que el Creador supervisa nuestro mundo, el cual tiene totalmente un propósito, en donde el aspecto de la bondad de plano no es aparente hasta que lo creado llega a su punto final de desarrollo, esto es: su compleción en forma y madurez. Por el contrario, tiende a tomar una forma exterior de aparente mal funcionamiento e imperfección. Así que debe ser puesto en claro que el Creador comparte solamente el bien con Sus criaturas, pero este bien es supervisado por Él con Supervisión con un Propósito.

c) Dos Caminos: El Camino del Sufrimiento y El Camino de la Torá

Hemos explicado que el Creador es el "Bien Absoluto", y nos supervisa por medio de Su naturaleza de bondad absoluta sin mezcla alguna de mal, y por medio del aspecto de la Supervisión con un Propósito. Esto significa que la supervisión del Creador nos obliga a aceptar el orden de las situaciones —Causa y Efecto— hasta que somos capaces de aceptar el bien deseado y entonces alcanzaremos nuestro propósito final, como una fruta hermosa que ha madurado completamente. Y esto hace claro que este propósito está totalmente asegurado para todos nosotros, porque si no, de este modo podemos arrojar difamaciones sobre la supervisión del Creador, diciendo que no es suficiente para su propósito, el Cielo no lo permita.

Es por esto que los sabios dijeron: "La *Shejiná* (la Presencia Divina) en los Mundos Inferiores es una noble necesidad", esto es: dado que la supervisión del Creador tiene un propósito, que es traernos a un punto donde deseemos adherirnos a Él, para que Su Presencia habite entre nosotros. Esto es considerado una "noble necesidad", es decir: si no nos

רק להאמין בגמר בישולה היפה והברה, (וטעם הסדר ההדרגתי הזה המתחייב לכל בריה, מבואר היטב בחכמת הקבלה ואכמ"ל ואין כאן מה להוסיף).

והנה נתבאר היטב דרכי השגחתו ית' בעולמנו שהיא בחי' השגחה מטרתית בלבד, שאין מדת הטוב ניכרת בה בכלל מקומה ביאתה של הבריה לנקודה הסופית שבה, לגמר צורתה ובישולה, ואדרבה דרכה להתעטף תמיד במעטפה של קלקולים כלפי המסתכלים, הרי לעיניך, שהשי"ת משפיע לבריותיו תמיד רק טוב בלבד אלא שהטוב הזה מושגח הימנו ית' בדרך השגחה מטרתית.

ג. ב' דרכים: דרך יסורים ודרך תורה

והנה נתבאר אשר השי"ת השם יתברך הוא הטוב המוחלט, והוא משגיח עלינו מתוך מדת טובו השלימה בלי שום עירוב של רע, אכן בבחי' בבחינת ההשגחה מטרתית, שפירושו שהשגחתו ית' מכרחת אותנו לקבל סדר של מצבים שונים על דרך עילה ועלול דהיינו קודם ונמשך, עד שניעשה מוכשרים לקבל את הטוב הרצוי, ואז נבוא אל תכליתנו, כמו הפרי היפה בגמר בישולו. ועם זה מובן, אשר התכלית זו בטוחה לנו לכולנו בהחלט, דאם לא כן אתה מטיל פגם בהשגחתו ית', לומר שאינה מספקת למטרתה, ח"ו.

וזהו שאמרו חז"ל, שכינה בתחתונים צורך גבוה, כלומר, כיון שהשגחתו ית' היא מטרתית שהיא להביאנו בסופנו לדביקותו ית' שתשכון בתוכנו, הרי נחשב זה לצורך גבוה, כלומר שאם לא נגיע לזה נמצא ח"ו דופי בהשגחתו. שהדבר דומה למלך גדול שנולד לו בן לעת זקנותו שהיה חביב לו מאד ולכן מיום הולדו חשב טובות בעדו והלך וקיבץ כל הספרים היקרים והחכמים המצוינים שבמדינה

adherimos a esto, arrojamos difamaciones sobre Su supervisión, el Cielo no lo permita. Esto es como un gran rey que tuvo un hijo bebé en su ancianidad a quien amaba mucho, y de ese modo planeó desde el día de su nacimiento cosas buenas para él y reunió todos los libros preciosos y a los sabios más sabios en la tierra y preparó una escuela de sabiduría para él. Y envió por constructores famosos y le construyó palacios de placer, y reunió a todos los mejores músicos y cantantes y le construyó salas de música, y llamó a los mejores cocineros y panaderos para hacer los platillos más deliciosos en el mundo. Pero cuando el muchacho creció, era estúpido y no tenía interés en el estudio, y era ciego y no podía ver la belleza de las construcciones, y era sordo y no podía oír la voz de los cantantes y a los músicos, y sufría de diabetes y no se le permitía comer cualquier alimento excepto pan negro basto, una situación frustrante en todo aspecto.

Esto podría pasarle a un rey de carne y hueso, pero no al Creador, quien por supuesto no sufre contratiempos accidentales, y por lo tanto ha preparado dos caminos de desarrollo para nosotros: El Camino del Sufrimiento, que es el orden del desarrollo de la Creación, cuya naturaleza inherente es pasar a través de etapas de desarrollo, una después de la otra, a través de Causa y Efecto, por medio de las cuales nos desarrollamos gradualmente hasta que llegamos al nivel donde escogemos el bien y rechazamos el mal, y alcanzamos el propósito deseado por el Creador. Este camino toma un largo tiempo y está lleno de sufrimiento y dolor, y por lo tanto el Creador preparó para nosotros un camino alternativo que es bueno y agradable: El Camino de la Torá y sus preceptos, que nos capacitan para alcanzar nuestro propósito en corto tiempo y sin sufrimiento.

Vemos por lo tanto que nuestra meta final es prepararnos para adherirnos al Creador, de modo que Él habite dentro de nosotros. Esta meta nos está impuesta y no podemos alejarnos de esta, ya que la supervisión del Creador nos sujeta a esta por medio de los dos aspectos de El Camino del

והכין בעדו בית מדרש לחכמה ושלח אחרי הבנאים המפורסמים ובנה לו היכלי
עונג וקיבץ כל בעלי הניגון וזמרה והכין לו בתי זמרה וקרא המבשלים והאופים
היותר מצויינים שימציאו לו מכל מעדני עולם, והנה נתגדל הבן ובא בשנים והוא
סכל אין לו חפץ במושכלות והוא סומא אינו רואה ואינו מרגיש ביופי הבניינים
והוא חרש לא ישמע בקול משוררים וכלי זמר והוא חולה במחלת סוכר ואינו
רשאי לאכול אלא פת קיבר בלבד, וכדי בזיון וקצף.

אולם עובדה כזאת יכולה שתארע למלך בשר ודם מה שלא יתכן לאמר כלפי
השי"ת אשר ענין אונאה אינה נוהגת בו כמובן, אשר ע"כ הכין לנו ב' דרכים של
התפתחות: האחד הוא דרך יסורים שהוא סדר התפתחות של הבריאה מתוך
עצמה אשר מוכרחת מטבעה ללכת ולקבל בדרך עילה ועלול במצבים שונים זה
אחר זה, אשר אנו מתפתחים על ידיהם לאט לאט עד בואנו לכלל הכרה לבחור
בטוב ולמאוס ברע ולהגיע להכשר התכליתי הרצוי לו ית' ודרך זה הוא אמנם
ארוך בזמן ומלא יסורים ומכאובים, וע"כ הכין לנו כלפי זה דרך נעים וטוב, שהוא
דרך התורה והמצוה המסוגל להכשירנו לתכליתנו בזמן קצר ובלי יסורים.

היוצא מזה, אשר המטרה הסופית שלנו היא הכשרתנו לדביקותו ית' שישכון
בתוכנו והמטרה הזאת היא חיובית מבלי למצוא שום נקודת מוצא לנטות
הימנה, כי השגחתו ית' חזקה עלינו עם ב' אופני השגחתו, שהם דרך יסורין ודרך
תורה כמבואר. אולם מבחי' המציאות המעשית, אנו מוצאים אשר השגחתו ית'

Sufrimiento y El Camino de la Torá, como hemos explicado. Sin embargo, en términos de la realidad práctica, encontramos que la supervisión del Creador llega a nosotros a través de los dos caminos al mismo tiempo, y los sabios los llamaron el Camino del Mundo y el Camino de la Torá.

d) La Esencia de la Religión es Desarrollar en nosotros la Habilidad para Reconocer eso que no es el Bien.

Es por esto que los sabios dijeron: "¿Y por qué se preocupa el Creador de si degollamos del cuello o de la nuca? Después de todo, los preceptos fueron dados solamente para purificar a las personas" (*Bereshit Rabá, Capítulo 44*) y esta purificación está explicada muy claramente en el "Artículo sobre la Entrega de la Torá" (ver Sección 12). Pero aquí explicaré la esencia de este desarrollo, el cual es alcanzado a través de vivir la vida por medio de la Torá y los preceptos. Ustedes deben saber que esto tiene que ver con el reconocimiento del mal dentro de nosotros. Vivir por medio de los preceptos y practicarlos en la vida diaria tiene el poder de purificarnos lenta y gradualmente, y los niveles de purificación son proporcionales al nivel del reconocimiento del mal dentro de nosotros. El ser humano es capaz naturalmente de rechazar y eliminar toda cosa mala dentro de él.

Y esto es igualmente cierto de toda persona. Sin embargo, la única diferencia entre una persona y otra es la capacidad de reconocer el mal, ya que una persona más avanzada puede reconocer mayor grado de mal y puede rechazar y separar este mal de sí mismo en un grado mayor, mientras que una persona menos avanzada reconoce un grado menor de mal y por lo tanto, puede rechazar solamente una cantidad pequeña de mal, dejando la mayor parte de la contaminación dentro de él, ya que no la reconoce para nada como contaminación.

Y para no cansar al lector, explicaremos los conceptos del bien y el mal en general, como está explicado en el "Artículo sobre el Don de la Biblia" (ver

מגיעה אלינו עם ב' דרכי השגחתו בבת אחת והמה נקראים בדברי חז"ל: דרך ארץ, ודרך תורה.

ד. מהות הדת היא לפתח בנו את חוש הכרת הרע

וזהו דברי חז"ל (בראשית רבה, פרק מ"ד) וכי מה אכפת ליה להקב"ה למי ששוחט מהצואר או מי ששוחט מן העורף? הוי לא ניתנו המצוות אלא לצרף בהן את הבריות עכ"ל עד כאן לשונו, וענין צירוף הזה נתבאר במאמר מתן תורה (אות י"ב) וראה מה שכתבנו שם. אולם כאן אבאר מהותה של ההתפתחות הזאת המושגת ע"י העסק בתורה ומצוות מהי? ודע שהוא דבר הכרת הרע שבקרבו, אשר עסק המצוות מסוגל לזכך לעוסק בהם ההזדככות הדרגתית ואטית אשר אמת המדה של המדרגות שבהזדככות הוא שיעור ההכרה את הרע שבקרבו כי כבר מוכן האדם מצד טבעו לדחות ולבער כל דבר רע מקרבו.

וזוהי מדה שוה בכל בריה ובריה אולם כל ההבחן מבריה אחת לחברתה הוא רק בהכרה של הרע, שבריה יותר מפותחת מכרת בעצמה מדה יותר גדולה מהרע וממילא מבדלת ודוחית את הרע מתוכה במדה יותר גדולה, ובלתי מפותחת נמצאת מרגשת בעצמה שיעור קטן של רע, וע"כ ועל כן לא תדחה הימנה רק שיעור קטן של רע וע"כ משארת בקרבה כל זוהמתה כי לא תכירהו לזוהמא כלל.

וכדי שלא להלאות את המעיין נבאר הרע והטוב בכללותם, כמו שנתבאר במאמר מתן תורה (אות י"ב) אשר כללות כל הרע אינו אלא אהבה עצמית הנקראת

Sección 12). El mal no es otra cosa que amor a sí mismo, conocido de otra manera como egoísmo, que es lo opuesto de la forma del Creador, quien no tiene *Deseo de Recibir* para sí mismo, sino solamente de compartir. Y como explicamos en las Secciones 9 y 11, el grado de todo placer y dulzura que una persona puede experimentar depende del grado de su afinidad de forma con el Creador; lea las Secciones 9 y 11 cuidadosamente. Por lo tanto, el amor egoísta es doloroso y detestado por nosotros dado que nos da la forma opuesta a esa del Creador.

Sin embargo, el ego no se siente como algo tan vil y no detestamos o sentimos el dolor en la misma forma entre toda la gente. Diferentes personas tienen diferentes grados de esto, ya que la persona primitiva, menos evolucionada, no ve su egoísmo como un rasgo malo para nada. Lo usa abiertamente sin ninguna pena, y no se restringe de robar y asesinar enfrente de cualquiera que se ponga al alcance. Mientras que una persona ligeramente más evolucionada puede sentir un grado de maldad en su egoísmo, y por lo menos se avergüenza de usarlo en público; no roba ni asesina donde otra gente pueda ver, sino que en forma oculta lleva a cabo sus malos deseos, asegurándose de que nadie lo vea.

Y uno que está aún más avanzado siente que su egoísmo es tan vil que no puede él mismo tolerarlo, y se separa de este y lo elimina completamente al grado que él lo reconoce muy claramente y no desea ni deriva disfrute de los esfuerzos de otros. Luego las chispas de amor por los demás se despiertan en él, y son llamadas altruismo, que es la cualidad de esforzarse por el bien general. Estas chispas también se encienden dentro de él de acuerdo con la regla del desarrollo gradual, cuando primero el sentimiento de amor y servicio a las necesidades de su familia y amigos se desarrolla dentro de él, y de esto está escrito: "No te ocultes de tus parientes" (*Isaías 58:7*). Y cuando la persona se desarrolla más, el trato de generosidad se extiende a todos los que están alrededor de él, los residentes de su ciudad

אגואיזם להיותו הפכי הצורה מהבורא ית' שאין לו רצון לקבל לעצמו ולא כלום אלא רק להשפיע, וכמו שנתבאר שם (אות ט' וי"א) אשר ענין התענוג והעדון כל עיקרו הוא בשיעור השואת הצורה ליוצרה, וענין היסורין ואי הסבלנות כל עיקרה הוא בשיעור שינוי הצורה מיוצרה (ראה שם בעיון מספיק) ולפיכך מאוס לנו האגואיזם וכואב אותנו בתכלית להיותו הפכי הצורה מהיוצר ית'.

אולם מיאוס הזה אינו שוה בכל נפש אלא מתחלק בינינו לשיעורים כי האדם הפרא הבלתי מפותח כלל אינו מכיר את האגואיזם כתכונה רעה ולא כלום, ולפיכך משתמש עמה בגלוי בלי שום בושה ובלי שום גבול גוזל ורוצח לעיני כל בכל אשר תמצא ידו, והמפותח מעט כבר מרגיש איזה שיעור באגואיזם שלו לבחי' רע, ולכל הפחות מתבייש להשתמש עמו בפרהסיא, לגזול ולרצוח נפשות במקום רואים, ובסתר עדיין מבצע כל זמנו אלא שמקפיד עכ"פ על כל פנים שלא יראהו איש.

והיותר מפותח הימנו נמצא מרגיש את האגואיזם לדבר מאוס ממש עד שלא יוכל לסובלו בתוך עצמו ודוחה ומפרישהו לגמרי כפי שיעור הכרתו אותו עד שאינו רוצה ואינו יכול להנות מעמל אחרים, ואז מתחיל להתעורר בקרבו ניצוצים של אהבת זולתו המכונה אלטרואיזם, שהיא מדת הטוב הכללית, וגם זה מתלקח אצלו בסדר התפתחות הדרגתית, דהיינו מתחלה מתפתח בו חוש האהבה וההשפעה לצרכי קרוביו ומשפחתו ע"ד על דרך הכתוב ומבשרך אל תתעלם (ישעיהו, נ"ח, ז'), וכשמתפתח יותר מתרחבת בו מדת ההשפעה לכל

o nación, y así continúa desarrollándose hasta que él alcanza el nivel de amar a toda la humanidad.

e) Desarrollo Consciente y Desarrollo Inconsciente

Sepa que hay dos fuerzas que nos compelen a ascender por la mencionada escalera hasta que llegamos al tope de esta en el Cielo, que es el propósito final de hacer nuestra forma similar a esa del Creador. Y la diferencia entre estas dos fuerzas es que una nos impulsa "sin nuestro conocimiento", esto es: sin que nosotros elijamos, empujándonos por detrás hacia adelante; esto es lo que hemos definido como El Camino del Sufrimiento o El Camino del Mundo. Este es el origen de la teoría de la ética, que está basada en el reconocimiento experiencial, esto es: a través del entendimiento práctico de que la teoría no es otra cosa sino la suma de los daños a los que hemos llegado delante de nuestros ojos a través de las semillas del egoísmo.

Estas experiencias vienen a nosotros casualmente, esto es: cuando estamos "desprevenidos", y no a través de elección, pero llegan ciertamente a su meta, ya que sentimos la imagen del mal cuando gradualmente esta se vuelve clara para nosotros. Y en la medida en que reconocemos su daño podemos evitarlo y alcanzar un nivel más alto en la escalera. La segunda fuerza nos compele "con nuestro conocimiento", esto es: por medio de la fuerza de nuestra elección, y esta fuerza tira de nosotros desde el frente. Esta fuerza es lo que hemos definido como El Camino de la Torá y sus preceptos, ya que aplicándonos a los preceptos y la obra del Creador para dar placer al Creador, encontramos esta sensación de reconocimiento de eso que no es bueno desarrollándose dentro de nosotros a una velocidad asombrosa, como está explicado en el "Artículo sobre el Don de la Biblia" en la Sección 13; léala cuidadosamente.

Así nos beneficiamos de dos maneras: (1) No tenemos que esperar a que las experiencias de la vida nos empujen desde atrás, ya que el grado al que

בני סביבתו שהם בני עירו או בני אומתו וכן מוסיף והולך עד שמתפתח בו בחי' אהבת זולתו על כל האנושות כולה.

ה. התפתחות מדעת והתפתחות שלא מדעת

ודע, אשר ב' כוחות משמשים ודוחפים אותנו לעלות ולטפס על שלבי הסולם האמור, עד שנגיע לראשו שבשמים שהיא הנקודה התכליתית של השואת צורתנו ליוצר ית'. וההפרש בין ב' הכוחות הללו הוא שהאחד דוחף אותנו "שלא מדעתנו" כלומר בלי בחירתנו, וכח הזה הוא דוחף אותנו מאחורנו (שנקרא ויז-א-טערגא) והוא שגדרנו אותו בשם דרך יסורין או דרך ארץ, וממנו הגיעה אלינו הפילוסופיה של תורת המוסר שנק' אתיקה, המיוסדת על הכרה נסיונית, דהיינו מתוך הביקורת של התבונה המעשית, שכל עיקרה של התורה ההיא איננה אלא סיכום של הנזקים שנולדו לעינינו ע"י גרעיני האגואיזם.

והנה הנסיונות האלה הגיעו אלינו במקרה דהיינו שלא "מדעתנו" ובחירתנו, אולם המה בטוחים למטרתם כי דמות הרע הולך ומתברר בחושינו, ובשיעור שאנו מכירים את נזקיו באותו שיעור אנו מסתלקים הימנו, ואז מגיעים לשלב יותר עליון שבסולם. וכח השני, דוחף אותנו "מדעתנו" דהיינו מכח בחירתנו בעצמנו, וכח הזה הוא מושך אותנו מלפנינו (שנק' ויז-א-פרנט) והוא שגדרנו אותו בשם דרך התורה והמצוות, כי ע"י עסק המצוות והעבודה לעשות נ"ר נחת רוח ליוצרינו נמצא מתפתח בנו במהירות נפלאה אותו החוש של הכרת הרע, כמו שנתבאר במאמר מתן תורה (אות י"ג עש"ה עיין שם היטב).

ואנו מרויחים בשנים: הא' שאין אנו צריכים לחכות לנסיונות החיים שידחפו אותנו מאחורנו, שכל שיעור הדחיפה שבהם נמדד רק במדת המכאובים והחורבנות

nos empujan es medido solamente por el grado de dolor y caos causados dentro de nosotros por el mal. Pero por medio de la forma de trabajo para el Creador, este mismo reconocimiento se desarrolla dentro de nosotros sin el sufrimiento y el caos preliminares. Por el contrario, a través del agrado y la dulzura que sentimos cuando hacemos el trabajo puro para el Creador para dar placer a Él, desarrollamos en forma proporcional la habilidad para reconocer la bajeza de las chispas del amor egoísta que evita que recibamos el dulce sabor de compartir con el Creador, de manera tal que el reconocimiento de eso que no es bueno se desarrolla gradualmente dentro de nosotros a través de los tiempos de placer y gran paz mental. Esto es: por medio de la recepción del bien cuando hacemos el trabajo del Creador por el sentimiento de agradabilidad y dulzura que sentimos como resultado de hacer nuestra forma similar a la Suya. (2) Y la segunda forma en que nos beneficiamos es por ahorrar tiempo, ya que esto nos sucede por consciencia, y tenemos la habilidad de dedicarnos más y progresar tan rápidamente como deseemos.

f) La Religión es para Beneficio de Quien Trabaja con Esta, no de la Humanidad

Mucha gente comete el error de comparar nuestra santa Torá con la ley ética, pero lo hacen porque nunca han saboreado la religión, y yo les digo: "¡Prueben y vean cuán bueno es el Creador!" (*Salmos 34:9*), Y la verdad es que la ética y la religión tienen el mismo propósito: levantar al hombre de la contaminación del amor egoísta de mente estrecha y traerlo a las muy elevadas alturas del amor a los demás. Sin embargo, las dos son tan diferentes como los Pensamientos del Creador y los pensamientos de los seres humanos, ya que la religión se deriva del Pensamiento del Creador, mientras que la ética viene de los pensamientos de carne y hueso y sus experiencias vivenciales. Por lo tanto, todas las diferencias entre ellas se manifiestan en ambas: en la práctica y en los términos de la meta final, ya que el reconocimiento del bien y el mal que se desarrolla dentro de

הנגרמים לנו ע"י מציאות הרע בקרבנו. אולם בדרך העבודה להשי"ת, מתפתחת בנו אותה ההכרה בלי שום הקדם של יסורין וחורבנות ואדרבה מתוך הנועם והעידון שאנו מרגישים בעת העבדות הטהורה להשי"ת לעשות נחת רוח אליו, מתפתח בנו יחס רלטיבי להכיר את שפלות הניצוצים הללו של אהבה עצמית בהיותם מפריעים לנו על דרכנו לקבל את טעם העדון הזה של השפעה להשי"ת, באופן אשר החוש ההדרגתי של הכרת הרע הולך ומתפתח בנו מתוך העתות של עונג ושלוה רבה, דהיינו ע"י קבלת הטוב בעתות העבודה להש"ית מתוך הרגשתנו את הנועם והעידון והעידון שמגיע לנו אז מפאת השתוות הצורה ליוצרה. והב' שאנו מרויחים זמן, כי הוא פועל "לדעתנו" ויש בידינו להרבות בעסק ולמהר בזמן כפי חפצנו אנו.

ו. הדת איננה לתועלת הבריות אלא לתועלת העובד

רבים טועים ומשים את תורתנו הקדושה לתורת המוסר, אולם זה הגיע להם משום שלא טעמו טעם הדת מימיהם וקורא אני עליהם את המקרא טעמו וראו כי טוב ה' (תהלים, ל"ד, ט'). והן אמת ששניהם: האתיקה והדת, לדבר אחד מתכוונים, שהוא לרומם את האדם מזוהמת האהבה העצמית הצרה ולהביאו על מרומי הפסגה של אהבת זולתו, אולם עם כל זה רחוקים הם אחד מהשני כרחוק מחשבת הבורא ית' מן מחשבת הבריות, כי הדת נמשכת ממחשבותיו של הבורא ית', ותורת המוסר באה ממחשבות בשר ודם ומנסיונות החיים שלהם, וע"כ ניכר ובולט ההבדל שביניהם. הן בכל הנקודות שבבחינות השמושיות והן במטרה הסופית, כי הכרת הרע והטוב המתפתחת בנו ע"י תורת האתיקה בעת השמוש, יש לה יחס רלטיבי להצלחת החברה כנודע, מה שאין כן הדת, אשר דבר הכרת טוב ורע המתפתחת בנו מתוך שמושה, יש לה יחס רלטיבי אל השי"ת לבדו, דהיינו מן שינוי הצורה מהיוצר ית' עד להשואת הצורה אליו ית'

nosotros por medio de poner la ética en acción está relacionada con el
éxito de la sociedad, como sabemos, pero no es el caso de la religión,
donde el reconocimiento del bien y el mal que se desarrolla dentro de
nosotros a través de nuestra labor está relacionado únicamente con el
Creador. Esto es: la diferencia de forma hasta que alcanza la similitud con
la forma del Creador, lo cual es llamado adhesión, como hemos explicado
en el "Artículo sobre el Don de la Biblia" en las Secciones 9, 10 y 11; léalas
cuidadosamente.

Las dos son tan diferentes como pueden serlo en términos del objetivo
ya que el objetivo de la ética es beneficiar a la sociedad a través de la
experiencia práctica sacada de la experiencia. Pero finalmente el objetivo
no puede llevarnos más alto que los límites de la naturaleza. Por lo tanto,
el objetivo de la ética está sujeto a la crítica, como sabemos, ya que nadie
puede probar el beneficio de este a cualquier individuo al grado tal de
que es obligado a negarse a sí mismo por la felicidad de la sociedad. Esto
no es el caso del objetivo de la religión, la cual asegura la felicidad de la
persona que se aplica a esta. Porque, como ya hemos probado, cuando
una persona alcanza a amar a los demás alcanza la adhesión con el
Creador, que es llevarse a sí mismo a la afinidad y similitud de forma
con esa del Creador. Una persona pasa de su estrecho mundo lleno de
dolor y obstáculos al ancho mundo eterno de compartir con el Creador y
compartir Sus creaciones.

También encontrará usted una diferencia obvia en términos de apoyo,
ya que actuar de acuerdo con la regla de la ética está apoyado por el
fundamento de agradar a otra gente. Esto es como un trabajo asalariado.
Y cuando una persona se acostumbra a esta clase de trabajo, no puede
alcanzar un nivel más elevado de ética ya que está acostumbrado al
trabajo que está bien recompensado por la gente alrededor de él, quien
lo recompensa por sus buenas acciones. Esto no es el caso de uno que se
aplica a la Torá y sus preceptos para dar placer a su Creador sin ninguna

שנקראת דביקות, כמו שנתבאר לעיניך במאמר מתן תורה (אות ט', י', י"א, עש"ה עיין שם היטב).

וכן רחוקים המה זה מזה בתכלית המרחק בענין המטרה, כי המטרה של תורת האתיקה היא לאושרם של החברה מבחי' בקורת התבונה המעשית הלקוחה מנסיונות החיים, אשר סוף סוף אין המטרה מבטיחה לעוסק בה שום התעלות למעלה ממסגרת הטבע, ואשר ע"כ המטרה הזאת עדיין לא יצאה מכלל הבקורת כנודע, כי מי יוכל להוכיח ליחיד את מדת הטוב בעדו בצורה סופית כזו שיהיה מוכרח בשבילה למעט דמותו באיזה שיעור של משהו בשביל אושר החברה, מה שאין כן המטרה הדתית מבטחת את האושר של האדם העוסק בה. כי כבר הוכחנו לדעת, אשר בביאת האדם אל אהבת זולתו אז הוא נמצא ישר בבחי' הדביקות שהיא השואת הצורה ליוצרה ית' אשר עמה יחד עובר האדם מתוך עולמו הצר המלא מכאובים ואבני נגף אל עולם נצחי רחב של השפעה להשי"ת והשפעה לבריות.

גם תמצא הבדל ניכר ובולט למדי, בבחי' התמיכה, כי עסק עפ"י על פי שיטת תורת האתיקה הנהו נתמך על יסוד של מציאות חן בעיני הבריות ודומה דבר זה כדוגמת שכירות המשתלמת לבסוף, ובהתרגל האדם לעבודה כזו, הנה לא יוכל להתעלות גם במדרגות המוסר כי כבר רגיל הוא בעבודה כזו המשתלמת היטב מהסביבה המשלמים בעד מעשיו הטובים, משא"כ מה שאין כן בעסק של תורה ומצות לעשות נחת רוח ליוצרו בלי שום קבלת פרס, הרי הולך ומטפס על דרגות המוסר ממש כפי שיעור העסק, שהריהו נעדר מכל תשלום על דרכו, ופרוטה לפרוטה מצטרף לו לחשבון גדול, עד שקונה טבע שני שהיא ההשפעה

recompensa, porque él alcanza más elevados niveles de ética en proporción directa a sus esfuerzos. Dado que él no está recompensado a lo largo del camino, y estos "centavitos" resultan una gran suma, él alcanza una segunda naturaleza que es compartir con sus semejantes sin deseo alguno de ganar nada por esto además de su propia supervivencia. Encontramos que uno está liberado verdaderamente de todas las restricciones a las cuales todos los humanos son sujetos de la creación; porque cuando una persona rechaza todo lo que puede recibir para sí mismo y su alma rechaza todos los lujos, los placeres corporales mezquinos, y honores etc., viaja libremente en el mundo del Creador, y ciertamente nunca sufrirá daño alguno o molestia, ya que todas las molestias llegan a una persona a través de su inherente *Deseo de Recibir*; entienda bien esto.

Así, está claro que todo el propósito de la religión es beneficiar a la persona que se adhiere a esta, y para nada por el beneficio de la humanidad. Aunque todos los actos de él beneficien a la humanidad, esto es solamente el camino a la elevada meta de hacer la forma de uno similar a la del Creador. Junto con esto, está también claro que el propósito de la religión es recompensado en este mundo, en la vida de uno, como mencionamos arriba en el "Artículo sobre la Entrega de la Torá"; vea la Sección 6, concerniente al propósito del individuo y el colectivo en general.

Sin embargo, el concepto de recompensa en el Mundo por Venir es otro asunto, y lo explicaré en otro artículo, con la voluntad de Dios.

לזולתו בלי שום התעוררות של קבלה עצמית זולת להכרח קיומו בלבד, ונמצא באמת שנשתחרר מכל מאסרי הבריאה, כי בשעה שהאדם ממאס כל קבלה עצמית ונפשו קצה בכל מותרות מתענוגים גופניים קטנטנים וכבוד וכו', נמצא שמטייל חפשי בעולמו של הקב"ה, ומובטח שלא יארע לו כאן שום נזק ותקלה לעולם, שהרי כל הנזקים מורגשים ובאים לאדם רק מבחינת הקבלה העצמית המוטבעת בו, והבן זה היטב.

והנה נתבאר היטב, אשר מטרת הדת עומדת כולה רק לצורך האדם העובד ועוסק בה, ולא כלל לשמש הבריות ולהועילם, הגם שכל מעשהו סובבים לתועלת הבריות ומשוער במעשים הללו, אולם אין זה אלא בחי' מעבר אל המטרה הנשגבה, שהיא השואה ליוצרה. ועם זה מובן גם כן אשר מטרת הדת נגבית בעוה"ז בעולם הזה, בחיים חיותו כמ"ש כמו שכתוב לעיל, ועיין היטב במאמר מתן תורה (אות ו') בדבר המטרה של הכלל ושל הפרט.

אולם ענין שכר עוה"ב עולם הבא זהו ענין אחר ואבארו במאמר מיוחד בע"ה.

Artículo sobre la Esencia de la Sabiduría de la Kabbalah

a) ¿Qué es Precisamente esta Sabiduría?
b) La Multiplicidad de Formas, Sefirot y Mundos
c) Dos Direcciones: De Arriba Hacia Abajo y De Abajo Hacia Arriba
d) Nombres Abstractos
e) La Actualidad de la Sabiduría de la Kabbalah
f) Las Definiciones Físicas y los Nombres Corporales en los Libros Kabbalísticos
g) La Ley de "Raíz y Rama" en la Relación Entre los Mundos
h) El Lenguaje de los Sabios Kabbalistas es el Lenguaje de las Ramas
i) La Transmisión de la Boca de un Sabio Kabbalista a Uno que Recibe y Comprende por Sí Solo
j) Nombres que son Extraños para la Mente Humana

Antes de que yo empiece a explicar la historia de la Sabiduría de la Kabbalah, de la cual muchos se han ocupado antes de mí, he encontrado necesario explicar claramente la esencia de esta sabiduría, la cual hasta donde yo sé poca gente entiende. Y, por supuesto, no es posible hablar de la historia de algo antes de que nos familiaricemos con la cosa en sí. Y aunque este conocimiento es más amplio y profundo que el mar, de todos modos haré un esfuerzo con toda la fuerza y conocimiento que he adquirido sobre esta materia para dar una explicación original, y para iluminarla desde todos lados suficientemente para que cualquiera pueda entender y llegar a las conclusiones correctas como son realmente, sin dejar espacio para que mis lectores se confundan, como frecuentemente sucede cuando se leen cosas de esta naturaleza.

מאמר מהות
חכמת הקבלה

בטרם אבוא לבאר את תולדות חכמת הקבלה, שכבר דשו בה רבים, מצאתי לנחוץ לבאר מקודם היטב, את מהותה של חכמה זו, אשר לדעתי מועטים המה היודעים זאת. וכמובן לא יתכן לדבר מתולדות איזה דבר בטרם שאנו מכירים את הדבר עצמו. והגם שידיעה זו היא רחבה ועמוקה מני ים, עם כל זה אתאמץ בכל כחי וידיעותי שרכשתי לי במקצוע זה, לבאר ביאור מקורי ולהאירו מכל הצדדים, באופן מספיק לכל נפש, להוציא מהם מסקנות נכונות כמות שהן באמת. מבלי להניח מקום למעיינים להטעות את עצמם, כרגיל מאד בעיון בדברים הללו.

a) ¿Qué es Precisamente esta Sabiduría?

Por supuesto, cualquier persona inteligente saldrá con esta pregunta, y para dar una respuesta satisfactoria, presentaré una definición fiel y precisa, ya que esta sabiduría es, no más y no menos, que el orden de las Raíces que se desarrollan y evolucionan a través de las leyes de Causa y Efecto por medio de leyes fijas, absolutas, que se conectan y apuntan a una meta muy elevada, conocida como "la revelación de Su Bondad para Sus creaciones en este mundo".

Esto implica un razonamiento deductivo de lo general a lo particular: Lo "general" significa toda la humanidad. Es absolutamente obligado que toda la humanidad alcanzará en el final este elevado desarrollo, como está escrito: "Porque la tierra se llenará con el conocimiento de Dios como el agua cubre el océano" (*Isaías 11:9*). "El hombre no enseñará a su prójimo y un hombre no enseñará a su hermano diciendo: 'Conoce a Dios' porque todos Me conocerán, los grandes y los pequeños" (*Jeremías 31:33*) y "Tu maestro no se retirará más, y tus ojos verán a tu maestro" (*Isaías 30:20*).

Lo "particular" significa que aun antes de la perfección de toda la humanidad, en cada generación esto se aplica también a individuos singulares, porque —estos individuos en cada generación quienes merecen alcanzar ciertos niveles en términos de revelar la Bondad del Creador— son los profetas y hombres de renombre, y como los sabios dijeron: "No hay generación que no incluya gente como Abraham, Isaac y Jacob" (*Bereshit Rabá, Capítulo 74*). Esto le muestra a usted que la revelación de la Bondad del Creador aparece en cada generación, según los sabios que están calificados para decir esto y en quienes nosotros confiamos.

א. על מה סובבת החכמה.

שאלה זו כמובן עולה על כל בר דעת. הנה כדי לתת תשובה מספקת לשאלה זו אתן הגדרה נאמנה ומשומרת, כי חכמה זו היא לא פחות ולא יותר רק סדר של שרשים המשתלשלים על דרך קודם ונמשך בחוקים קבועים ומוחלטים המתחברים וקולעים למטרה אחת מאד נעלה, הנקובה בשם "גילוי אלקותו ית' לנבראיו בעולם הזה".

וכאן נוהגים כלל, ופרט:

"כלל" כלומר, כל האנושות המתחייבת בסופה, בהכרח ובחיוב מוחלט, לבא עד לידי ההתפתחות המופלגת הזאת, כמ"ש כמו שכתוב "כי מלאה הארץ דעה את ה' כמים לים מכסים" (ישעיהו, י"א, ט'). "ולא ילמדו עוד איש את רעהו ואיש את אחיו לאמר דעו את ה', כי כולם ידעו אותי למקטנם ועד גדולם" (ירמיהו, ל"א, ל"ג). ואומר "ולא יכנף עוד מוריך והיו עיניך רואות את מוריך" וגו' (ישעיהו, ל', כ').

"פרט", היינו שאף מקודם שלימות כלל האנושות כולה, בכל דור ודור נוהג דבר זה גם בפרטים יחידי סגולה, כי אלה הם הפרטים הזוכים בכל דור ודור למדרגות מסוימות בענין גילוי אלקותו ית', והם המה הנביאים ואנשי השם, וכמו שאמרו ז"ל (בראשית רבה, פרק ע"ד): 'אין לך דור שאין בו כאברהם יצחק ויעקב'. הרי לעיניך, אשר גילוי אלקותו ית' נוהג בכל דור ודור, לפי דחז"ל דברי חז"ל המוסמכים לדבר זה ונאמנים עלינו.

b) La Multiplicidad de Formas, Sefirot y Mundos

Sin embargo, esto nos lleva a la pregunta: Ya que la sabiduría tiene solamente una función especial y entendida, ¿por qué hay multiplicidad de Formas y *Sefirot*, y conexiones intercambiables de las cuales están llenas los libros de Kabbalah? Si tomas el cuerpo de alguna criatura pequeña, cuyo propósito total es alimentarse para sobrevivir en este mundo y propagarse, verás que está compuesto de miles sobre miles de tejidos y ligamentos, como los fisiólogos y los anatomistas han encontrado, y cientos de miles de partes que aún no son conocidas por el hombre. De esto, puedes concluir cuántos componentes y conductos hay que deben trabajar juntos para revelar esta meta elevada.

c) Dos Direcciones: De Arriba Hacia Abajo y De Abajo Hacia Arriba

En general, esta sabiduría está dividida en dos sistemas de flujo paralelos que son iguales como dos gotas de agua y no hay diferencia entre ellos excepto que el primer sistema es atraído de Arriba hacia Abajo todo el camino a este mundo, en tanto que el segundo sistema empieza en este mundo y va de Abajo hacia Arriba, de acuerdo exactamente con las mismas vías y conexiones que aparecen desde su primera aparición y en la revelación de Arriba hacia Abajo.

El primer sistema es conocido en el lenguaje kabbalístico como: "El orden de la evolución de los mundos y las Formas y las *Sefirot*" en todos los ejemplos, ya sean permanentes o temporales. El segundo sistema es llamado: Niveles de comprensión o niveles de profecía y el Espíritu Santo. Se requiere que una persona que alcanza esto vaya a través de los mismos conductos y vías y para comprender cada detalle y nivel gradual y precisamente de acuerdo con las leyes que se aplican a ellos desde el tiempo en que fueron emanados de Arriba hacia Abajo. Esto es

ב. ריבוי הפרצופים הספירות והעולמות.

אולם לפי האמור הועמדה השאלה, כיון שאין לחכמה זו רק תפקיד אחד המיוחד והמבואר, א"כ אם כן מהו ענין של ריבוי הפרצופים והספירות וכל הקשרים בני החילוף, אשר ספרי הקבלה מלאים מהם? אכן, אם תיקח איזה גוף של בעל חיים קטן, שכל תפקידו אינו אלא להזין את עצמו כדי שיוכל להתקיים בעולם זמן מה המספיק כדי להוליד ולקיים את מינו, והנה תראה ותמצא בו הרכבה מסובכת מאלף אלפי נימים וגידים, כפי שדרשו ומצאו בעלי הפיזיולוגיה והאנטומיה, ועוד אלפי רבבות יש שם ממה שלא נודע עוד עדיין לעין האנושי, ומכאן תוכל להקיש כמה מיני ריבוי הרכבות של ענינים וצנורות הצריכים להתחבר בכדי להמציא ולגלות את המטרה הנשגבת ההיא.

ג. ב' סדרים: מעילא לתתא מלמעלה למטה, ומתתא לעילא מלמטה מעלה.

והנה בכללה מתחלקת החכמה זאת לב' סדרים המקבילים זה לזה ושוים זה לזה כמו ב' טפות מים ואין הפרש ביניהם, רק שסדר הראשון נמשך מעילא לתתא מלמעלה למטה עד לעולם הזה, והסדר השני מתחיל מעולם הזה והולך מתתא לעילא מלמטה למעלה [לכוון] בדיוק בכל אותם הדרכים וההרכבות שנרשמו משורשם בעת הופעתם והתגלותם מעילא לתתא מלמעלה [בכוון] למטה.

והנה סדר הא' מכונה בשפת הקבלה סדר השתלשלות העולמות הפרצופים והספירות, לכל מקריהם אם קבועים אם בני חלוף, וסדר הב' מכונה בשם השגות, או מדרגות של נבואה ורוח הקודש, אשר האדם הזוכה לדבר מחויב ללכת באותם המבואות והדרכים ולהשיג כל פרט וכל מדרגה לאט לאט בדיוק נכון על פי אותם החוקים שנרשמו בהם מעת התאצלותם מעילא לתתא מלמעלה למטה, והוא כי ענין זה של גילוי אלקותו ית', אינו ענין המופיע כולו בבת אחת, כדרכי הגילוי שבדברים הגשמיים, אלא הולך ומופיע בהמשך זמן מסוים, אשר תלוי לפי זיכוכו של אותו המשיג, עד שיתגלו אליו כל המדרגות המרובות

así porque el asunto de revelar la Bondad del Creador es que no sucede todo inmediatamente, como las cosas materiales son reveladas. Más bien, aparecen en un período de tiempo que depende de la pureza de quien las percibe, hasta que todos los niveles preordenados que aparecieron de Arriba hacia Abajo le son revelados. Estos niveles son ordenados y percibidos uno después del otro y uno arriba del otro como los peldaños de una escalera, y es por esto que son llamados "escalones" (niveles).

d) Nombres Abstractos

Mucha gente piensa que todas las palabras y nombres usados en la Sabiduría de la Kabbalah son nombres abstractos. Esto es porque trata con la Santidad y la espiritualidad que están más allá del espacio y el tiempo de manera que aún nuestra imaginación no puede captarlas. Debido a esto, ellos llegan a la conclusión de que todas las palabras descriptivas son abstractas, o hasta más elevadas y superiores que los nombres abstractos, ya que para empezar, están completamente faltos de una base imaginable. Sin embargo, esto no es verdad. Por el contrario, la Kabbalah no utiliza nombres excepto en términos de su realidad y actualidad. Esto es axiomático entre todos los sabios Kabbalistas. "Cualquier cosa que no podemos captar (comprender), no la definiremos por un nombre o palabra". Y aquí usted debe entender que la palabra "captar" se refiere al nivel último de entendimiento, y viene del pasaje: "... lo que tu mano alcance..." (*Levítico 14:22*). Esto es: antes de que algo se vuelva absolutamente claro, como si estuviera alcanzado por las propias manos de uno, los Kabbalistas no lo definirían como "captar" sino más bien usarían otros términos tales como "entendimiento" o "educación", o "conocimiento", etc.

והערוכות מראש מבחינתם שמעילא לתתא מלמעלה למטה, ולהיותם מסודרים ובאים בהשגה בזה אחר זה וזה למעלה מזה, כדוגמת שלבי הסולם, מכונים משום זה בשם מדרגות.

ד. שמות מופשטים

רבים סבורים אשר כל המלות והשמות הבאים בחכמת הקבלה המה מין של שמות מופשטים, והוא מטעם היותה עוסקת באלוקיות ורוחניות שהם למעלה מן המקום והזמן והזמן אשר אפילו עין הדמיון אינו שולט שם, ומשום זה יחליטו, שכל המדובר בענינים כאלה ודאי אינם אלא שמות מופשטים או עוד יותר נשגבים ונעלים משמות מופשטים בהיותם נשללים לגמרי מתחילתן מיסודות המדומים. אולם אינו אמת, אלא לגמרי להיפר, שאין הקבלה משתמשת בשמות וכינויים, זולת מבחינת הריאליות והממשיות שבהם, וזה כלל הברזל אצל כל חכמי הקבלה. "כל מה שלא נשיג, לא נגדרהו בשם ומלה", וכאן צריך שתדע שמלת השגה, פירושה המדרגה הסופית שבהבנה, והוא נלקח מלשון כי "תשיג" ידך (ויקרא, י"ד, כ"ב), דהיינו טרם שהדבר מתבהר לעינים בהחלט הגמור כמו שהיה תפוש בידים, אין המקובלים מכנים אותו בשם השגה אלא בכינויים אחרים כמו הבנה והשכלה וכדומה.

e) La Actualidad de la Sabiduría de la Kabbalah

La realidad física que percibimos con nuestros sentidos también contiene cosas reales, aunque no podemos percibirlas o imaginarlas, tales como la electricidad o la fuerza magnética, conocida como *Fluidum*. Pero, ¿quién se atreve a decir que estos nombres no son reales cuando ya sabemos y entendemos sus acciones y manifestaciones? No pensamos realmente que no percibimos la esencia de esta, es decir: lo que es la electricidad. Pero este nombre es muy real para nosotros, como si la esencia de este fuese percibida con nuestros propios sentidos. Tanto así, que aun los niños pequeños están familiarizados con la palabra "electricidad" como lo están con palabras como "pan" y "azúcar", etc.

Además, si usted desea ejercitar su cerebro, yo iría aún más lejos y diría que en general, así como no podemos percibir o captar a Dios en forma alguna, no podemos percibir algún aspecto creado en y de sí mismo, aun las cosas materiales que podemos tocar. Esto significa que toda nuestra familiaridad con nuestros amigos y parientes en el mundo material no es nada sino el reconocimiento de sus acciones o manifestaciones, que se origina en la comunidad de nuestros sentidos con ellos. Estos son suficientes aunque no tenemos percepción de la esencia del objeto mismo. Además, usted no tiene percepción ni siquiera de la esencia de usted mismo, y todo lo que sabes acerca de usted es nada sino las acciones que son la forma manifestada de su propia esencia.

Ahora puede fácilmente entender que la totalidad de los nombres y términos usados en los Libros Kabbalísticos son reales y actuales, aunque no tenemos percepción del sujeto, dado que quienes tratan con ellos están completamente satisfechos de que tienen conocimiento absoluto y a escala completa y están absolutamente familiarizados con ellos, esto es: con sus acciones y manifestaciones las cuales están en sociedad con la Luz Divina y con aquellos que la perciben. Esto es completamente suficiente, ya que

ה. הממשיות שבחכמת הקבלה

אולם, גם במציאות הגשמית הערוכה נגד חושינו נמצאים ג"כ דברים ממשיים, אע"פ שאין לנו שום תפיסה ודמיון בעצמותם, כמו האלקטרו חשמל והמאגנט המכונים בשם פלואידום*, עם כל זה מי זה יאמר שהשמות הללו אינם ממשיים בשעה שאנו מכירים בסיפוק גמור את פעולותיהם ולא אכפת לנו כלל שאין לנו שום תפיסה בעצם הנושא, דהיינו האלקטרו בעצמותו, והשם הזה כ"כ כל כך ממשי וקרוב אלינו לא פחות ממה שהיה לנו אילו נתפס לנו לגמרי בחושינו, עד שכל הילדים הקטנים מכירים את השם הזה של אלקטרי חשמל כמו שמכירים את השמות לחם וסוכר וכדומה.

ולא עוד אלא אם תרצה לייגע מעט את כלי עיונך הייתי אומר לך בדרך כלל, אשר כמו שבהבורא ית' אין שום תפיסה והשגה כלל וכלל, ממש בשיעור הזה אין שום השגה בבחי' העצמית שבכל נבראיו ואפי' ואפי' את הגשמיים שאנו ממששים בידינו, באופן אשר כל ההכרות שלנו עם חברינו וקרובינו שבעולם המעשה שלפנינו, אינו יותר רק "הכרות של פעולות" המתפעלים ונולדים מתוך שיתוף של פגישת החושים שלנו עמהם, שאלה נותנים לנו סיפוק גמור אע"פ אף על פי שאין לנו שום תפיסה בעצם הנושא, ועוד יותר מזה, כי אפילו בעצמות עצמך גם כן אין לך שום תפיסה והשגה בו וכל מה שידוע לך מעצמותך עצמך אינו יותר אלא מהלך של פעולות הנמשכות מעצמותך.

ומעתה תוכל להשכיל בנקל אשר כל השמות והכנויים הבאים בספרי הקבלה המה ג"כ ריאליים וממשיים אע"פ שאין לנו שום השגה בהנושא, משום שיש לעוסקים בהם סיפוק גמור של הכרות מלאה לשלימותה הסופית, דהיינו גם כן רק הכרות של פעולות המתפעלים ונולדים מתוך שתוף של אור העליון עם המשיגים אותו. אולם הוא די ומספיק לגמרי, כי זה הכלל "כל המשוער ויוצא

---

la regla es: "Todo lo imaginable que viene de la supervisión de Dios y se vuelve una realidad de la naturaleza es absolutamente suficiente". Así como ninguna persona sentirá necesidad de tener seis dedos, ya que cinco son completamente suficientes.

f) Las Definiciones Físicas y los Nombres Corporales en los Libros Kabbalísticos

Es claro para una mente lógica que cuando tratamos con conceptos espirituales, por no mencionar la Piedad, no hay palabras o letras para describirlos, ya que todo nuestro vocabulario está compuesto de imaginación y sentidos. ¿Cómo podríamos usarlos donde nuestra imaginación y sentidos no se aplican? Aun si tomamos las más finas palabras que puedan ser usadas en estos lugares, tales como "Luz Divina" o hasta "Luz Simple", estas palabras también están derivadas de otras palabras como "luz solar" o "luz de vela" o la "luz de la satisfacción y el placer" que una persona siente con una nueva revelación o cuando es aliviado de alguna duda. Así que ¿cómo pueden ser usadas para describir conceptos espirituales o los caminos de la Piedad, dado que solamente ofrecen al lector vaciedad y falsedad, por no hablar de cuando las usamos para describir un concepto en un debate filosófico, donde el sabio debe ser absolutamente preciso con sus definiciones? Si el sabio falla y usa siquiera una palabra imprecisa, confunde a sus lectores y ellos no entenderán nada de lo que viene antes o después o que no tiene nada que ver con la palabra, como le es sabido a alguien que lee un libro de sabiduría.

Así, ustedes pueden preguntarse cómo los sabios kabbalistas pueden usar palabras falsas para explicar las conexiones de la sabiduría. "Palabras falsas" no tienen una definición sustancial dado que "las mentiras no tienen una pierna sobre la cual estar paradas". De ese modo primero necesitamos conocer la ley de "Raíz y Rama" en la relación entre los mundos.

מהשגחתו ית' לבוא לכלל מציאות לטבע הבריאה הרי יש בו משום סיפוק
מוחלט" כמו שלא יתעורר לאדם שום תביעה לאצבע ששית לכף ידו כי חמשת
האצבעות מספיקים לו לגמרי בהחלט.

ו. הערכים הגשמיים והשמות הגופניים שבספרי הקבלה

אכן מובן לכל בן הגיון שבמקום שיש לנו עסק עם דבר רוחני ואין צריך לומר
עם אלוקיות אין לנו שם שום מלות ואותיות להגות בהם שהרי כל אוצר המילות
שלנו אינו אלא הרכבות מאותיות הדמיון והחושים. ואיך אפשר להסתייע עמהם
במקום שאינו נוהג שם לגמרי מבחינת דמיונות וחושים. כי אפילו אם ניקח את
המלה היותר דקה שאפשר להשתמש בה במקומות הללו דהיינו המלה "אור
עליון" או אפילו "אור פשוט" הרי זה ג"כ דבר מדומה ומושאל מאור השמש או
אור הנר או אור מורגש של נחת רוח המופיע באדם בזמן המצאה חדשה של
התרת איזה ספק, ואיך יתכן להשתמש עמהם במקום רוחני ודרכים אלקים כי
לא יציעו אל המעיינים אלא דברי שוא וכזב? ומכל שכן במקום שאנו צריכים
לגלות במלות ההם איזה שכל מבחי' מבחינת משא ומתן הנהוג במחקרי החכמה
אשר כאן מוכרח החכם להשתמש בדיוק חמור עם גדרים מוחלטים לעיני
המעיינים. ואם יכשל החכם אף במלה אחת בלתי מוצלחת הרי יגרום על ידה
בלבול הדעת למעיינים ולא יבינו כלל כל מה שאומר שם מלפניה ומלאחריה וכל
הקשור עם אותה המלה, כידוע לכל מעיין בספרי חכמה.

וא"כ ואם כן תמה על עצמך איך אפשר לחכמי הקבלה להשתמש במלות כוזבות
ולהסביר על ידן קשרי חכמה וכידוע אשר אין שום הגדרה בשמות כוזבות, כי
לשקר אין לו רגלים ואין לו עמידה. אמנם כאן צריך שתדע מקודם את החוק של
שורש וענף ביחס העולמות מזה אל זה.

g) La Ley de "Raíz y Rama" en la Relación entre los Mundos

Los sabios kabbalistas revelaron que hay cuatro mundos, conocidos como: *Atsilut* "Emanación", *Briá* "Creación", *Yetsirá* "Formación" y *Asiyá* "Acción". Desde el más alto de los mundos, *Atsilut*, al mundo físico material que es llamado *Asiyá*, las formas son absolutamente iguales en cada detalle y manifestación. Todas las ocurrencias y manifestaciones que son encontradas en el primer mundo son también encontradas en el siguiente mundo debajo de este sin diferencia alguna, y así en adelante con todos los mundos siguientes hasta, e incluyendo, al mundo material.

No hay diferencia entre ellos excepto por el nivel en que están, lo cual es entendido solamente por la composición de los componentes de la realidad de cada mundo en particular. La composición de los componentes del primer y más elevado mundo es más refinada que esa de los mundos debajo de este. Y la composición de los componentes del segundo mundo es más densa que esa del primer mundo pero más refinada que la de los mundos debajo de este, y así sucesivamente hasta el mundo debajo de este, y así sucesivamente hasta el mundo que experimentamos. En este mundo material, la composición de sus componentes es más densa y oscura que la de todos los mundos precedentes; sin embargo, las formas de los componentes y el total de sus manifestaciones son exactamente iguales en todos los mundos en calidad y cantidad sin ningún cambio en absoluto.

Esto puede ser comparado a una estampa y a eso que está estampado. Todas las formas de la estampa misma son transferidas a eso que está estampado con todos los detalles intactos. Y así es con los mundos. Cada mundo inferior está "estampado" por el mundo arriba de este, y por lo tanto todas las formas en el mundo superior son copiadas en toda su calidad y cantidad en el mundo inferior también, así que no hay detalle o manifestación en el Mundo Inferior que no sea encontrado en el mundo

ז. חוק שורש וענף ביחס העולמות

חכמי הקבלה מצאו אשר ד' העולמות הנקובים בשם: אצילות, בריאה, יצירה ועשיה, החל מהעולם הראשון היותר עליון הנקרא אצילות עד העולם הזה הגשמי המוחשי הנקרא עשיה, צורתם שוה זו לזו לגמרי בכל פרטיהם ומקריהם, דהיינו שכל המציאות ומקריה הנמצאים בעולם הראשון, כל אלה נמצאים גם כן בעולם השני שמתחתיו בלי שום שינוי של משהו, וכן בכל יתר העולמות שלאחריו עד לעולם הזה המוחשי.

ואין שום הבדל ביניהם אלא הבחן מדרגה בלבד, המובן רק בחומר שבפרטי המציאות שבכל עולם ועולם, שהחומר של פרטי המציאות הנמצאים בעולם הראשון היותר עליון הוא חומר יותר זך מכל התחתונים הימנו, וחומר פרטי המציאות שבעולם השני הוא מעובה מעולם הראשון, אבל יותר זך מכל מה שתחתיו במדרגה, ועל דרך זה עד לעולם הזה שלפנינו, אשר החומר של פרטי המציאות שבו, הוא יותר עב וחשוך מכל העולמות שקדמו אליו, אולם הצורות של פרטי המציאות וכן כל המקרים שלהם באים בשוה בכל עולם ועולם הן בכמות והן באיכות בלי שינוי של כלום.

והמשילו את זה כמשפט החותם עם הנחתם הימנו, אשר כל הצורות המצויות בחותם עוברות בשלמותן לכל פרטיהן ודקדוקיהן אל הדבר הנחתם הימנו, כן הוא בעולמות, אשר כל עולם תחתון נחתם מהעולם העליון הימנו, וע"כ ועל כן כל הצורות שיש בעולם העליון בכל כמותם ואיכותם נעתקים במלואם ובאים גם בעולם התחתון, באופן שאין לך פרט של מציאות או של מקרי המציאות המצוי בעולם התחתון שלא תמצא דוגמתו בעולם עליון הימנו בצורה שוה כמו ב' טיפות של מים ונקראים שורש וענף. כלומר,שאותו הפרט הנמצא בעולם

arriba en la forma idéntica, iguales como dos gotas de agua. Estas son llamadas "Raíz y Rama". El mismo componente hallado en el Mundo Inferior es considerado la "Rama" del componente correspondiente a este, y existente en el mundo arriba de este, el cual es la "Raíz" del componente del Mundo Inferior. Del mundo arriba ese componente está "estampado" y viene a la existencia en el Mundo Inferior.

Esto es lo que los sabios quisieron decir con: "Cada planta abajo tiene una entidad o fuente espiritual (*mazal*) y un guardián arriba que la golpea y dice: 'crece'" (*Hashmatot HaZóhar, Bereshit versículo 1, Bereshit Rabá Capítulo 10*), significando que la raíz llamada "entidad de la fuente espiritual" (*mazal*) la obliga a crecer y recibe todos sus rasgos tanto en términos de calidad como de cantidad, tal como la estampa deja su impresión en eso que estampa como se declaró anteriormente. Esta es la ley de "Raíz y Rama", que se aplica a todos los componentes y manifestaciones de la realidad de cada mundo en correlación al mundo arriba de este.

h) El Lenguaje de los Kabbalistas es el Lenguaje de las Ramas

Esto significa que las ramas son determinadas por las raíces, que son su estampa que debe existir en el Mundo Superior. Porque nada hay que exista en el Mundo Inferior que no venga del mundo directamente arriba de este, tal como una estampa y eso que esta imprime, como está explicado anteriormente; la Raíz en el Mundo Superior necesita su Rama en el Mundo Inferior para manifestarse con exactamente la misma forma y rasgos. Como los sabios decían: La entidad completa de la fuente espiritual (*mazal*) en el Mundo Superior, que es la contraparte de la planta en el Mundo Inferior, golpea a la planta y la obliga a crecer según su propio diseño. Y a través de esto encontramos que cada simple rama en este mundo define bien a su contraparte en el Mundo Superior.

התחתון, נבחן לבחינה של ענף בערך הדוגמא שלו המצוי ועומד בעולם העליון שהוא שורשו של הפרט התחתון, מפני שמשם נחתם ונתהוה הפרט ההוא בעולם התחתון.

וזוהי כונת חז"ל במה שאמרו "אין לך כל עשב מלמטה שאין לו מזל ושוטר מלמעלה שמכה אותו ואומר לו גדל" (השמטות הזהר, בראשית אות א', בראשית רבה, פרק י') כלומר שהשורש הנקרא מזל מכריח אותו לגדול ולקבל את כל תכונתו מבחינת כמותו ואיכותו, כמשפט החותם עם הנחתם הימנו כאמור לעיל, וזהו החוק של שורש וענף, הנוהג בכל הפרטים שבמציאות ושל מקרי המציאות בכל עולם ועולם ביחס העולם העליון ממנו.

ח. שפת המקובלים היא שפה של ענפים

פירוש, על פי הוראתם של הענפים הללו על שרשיהם שהם הדוגמאות שלהם הקיימים בהכרח בעולם העליון. כי אין לך שום מציאות בעולם התחתון שלא יהי' נמשך ויוצא מעולם העליון ממנו וכמשפט החותם עם הנחתם, כמפורש לעיל, אשר משום זה השורש שבעולם העליון מחייב את הענף שלו שבעולם התחתון,שיתגלה בו כל צורתו ותכונתו, ע"ד שאמרו [חכמינו] ז"ל, המזל שבעולם העליון המיוחס לעשב שבעולם התחתון מכה על אותו העשב ומכריחו לגדול על מתכונתו כנ"ל. שמתוך זה נמצא כל ענף וענף שבעולם הזה מגדיר היטב את הדוגמא שלו העומד בעולם העליון.

Así, los sabios kabbalistas encontraron un vocabulario predeterminado de palabras suficientes para un maravillosamente precioso lenguaje para hablar entre ellos mismos, lo cual los capacita para acordar uno con el otro las raíces espirituales pertenecientes a los Mundos Superiores. Por medio de mencionar solamente la rama física inferior de este mundo, que está bien definida para nuestros sentidos físicos, los que escuchan entienden por ellos mismos a qué la correspondiente Raíz superior, con su contraparte, la Rama materializada, está relacionándose ya que esta es su impresión, como se mencionó previamente. De esta manera, cada componente y manifestación en el mundo material se vuelve como un absoluto, bien definido y absoluto nombre o término para su correspondiente Raíz en los Mundos Superiores espirituales. Y aunque en su estado espiritual no pueden ser expresados con alguna palabra porque están más allá de toda imaginación, pueden sin embargo ser expresados en palabras a través de sus correspondientes ramas, las cuales percibimos en este nuestro mundo material, como se explicó arriba.

Esta es la naturaleza del lenguaje hablado entre los sabios kabbalistas, por medio del cual ellos comparten sus conocimientos espirituales completos uno con otro de generación en generación, tanto oralmente como por escrito, al grado exacto necesario para la discusión de su estudio de esta sabiduría. Y se entienden uno a otro completamente por medio de definiciones precisas que no pueden ser mal entendidas ya que cada simple Rama tiene su propia definición natural específica, indicando su correspondiente Rama en el Mundo Superior a través de esta definición específica absoluta.

Sepa que el *Lenguaje de las Ramas* kabbalístico es más conveniente para explicar los conceptos de esta sabiduría que cualquier otro lenguaje. Como sabemos de la ley del nominalismo por medio de la cual el significado de las palabras es confundido por el uso de las masas, las palabras pierden su significado preciso a través de la sobreutilización,

ולפיכך מצאו להם חכמי הקבלה, אוצר של מלים ערוך ומפורש לעיניהם די
ומספיק לבחינת שפה מדוברת ביניהם המצוינת להפליא, שיוכלו לישא וליתן
זה עם זה בשרשים הרוחניים שבעולמות העליונים, דהיינו על ידי שמזכירים
לחבריהם רק את הענף התחתון המוחשי שבעוה"ז שבעולם הזה המוגדר היטב
לחושים הגשמיים, והשומעים מבינים מדעתם את השורש העליון אשר ענף
הגשמי הזה מראה עליו מפני שהוא מיוחס אליו, להיותו נחתם הימנו, כנ"ל.
באופן אשר כל פרטי הויות הבריאה המוחשית וכל מקריהם, נעשו להם כמו
מלות ושמות מוגדרים ומוחלטים על השרשים הגבוהים העליונים הרוחניים,
ואע"פ ואף על פי שבמקומם הרוחני אי אפשר להתבטא בשום מלה והגה מפאת
היותם למעלה מכל דמיון, מכל מקום קנו להם זכות ביטוי שפתיים על ידי
ענפיהם המסודרים לחושינו כאן בעולמינו המוחשי, כמבואר.

וזוהי כל אופיה של השפה המדוברת בין חכמי המקובלים, אשר על פיה מגלים
את השגותיהם הרוחניים מאיש לאיש ומדור לדור הן בעל פה והן בכתב ומבינים
זה את זה בסיפוק גמור, כפי כל השיעור המדייק המחוייב לצורך משא ומתן
במחקרי החכמה, דהיינו בגדרים מדויקים שאי אפשר להכשל בהם מפני שכל
ענף וענף יש לו הגדרה טבעית מיוחדת לו בהחלט, וממילא מראה גם כן על
שורשו שבעולם העליון עם הגדרתו זו המוחלטת.

ותדע, אשר שפת הענפים של תורת הקבלה הזו היא יותר נוחה להסביר בה מושגי
החכמה מכל הלשונות הרגילות שלנו כנודע מתורת הנומינליזם* אשר הלשונות
נשתבשו הרבה בפיות ההמונים, כלומר שמתוך ריבוי השמוש שמשתמשים עם

---

* מתרגם: אסכולה פילוסופית מתחום תורת ההוויה

y así se vuelve muy difícil para una persona transmitir ideas precisas a otra por medio del habla y la escritura. Esto no es así con el *Lenguaje de las Ramas* kabbalístico, el cual está derivado de los nombres de los seres creados y su historia, la cual percibimos de acuerdo con las leyes de la naturaleza. Nunca puede suceder que un oyente o lector puedan errar en el significado de las palabras que le son presentadas, ya que las leyes de la naturaleza son absolutas sin excepción.

i) La Transmisión de la Boca de un Sabio Kabbalista a Uno que Recibe y Comprende por Sí Solo

Rav Moshé ben Najman (Najmánides o el Ramban) escribió en la introducción a su comentario sobre la Torá y Rav JayimVital escribió lo mismo en su *Introducción al Árbol de la Vida, Artículo acerca de los escalones*: "Los lectores deben saber que ellos no entenderán siquiera una palabra que está escrita en estos libros a menos que haya sido transmitida de boca de un sabio kabbalista a un hombre sabio que la recibe y la comprende por sí solo". También las palabras de los Sabios: "Uno no debe estudiar la *merkavá* solo, a menos que uno sea sabio y pueda comprenderla por sí solo" (*Talmud Babilónico, Jaguigá 11b*).

El significado de estas palabras es claro: uno debe recibir de boca de un sabio kabbalista. Sin embargo, ¿cuál es la razón para el requisito de que aun un estudiante debe primero ser "sabio y entender por sí solo"? Si no lo es, aun si él es el hombre más justo en el mundo, ¿está prohibido enseñarle? Además, si ya es sabio y entiende por sí solo, ¿no tiene necesidad de aprender de otros?

De lo que hemos explicado arriba, usted puede entender sus palabras claramente, ya que ha sido explicado que ninguna de nuestras palabras y expresiones pueden explicar los conceptos espirituales, Divinos, que están más allá de los ilusorios espacio y tiempo, así que tenemos un lenguaje

המילות הרי הן הולכות ומתרוקנות מתוכנן המדויק, וע"כ נעשו קשיים גדולים למסור סברות מדוייקות מאחד לחברו על ידי המבטא והכתב כנודע. מה שאין כן "בשפת הענפים של הקבלה" הנלקחת משמות הבריות ומקריהם הערוכים ועומדים לעינינו מוגדרים בחוקי הטבע, שאינם מקבלים שינוי לעולם. ואף פעם לא יארע לשומעים ולקוראים שיטעו בהבנת המלות המוצעות להם, מפני שגדרי הטבע מוחלטים למדי חוק ולא יעבור.

ט. "מסירה מפי מקובל חכם למקבל ומבין מדעתו"

כן כתב הרמב"ן רבי משה בן נחמן ז"ל בהקדמת פירושו על התורה, וכמתכונתו כתב ג"כ הרב חיים ויטאל ז"ל בהקדמה לעץ חיים במאמר הפסיעות וז"ל לשונו, "וידעו המעיינים שלא יבינו אף מלה אחת מכל הכתוב בקונטרסים הללו זולת במסירתם מפי מקובל חכם לאזן מקבל חכם ומבין מדעתו". וכן בדברי חז"ל (תלמוד, מסכת] חגיגה י"א:) "אין דורשין במרכבה ביחיד אלא א"כ הוא חכם ומבין מדעתו".

והנה דבריהם מובנים היטב במה שאמרו שצריכים לקבל מפי מקובל חכם, אולם מהו החיוב שגם התלמיד צריך מקודם להיות חכם ומבין מדעתו עצמו, ואם אינו כך, אפילו יהיה צדיק היותר גדול בעולם אסור ללמדו? ועוד, אם הוא כבר חכם ומבין מדעתו א"כ שוב אין לו צורך ללמוד מאחרים?

ובהמבואר לעיל תבין דבריהם בתכלית הפשטות שהרי נתבאר אשר עם כל המלות וההגוי הבאות במבטא שפתינו, אי אפשר לבאר על ידם אף מלה אחת מהעניינים הרוחניים האלוקיים שהם למעלה מהמקום והזמן המדומים, אלא

125

para estos conceptos, el cual es el Lenguaje de las Ramas en relación con sus correspondientes Raíces Superiores.

Sin embargo, aunque este lenguaje es no solamente por mucho el más apropiado para su propósito de la discusión del estudio de esta sabiduría que los otros lenguajes, como hemos explicado anteriormente, esto solamente se aplica a casos donde el oyente mismo es sabio y lo entiende por sí solo. El oyente conoce y entiende la correlación entre las raíces y sus ramas, porque estas correlaciones no se vuelven claras totalmente de inferior a superior, lo que significa que por medio de examinar las ramas inferiores es imposible extraer algunas conclusiones acerca de la forma de sus raíces superiores. Por el contrario, lo superior nos enseña acerca de lo inferior. Primero uno debe meramente entender a las raíces superiores como son en su estado espiritual más allá de la imaginación, con la pura percepción (como fue explicado arriba en la Sección e: La Realidad en la Sabiduría de la Kabbalah). Una vez que uno entiende por sí solo claramente las raíces superiores, puede examinar las ramas físicas en este mundo y entender cómo cada rama se relaciona con su correspondiente raíz en el mundo arriba de ella, en cada aspecto de calidad y cantidad. Y una vez que uno conoce y entiende bien todo esto, tiene en común un lenguaje con el maestro de uno —el *Lenguaje de las Ramas*— por medio del cual el sabio kabbalista puede transmitir todo su estudio de la sabiduría concerniente a los mundos espirituales superiores, tanto esa que él recibió de sus maestros como la expansión sobre esta sabiduría que él mismo ha descubierto, ya que ellos tienen ahora un lenguaje común y se entienden uno al otro.

Sin embargo, cuando el estudiante no es sabio y no puede entender este lenguaje de la relación de la raíz y la rama por sí solo, es obvio que el maestro no puede explicar ni siquiera una palabra de esta sabiduría espiritual, y menos aún discutir el estudio de la sabiduría con él. En este caso, ellos no tienen lenguaje en común para usar, y son como dos que

שנמצאת שפה מיוחדת לענינים הללו, שהיא "שפת הענפים" על פי הוראתם ביחסם אל שרשיהם העליונים.

אולם שפה זאת הגם שמסוגלת מאד מאד לתפקידה לישא וליתן במחקרי חכמה יותר מהשפות הרגילות, כמו שהובא לעיל, אכן כל זה אמור, רק אם השומע הוא חכם מעצמו, דהיינו שיודע ומבין ביחסי הענפים אל שרשיהם כי היחסים הללו אינם מתבארים כלל מהתחתון לעליון, כלומר, שבהסתכלות על הענפים התחתונים אי אפשר להוציא שום הקש ודמיון כלל על איזה דוגמא בשרשיהם העליונים, ולהיפך הוא, שמהעליון ילמד התחתון, כלומר, שמתחילה צריכים להשיג את השרשים העליונים כמות שהם ברוחניותם למעלה מכל דמיון, אך בהשגה טהורה (על דרך שנתבאר לעיל ד"ה דבור המתחיל הממשיות שבחכמת הקבלה). ואחר שמשיג היטב את השרשים העליונים מדעתו אפשר לו להסתכל בענפים המוחשים שבעוה"ז *שבעולם הזה* ולידע איך כל ענף מתיחס אל שרשו בעולם העליון בכל סדריו בכמות ואיכות. ואחר שיודע ומבין את כל זה היטב, אז נמצאת לו שפה משותפת בינו ובין רבו דהיינו "שפת הענפים", אשר על פיה יוכל החכם המקובל למסור לו כל מחקרי החכמה הנוהגים בעולמות העליונים הרוחניים הן מה שקיבל מרבותיו והן הרחבתו בחכמה שמצא בעצמו כי עתה יש להם שפה משותפת לשניהם ומבינים זה את זה.

אולם בעת שהתלמיד אינו חכם ומבין מדעתו את השפה ההיא דהיינו הוראת הענפים על שורשיהם, מובן מעצמו שאין ביכולתו של הרב להסביר לו אף מלה אחת בחכמה הרוחנית הזו. ואין צריך לומר לישא ליתן עמו במחקרי חכמה. היות שאין להם כלל שפה משותפת להשתמש עמה ונמצאים שהם כמו אלמים

son mudos. Por lo tanto, no hace falta decir que uno no debe enseñar la *merkavá*, que es la sabiduría de la Kabbalah, excepto a uno que es sabio y comprende esto por sí solo.

Además, debemos preguntar: Si esto es así, entonces ¿cómo se vuelve el estudiante lo bastante sabio para reconocer las relaciones entre la rama y la raíz si no es por medio de estudiar a las raíces superiores? La respuesta es que ninguna persona puede ayudar con esto. Necesitamos la asistencia divina. Uno que merece hallar gracia en los ojos de Dios será llenado naturalmente con la sabiduría, el entendimiento y el conocimiento, para ser capaz de alcanzar la divina percepción. Ningún ser humano puede ayudar con esto, sino que una vez que uno encuentra gracia a los ojos de Dios y merece esta divina percepción, uno está preparado para venir y recibir la gama completa de la sabiduría kabbalística de boca de un sabio kabbalista, ya que ahora ellos tienen un lenguaje común, y no de otra manera.

j) Nombres que son Extraños para la Mente Humana

De todo lo que hemos explicado previamente, usted puede entender ciertas cosas que aparecen en los Libros Kabbalísticos —nombres y definiciones que son muy extraños para la mente humana. Estos son muy comunes en los libros básicos de la Kabbalah—: el *Zóhar*, el *Tikunéi Zóhar*, y los libros del Arí, lo cual hace a uno preguntar por qué estos sabios escogieron tales nombres inferiores para expresar estos exaltados conceptos santos. Sin embargo, una vez que usted comprende las ideas ya mencionadas entenderá la verdad del asunto, ya que ha sido aclarado que es imposible explicar esta sabiduría con cualquier lenguaje en el mundo excepto el especial Lenguaje de las Ramas en correlación con sus raíces superiores correspondientes. Por lo tanto, es obvio que no podemos rechazar ninguna rama o manifestación de una rama debido a su bajo nivel y no usarla para expresar la lección por ser aprendida de esta en los

 וע"כ בהכרח שאין מוסרין מעשי מרכבה שהיא חכמת הקבלה, אלא אם כן הוא חכם ומבין מדעתו.

ויש לשאול עוד לפי זה, מאין החכים התלמיד עד לידי כך להכיר היחסים של ענף ושורש מתוך התחקות על השרשים העליונים? והתשובה היא, אשר כאן שוא תשועת אדם אלא לעזר אלקי אנו צריכים, אשר הזוכה למציאת חן בעיניו ית', הריהו ית' ממלא אותו בחכמה בינה ודעת להשכיל השגות עליונות. ואי אפשר להסתייע בזה מעזרת בשר ודם ולא כלום, אכן אחר שמצא חן בעיניו ית' וזכה בהשגה העליונה, אז מוכן לבוא ולקבל מרחבי חכמת הקבלה מפי מקובל חכם כי עתה יש לו עמו שפה משותפת, ולא זולת.

י. כינויים הזרים לרוח אנושי

ועם כל המתבאר לעיל, תבין מה שנמצאים לפעמים בספרי הקבלה, כינויים וערכים הזרים מאד לרוח אנושי, והמה שכיחים ביותר בספרי הקבלה היסודיים שהם ספרי הזהר והתיקונים וספרי האר"י ז"ל, אשר המה מתמיהים מאד, מה היה להם לחכמים האלו להשתמש בכינויים נמוכים כאלה לביטוי רעיונות נשגבים וקדושים הללו? אולם אחר שרכשת לך את הידיעות המובאות לעיל, יובן לך הדבר על אמיתו, כי נתבאר שאי אפשר כלל להשתמש בהסברת החכמה הזאת בשום שפה ולשון שבעולם, זולת בשפה המיוחדת לדבר, שהיא "שפת הענפים" ע"פ היחסים לשרשיהם העליונים. ולפיכך מובן מאליו שאי אפשר לעזוב איזה ענף או איזה מקרה של ענף מפני נחיתות הדרגה שלו ולא

términos de esta sabiduría, ya que ninguna otra rama puede tomar su lugar.

Así como dos pelos no pueden brotar del mismo folículo, dos ramas no pueden relacionarse con una raíz. Por lo tanto, si dejamos fuera una manifestación y no la usamos, no solamente perdemos el conocimiento espiritual con el que esta se relaciona con el Mundo Superior, porque no tenemos otra palabra en lugar de la que indica esa raíz, sino que esto también interfiere con el campo completo de la sabiduría con todo lo que esta abarca, ya que estamos perdiendo un eslabón de la cadena de la sabiduría entera conectada con ese concepto. Por lo tanto, encontramos que esto crea un defecto en la sabiduría completa. No hay otra sabiduría entre las sabidurías del mundo en la que los conceptos estén tan interconectados como Causa y Efecto como en la sabiduría de la Kabbalah, que está interconectada de un extremo al otro como una larga cadena, de manera que si una pieza del conocimiento de la cadena está faltando, toda la Luz de la Sabiduría se vuelve oscuridad, ya que todos los aspectos de esta están fuertemente conectados uno a otro también como unificados absolutamente en uno.

Ahora bien, no hay necesidad de preguntarse por qué son utilizados nombres extraños, ya que ellos no tienen libertad de elección al usar estos nombres y no podrían intercambiarlos. Más bien, de ellos se requería siempre referirse a la exacta rama o manifestación que indica la correspondiente raíz superior, como era totalmente necesario, y también habían de extenderse sobre estas cosas hasta que proveyeran una definición suficientemente precisa para sus compañeros lectores.

להשתמש עמו לבטוי המושכל הרצוי בתוך קשרי החכמה, בו בעת שלא נמצא
בעולמנו שום ענף אחר שנקחהו בתמורתו.

כי כמו שאין שתי שערות יונקות מנקב אחד, כן אין לנו ב' ענפים שיתיחסו
לשורש אחד, באופן, שאם נשאיר איזה מקרה שלא להשתמש עמו, נמצא
שמלבד שאנו מאבדים את המושכל הרוחני ההוא שכנגדו בעולם העליון, כי אין
לנו עוד שום מלה תמורתו להראות על השורש ההוא, הנה עוד יזיק דבר זה לכל
מרחבי החכמה כולה, ועל כל היקפה, שהרי נעדרת לנו טבעת אחת משלשלת
כללות החכמה הקשורה במושג ההוא. ע"כ נמצא שמטיל פגם על החכמה
כולה, כי אין לך עוד חכמה בחכמות העולם שיהיו הענינים מלוכדים וקשורים
זה בזה בדרך עילה ועלול קודם ונמשך, כמו חכמת הקבלה, הקשורה מראשה
עד סופה זה בזה ממש, כמו שרשרת ארוכה, אשר ע"כ בהעלם לנו ידיעה קטנה
בינתים, נחשכה בעדינו כל החכמה כולה, משום שכל עניניה קשורים חזק זה
בזה ומתלכדים לאחד ממש.

ומעתה אין שום תמיהא עליהם במה שמשתמשים לפעמים בכינוים זרים, כי
אין להם חירות של בחירה בכינויים להחליף ולהמיר רע בטוב או טוב ברע,
אלא שמוכרחים תמיד להביא אותו הענף בדיוק או המקרה המורה באצבע על
שורשו העליון בכל השיעור הנחוץ לענין, וגם מוכרחים להרחיב הדברים, עד
שיספיקו להגדרה מדוייקת לעיני חבריהם המעיינים.

131

Artículo sobre la Sustancia y la Forma en la Sabiduría de la Kabbalah

La ciencia en general tiene dos divisiones. La primera es llamada el conocimiento de la sustancia y la segunda es llamada el conocimiento de la forma. No hay nada en el mundo que no consista de sustancia y forma. Por ejemplo: la madera es la sustancia de la mesa y la figura de la mesa es la forma. La sustancia, la madera, es la base para la forma que es la mesa. De manera similar, la palabra mentiroso tiene sustancia, una persona, y la mentira misma es la forma. La sustancia, que es la persona, es la base para la forma que es la mentira, significando: alguien que está acostumbrado a las mentiras. Lo mismo es verdad de todas las cosas.

La ciencia, que por su naturaleza trata los detalles de la realidad, está también dividida en dos divisiones: el conocimiento de la sustancia y el conocimiento de la forma. El conocimiento de la ciencia que se ocupa de la naturaleza de las sustancias de la realidad con o sin forma es llamado Conocimiento de la Sustancia. Este conocimiento está basado en la experiencia, esto es: en pruebas y analogías tomadas de la experiencia práctica. Estas experiencias están tomadas como una base segura para conclusiones verdaderas.

La segunda división de la ciencia se ocupa de las formas abstractas de las sustancias sin ocuparse de las sustancias mismas. Ellas eliminan los aspectos de verdad o falsedad en la forma de la sustancia, que son las personas que las llevan. Los científicos se ocupan solamente de los valores de importancia, o falta de ellos, en estas formas de verdad y falsedad, como ellas pueden ser, cada una de acuerdo con su verdadera esencia simple, como si no fueran abarcadas por alguna sustancia. Esta es llamada Conocimiento de la Forma.

מאמר החומר והצורה שבחכמת הקבלה

המדע בכללו מתחלק לשני חלקים: האחד נקרא השכלה חומרית, השני נקרא השכלה צורתית, פירוש, אין לך מהות בכל המציאות שלפנינו שלא יהיה מובן בו חומר וצורה. למשל, השלחן יש לו חומר דהיינו עץ, ויש לו צורה שהיא הצורה של השלחן, אשר החומר שהוא העץ נושא לזאת הצורה שהוא השלחן. וכן מלת שקרן, הרי יש לו חומר שהוא האדם ויש לו צורה שהוא השקר, אשר החומר שהוא האדם נושא לזאת הצורה של שקר, דהיינו הרגיל לדבר שקר, וכן הוא בכל דבר.

ולפיכך, גם המדע הנושא ונותן בפרטי המציאות מתחלק אחריהם ג"כ לב' חלקים: להשכלה חומרית ולהשכלה צורתית, אשר חלק המדע הנושא ונותן בטיב החומרים של המציאות הן בהחומרים בלבדם בלי צורתם והן בחומרים וצורתם ביחד, נבחן בשם "השכלה חומרית", וההשכלה זו מיוסדת על בסיס נסיוני, דהיינו על ראיות והקשים הלקוחים מפי הנסיון השמושי, שהניסיונות המעשיים הללו לקוחים אליה לבסיס בטוח אל מסקנות אמתיות.

וחלקו השני של המדע הנושא ונותן רק בצורות מופשטות מן החומרים בלי שום מגע של משהו עם החומרים גופם, כלומר שהמה פושטים הצורות אמת ושקר מן החומרים שהמה האנשים הנושאים אותן, וכל עסקיהם בהשכלה הוא אך להשכיל ערכים של חשיבות ופחיתות וכדומה בצורות הללו של אמת ושקר כמות שהם לפי עצמם במערומיהם, וכמו שלא היו מעודם מלובשים באיזה חומר, והוא הנקרא בשם "השכלה צורתית".

Este conocimiento no está basado en alguna experiencia práctica, porque las formas abstractas como estas no entran en la experiencia práctica. Ellas no son parte de la realidad práctica. La forma abstracta es tomada solamente de la imaginación. Solamente la imaginación puede formarla, aunque no es la realidad práctica. Por lo tanto, todo conocimiento científico de este tipo está construido solamente sobre la base de un profundo proceso de pensamiento. No es tomado de la experiencia práctica, sino solamente del 'toma y daca' de un profundo proceso de pensamiento. Toda la más elevada filosofía es de este tipo. Por lo tanto, una gran porción de los pensadores modernos la han abandonado. Ellos no están satisfechos con el 'toma y daca' construido en el profundo proceso de pensamiento, porque en su opinión, esto crea una base incierta. Ellos consideran solamente una base práctica como cierta.

La Kabbalah también está dividida en las mismas dos categorías: El estudio de lo material y el estudio de lo abstracto. Pero hay una distinción mayor entre la Kabbalah y la ciencia secular. En la Kabbalah, aun el estudio de la forma está construido enteramente sobre un estudio de entendimiento práctico, esto es: una base de experiencia práctica.

והשכלה זו, איננה מיוסדת על בסיס נסיוני מעשי, כי צורות מופשטות כאלו אינן באות במעשיות נסיונית, מפני שאינן כלל במציאות הממשית, כי צורה מופשטת כזאת לקוחה רק מפרי הדמיון, כלומר, שרק הדמיון יכול לצייר אותה אע"פ אף על פי שאינה במציאות הממשית, ולפיכך כל השכלה מדעית ממין זה מיוסדת בהכרח רק על בסיס עיוני בלבד, דהיינו שאינו לקוח מפי הנסיון השמושי אלא רק מתוך המחקר של משא ומתן עיוני בלבד. וכל הפילוסופיה הגבוהה שייכת למין הזה. ולפיכך חלק גדול מהמשכילים המודרניים שמטו ידיהם הימנה, מפני שאינם מרוצים מכל משא ומתן הבנוה על בסיס עיוני שלדעתם הוא בסיס בלתי בטוח, כי רק את הבסיס הנסיוני מחשיבים לבטוח כנודע.

והנה גם חכמת הקבלה מתחלקת תחת ב' החלקים הנ"ל, שהם השכלה חומרית והשכלה צורתית, אולם יש כאן הפלאה יתירה על המדע החילוני, כי כאן אפילו החלק של ההשכלה הצורתית נבנה כולו על בקורת התבונה המעשית, דהיינו על בסיס נסיוני שמושי.

Artículo sobre la Paz

Un Estudio Científico, Experiencial, Concerniente a la Necesidad de la Obra de Dios

a) La Discrepancia y Contradicción de la Divina Providencia
b) La Necesidad de ser Cuidadoso con Respecto a la Divina Providencia
c) La Prueba de la Obra del Creador Basada en la Experiencia
d) Explicación de la Mishná: "Todo está Dado en Prenda y una Red es Extendida Sobre toda la Vida"
e) La Rueda del Cambio de Forma

"Y el lobo morará con el cordero, y el leopardo yacerá con el cabrito; y el ternero y el cachorro del león y el cebón juntos; y un niñito los conducirá…".

"Y sucederá en ese día, que Dios tenderá su mano por segunda vez para recobrar el remanente de su pueblo, al que dejó, de Asiria, y de Egipto, y de Patros, y de Cush, y de Elam, y de Shinar, y de Jamath, y de las islas del mar" (Isaías 11:6-11).

Rav Shimón Ben Jalafta dijo: "El Santísimo, bendito Sea Él, no encontró una vasija mejor para contener la bendición para Israel que la paz, como está escrito: 'Dios dará fuerza a Su pueblo; Dios bendecirá a Su pueblo con la paz'" (final de *Tratado Uktsin*).

Ahora yo he explicado en mis artículos anteriores la forma general de la obra de Dios, que toda su esencia es no más y no menos que el amor al prójimo de uno. Hablando prácticamente, esto debe ser definido como "compartir con los demás", esto es: cuando pensamos acerca de la parte

מאמר השלום

מחקר מדעי על בסיס נסיוני בדבר החיוב של עבודת השי"ת

א. הנגוד והסתירה בדבר ההשגחה.
ב. חיוב הזהירות בחוקי הטבע.
ג. הוכחת עבדותו ית' מפי הנסיון.
ד. באור המשנה: הכל נתון בערבון ומצודה פרוסה על כל החיים.
ה. גלגל שנוי הצורה.

וגר זאב עם כבש ונמר עם גדי ירבץ ועגל וכפיר ומריא יחדיו
ונער קטן נהג בם וכו'.

והיה ביום ההוא יוסיף ה' שנית ידו לקנות את שאר עמו אשר ישאר מאשור
וממצרים ומפתרוס ומכוש ומעילם ומשנער ומחמת ומאיי הים
(ישעיה י"א, ו' - י"א).

אמר רבי שמעון בן-חלפתא "לא מצא הקב"ה כלי מחזיק ברכה לישראל אלא
השלום שנאמר ה' עוז לעמו יתן ה' יברך את עמו בשלום". (סוף מסכת עוקצין).

אחר שבארתי במאמרים הקודמים את צורתה הכללית של עבודתו ית' וית',
שכל מהותה איננה לא פחות ולא יותר מאשר אהבת זולתו, אשר מהבחינה
המעשית ראוי להגדירה בשם "השפעה לזולתו" כלומר שבהתחשבות של חלק
המעשה של אהבת זולתו, נמצאת מצוירת לנו רק בענין השפעות טובות לזולת,

137

práctica de "amar a los demás" pensamos en compartir la bondad con los demás. Por lo tanto, la parte práctica de "amar a los demás" debe ser definida como "compartir con los demás". De esta manera nos aseguramos de que no olvidamos la intención detrás de esto. Y ahora que conocemos la forma correcta de Su labor, debemos mirar si tomamos esta labor solamente por fe, sin ninguna base científica, experiencial, o si hay una base experiencial para esto. Esto es lo que deseo probar en el siguiente artículo.

Para empezar, por supuesto, debo hacer suficiente prueba del sujeto mismo. ¿Quién es el que recibe nuestra obra? Sin embargo, hace mucho que yo no soy uno de esos que aman la filosofía formal, porque odio toda clase de estudios basados en la teoría. Y como sabemos, la mayoría de mis contemporáneos están de acuerdo conmigo en esto, debido a que estamos demasiado familiarizados con esta clase de bases, que tiene un fundamento inestable, porque cuando se sacude, el edificio entero se colapsa. Por lo tanto, yo no intento hablar una sola palabra que no esté basada en la crítica del razonamiento práctico. Empezamos con hechos simples que son imposibles de refutar y continuaremos probando cada etapa de nuestra línea de pensamiento analíticamente hasta que el sujeto primario esté determinado. Luego examinaremos sintéticamente (el contraste y comparación por medio de tales medios como la analogía y la deducción) cómo la labor de Dios es probada y confirmada a través del simple reconocimiento práctico.

a) La Discrepancia y Contradicción de la Divina Providencia

Cualquier persona inteligente que ve la realidad puesta frente a ella encontrará en esta dos opuestos diametrales. Cuando examinamos el orden de la Creación en términos de su realidad y permanencia, vemos claramente una fuerza impulsora dirigida sabiamente con gran habilidad, tanto en términos de la manera en que los componentes de la realidad

לפיכך ראוי להגדיר אהבת זולתו בשם של השפעה לזולתו, המוכשר ביותר לתוכנה המכוון להבטיח לנו שלא לשכוח את הכוונה. ואחרי שידענו את צורת עבדותו ית' לנכון, יש לנו לחקור, אם העבודה הזאת מקובלת עלינו רק באמונה, בלי שום בסיס מדעי נסיוני או שיש לנו גם בסיס נסיוני לדבר זה, וזהו מה שאני רוצה להוכיח במאמר שלפנינו.

והנה מתחילה כמובן צריך אני להוכיח היטב את הנושא עצמו, כלומר, מי הוא המקבל את עבדותנו? אולם מתוך שאינני מן אוהבי הפלוסופיא הצורתית, כי אני שונא לכל מיני מחקרים הנבנים על בסיס עיוני, וכידוע גם רוב בני דורי מסכימים עמי בדבר זה, כי מנוסים אנו יותר מדאי בבסיסים ממין זה, שהמה יסודות רעועים ונע היסוד ממקומו נופל כל הבנין, לפיכך לא באתי כאן לדבר אף מלה אחת אלא רק מתוך בקורת התבונה הנסיונית. החל מן ההכרה הפשוטה שאין עליה חולק הלוך והוכח בדרך אנאליטי עד שנבוא אל קביעת הנושא העליון. ומבחינת המבחן הזה נחזור ונבוא בדרך סינטתי (סינטתי: האיחוד והקשר בין הדברים כמו ההקש והקל וחומר) איך עבדותו ית' מתאשרת ומתאמתת מתוך ההכרה הפשוטה מהבחינה המעשית.

א. הניגוד והסתירה בדבר ההשגחה

הנה כל בר דעת המסתכל במציאות הערוכה לעינינו, מוצא בה ב' הפכים מקצה אל הקצה. כי כשמסתכלים בסדרי הבריאה מבחינת מציאותה ועמידתה, הרי בולטת לעינינו הנהגה מאושרה עד להפליא בחכמה עמוקה וכשרון רב. הן להתהוות חלקי המציאות והן בהבטחת קיומו בדרך כללי. ונקח לדוגמא, סדרי הויה למציאות מין האדם, והנה האהבה והעונג של המולידים מוכנה לו

están formados como de la manera en que su existencia continua está asegurada en general. Tomemos, por ejemplo, la manera en que el ser humano está formado, en la cual vemos que el amor y el placer de los padres son una causa primaria obvia inquebrantable y fiel a su propósito. Cuando la gota original es liberada del cerebro del padre, la Providencia la provee de un lugar seguro, preparado con gran sabiduría para recibir el espíritu viviente. La Providencia también la provee de su diario sustento en las cantidades precisas, y la Providencia también la provee de un colchón maravilloso en el vientre de la madre para que ninguna fuerza externa pueda dañarla.

La Providencia se ocupa de cada necesidad de ella como una niñera experta y no la abandona ni por un momento hasta que ha adquirido la fuerza para entrar en la atmósfera de nuestro mundo. Luego la Providencia le presta la fuerza y el coraje para echar abajo las barreras que la rodean, y como un guerrero experimentado crea una brecha y sale al aire del mundo. Aún entonces, la Providencia no la abandona, y como una madre compasiva entrega al hijo o hija a las manos de personas amorosas, confiables —la madre y el padre— que lo (la) ayudan a través del período de debilidad hasta que crece lo suficientemente fuerte para cuidar de sí mismo (a). Y así como en el humano, esto también es verdad de todos los animales y plantas y minerales; todos ellos son provistos con sabiduría y compasión hasta que su capacidad de sobrevivir y propagarse está asegurada.

Sin embargo, cuando uno examina esta realidad en términos de su sustento y mantenimiento, desórdenes obvios y grandes confusiones se vuelven aparentes, como si no hubiera poder directivo ni Providencia. Cada persona hace como le parece apropiado y construye sobre las ruinas de su prójimo, y los perversos triunfan mientras que los rectos son aplastados sin misericordia, etc. Sabe que esta contradicción que es obvia a todo ser inteligente y sensible ha preocupado a la humanidad desde los tiempos antiguos, y muchos sistemas han sido usados para reconciliar

לסבה ראשונה, אשר היא בטוחה ונאמנה מאד לתפקידה, וכשהטיפה היסודית נעקרת ממוח האב, ההשגחה הזמינה בעדה מקום בטוח מסודר בחכמה רבה המכשירה לקבלת רוח חיים, ושמה ההשגחה מחלקת לו לחם חוקו דבר יום ביומו במדה מדויקת, גם מצעות נפלאות הכינה לו ההשגחה בבטן אמו, באופן שכל זר לא יזיק לו.

וכן מטפלת עמו בכל צרכיו כמו אומנת מנוסה לא תשכחהו רגע עד שירכוש לו חיל וכח לצאת לאויר עולמנו, אשר אז ההשגחה משאלת לו כח וגבורה לזמן קצר, באופן שיספיק לו לשבור החומות המקיפות אותו, וכמו גבור מזוין מנוסה ורגיל הולך ופורץ לו פתח יציאה ויוצא לאויר העולם. וגם אז ההשגחה לא סרה מעליו, וכמו אם רחמניה דואגת לו להביאהו לאוהבים נאמנים כאלו, שאפשר לבטוח עליהם שנקראים אבא ואמא, שיעזרוהו כל ימי חולשתו עד שיגדל ויוכל לשמור על קיומו בכחו עצמו. וכמו האדם כן כל בעל חיים וכן הצומח והדומם כולם מושגחים בתבונה וברחמים עד להבטיח את מציאותו עצמו ולהשתלשלות מינו אחריו.

אמנם המסתכלים מבחינת הכלכלה והכשרת הקיום של אותה המציאות, הרי בולטים לעינים אי סדרים ובלבולים גדולים, כמו שלא היה כאן שום מנהיג ושום השגחה, ואיש הישר בעיניו יעשה, וכל אחד בונה על חורבנו של חברו, ורשעים השיגו חיל וצדיקים נרמסים באין חמלה וכו'. ודע, אשר ההפכיות הזאת הנמצאת ערוכה לעיני כל מרגיש ומשכיל העסיקה את האנושות עוד מימים קדמונים,

a estos dos opuestos que son aparentes en la Providencia y coactúan y coexisten en el mismo mundo.

Sistema Uno: La Naturaleza

Este es un sistema muy antiguo, basado en la observación que los dos opuestos son totalmente imposibles de reconciliar. Se alcanzó la suposición de que lo que sea que haya creado todo esto, y mantiene la existencia con gran poder y provee para cada aspecto de ello, no es un ser inteligente y sensible. Y aunque haya creado y mantenga la existencia con sabiduría asombrosa, muy milagrosa, aún así es sin conciencia y no hizo todo esto a sabiendas. Ya que si fuera consciente y sensible, seguramente no permitiría tales desórdenes en los términos del sostenimiento de la existencia sin misericordia o compasión para todas sus creaciones. Y fueron por lo tanto llamados: "Naturaleza", significando un proveedor no inteligente e insensible. Por lo tanto, aquellos que creen esto no tienen un concepto de un poder superior con quien puedan quejarse o a quien puedan rezar, o con quien puedan justificarse.

Un Segundo Sistema: Dos Poderes

Hay aquellos que fueron más inteligentes, porque era duro para ellos aceptar esta suposición de la Providencia de la Naturaleza, ya que a través de su observación de la Providencia como una realidad cuya existencia continua está asegurada por una sabiduría superior más allá de la capacidad humana, no aceptaban que una fuerza no inteligente haya creado y mantenga todo esto. ¿Cómo puede alguna cosa dar algo que esta misma no contiene? y ¿cómo puede alguno que es ignorante enseñar y hacer sabio a su semejante? Y por lo tanto, ¿cómo puedes decir que quien sea que haya creado tales cosas asombrosas no sabe lo que está haciendo y solamente lo hizo por casualidad, cuando está claro que nada arreglado ordenada y sabiamente puede aparecer por casualidad, ni qué hablar de asegurar que algo tiene existencia eterna? De esto viene el segundo sistema: que hay dos poderes creativos y providentes: uno que

ושיטות רבות היו להם, כדי לתרץ את ב' ההפכים האלה הנראים בהשגחה, אשר משמשים בעולם אחד.

שיטה א' היא: הטבע

שיטה זו היא שיטה קדמונית מאד, כי מתוך ב' הפכים אלו שמצאו בולט לעיניהם לבלי שום דרך ומבוא איך לקרבם זה אל זה, באו לכלל הנחה אשר הבורא והממציא את כל אלה, המשגיח בכח חזק על קיום מציאותו שלא יתבטל אף משהו הימנו, אינו כלל בעל שכל ומרגיש, ולפיכך, אף שממציא ומשגיח על קיום המציאות בחכמה נפלאה הפלא ופלא, עם כל זה הוא עצמו חסר דעה ושלא מדעת יעשה כל זאת, כי אם היה בו דעת והרגשה ודאי שלא היה מניח קלקולים כאלה בדרכי כללות המציאות בלי שום חמלה ורחמים על המעונים, ולפיכך כנוהו בשם "טבע", כלומר משגיח החסר דעה והרגש ולפיכך אין כל לדעתם, על מי להתרעם או להתפלל או להצטדק לפניו.

שיטה ב' היא: ב' רשויות

יש שהחכימו יותר,כי היה קשה להם לקבל את ההנחה הזאת של השגחת הטבע, משום שמתוך שראו השגחת הויות המציאות המובטחת לקיומה בחכמה עמוקה למעלה מכל פסגה האנושית, לא יכלו להסכים שהמשגיח על כל אלה יהיה בעצמו חסר דעה, כי כלום יש לך נותן מה שאין בו, וכלום יש לך מלמד ומחכים לחברו בעוד שהוא עצמו טפש, ואיך אפשר לומר על מי שמסדר לפנינו מעשים בחכמה נפלאה הפלא ופלא, שאינו יודע מה הוא עושה אלא במקרה הוא עושה כך, בעת שגלוי לכל שאין המקרה יכול לסדר שום מעשה מסודר בסדרי החכמה ולא עוד אלא גם להבטיח לו סדר קיומי נצחי. ומשום

crea y mantiene lo bueno, y otro que crea y mantiene lo malo. Y este sistema ha sido extendido a través de la evidencia y las pruebas de acuerdo con su forma de pensamiento.

Un Tercer Sistema: Deidades Múltiples

Este sistema vino del sistema de los dos poderes. Aquellos que creían en este, dividían y separaban cada fuerza sola y cada simple acto, tal como fuerza, riqueza, poder, belleza, hambre, muerte, destrucción etc., y apuntaron a cada uno con su propio creador y proveedor individual, y se extendían en esto de acuerdo a su voluntad.

Un Cuarto Sistema: Él abandonó a Su Creación

En los tiempos recientes, cuando la gente ha aprendido más y observado la fuerte interconectividad de todos los diferentes aspectos de la Creación, han reconocido que la idea de múltiples deidades no es posible, y por lo tanto, el asunto de la discrepancia obvia de la Providencia ha surgido una vez más. De esto, llegaron a un nuevo sistema: Cualquier Poder que creó y mantiene la existencia es inteligente y sensible. Sin embargo, dado que este Poder es superior a todo lo imaginable, nuestro mundo es tan minúsculo e insignificante como un grano de arena a Sus ojos. Y Él no tiene interés en tratar con nuestros asuntos insignificantes. Es por esto que nuestras vidas son tan caóticas, y cada quien hace lo que quiere con la ley y el orden.

Junto con los sistemas mencionados arriba, otros sistemas religiosos han sido adoptados involucrando la unidad de Dios. Este no es el lugar para tratar con ellos, ya que yo solamente quise explicar las fuentes de los sistemas falaces y suposiciones cuestionables que eran comunes en varias épocas y en varios lugares, como bien sabemos. Ahora hemos aprendido la base sobre la cual estos sistemas estaban fundamentados, que vino de la discrepancia y contradicción entre los dos tipos de Providencia que

זה באו להנחה שניה, אשר יש כאן שני משגיחים וממציאים: אחד בורא ומקיים את הטוב ואחד בורא ומקיים את הרע. והרחיבו מאד שיטה זו בראיות ומופתים על דרכם.

שיטה ג' היא: רבוי אלהיות

שיטה זו נולדה מתוך חיקה של שיטת ב' רשויות, כי חילקו והפרידו את כל פעולה ופעולה מפעולות הכלליות לפי עצמה, דהיינו, הכח, העושר, השליטה, והנוי, הרעב, המות והמהומות וכדומה, ומינו על כל אחד מהם ממציא ומשגיח מיוחד. והרחיבו הדבר לפי חפצם.

שיטה ד': עזב פעולתו

לאחרונה, כאשר רבתה החכמה וראו את הקשר החזק בין כל חלקי הויות הבריאה, הכירו את ענין ריבוי אלהיות לדבר נמנע לגמרי, ולפיכך שוב נתעוררה שאלת ההפכיות המורגשת בהשגחה, ומתוך זה הניחו הנחה חדשה, אשר באמת הממציא והמשגיח על קיום המציאות הוא חכם ומרגיש, אולם מתוך רוממותו, שהוא למעלה מכל ערך, נמצא העולם שלנו כגרגיר חרדל וכאפס בעיניו, ואינו כדאי לו לטפל עמנו בעניינו הקטנטנים, ולפיכך נמצאת כלכלתנו כל כך מקולקלת, וכל הישר בעיניו יעשה.

והנה יחד עם השיטות הנ"ל בזמן אחד, שלטו ג"כ גם כן שיטות דתיות מבחינת האחדות האלקית, שאין כאן המקום לעסוק בהם, כי רק רציתי לבאר המקוריות שממנו נלקחו כל מיני השיטות המקולקלות וההנחות המתמיהות, שהיתה להם שליטה והתפשטות גדולה בזמנים ומקומות שונים, כידוע. ונמצינו למדים הבסיס שעליו נבנו כל השיטות האמורות, שנולד ויצא מתוך הניגוד וסתירה

observamos en nuestro mundo, y el propósito de todas estas explicaciones era puentear esta gran grieta.

Sin embargo, el mundo sigue adelante como quiere. No solamente esta grieta grande y terrible no ha sido puenteada, sino que por el contrario, ha crecido más grande ante nuestros mismos ojos, convirtiéndose en un abismo terrible sin que se vea alguna esperanza de escape. Cuando veo que todos los intentos de liquidar esta cuestión que la humanidad ha usado durante miles de años, como mencioné previamente, han sido infructuosos, pregunto: ¿Puede ser que nosotros no debemos para nada pedir a la Providencia que puentee esta grieta? ¿Puede ser que este gran arreglo esté en nuestras propias manos?

b) La Necesidad de ser Cuidadoso con Respecto a la Divina Providencia

Todos nosotros estamos bien conscientes de que el ser humano es necesariamente una criatura social. Los humanos no pueden sobrevivir excepto con la ayuda de la sociedad. Así, imagínese, por ejemplo, a algún individuo abandonando a la sociedad y yendo a algún lugar deshabitado, donde vive una vida de pena y gran aflicción debido a su falta de habilidad para protegerse y cubrir sus necesidades. No tendría derecho a quejarse acerca de la Providencia o de su suerte, y si lo hiciera, si se quejara acerca de su destino maldito, solamente haría obvia su propia necedad, porque la Providencia lo ha provisto con un deseable lugar cómodo entre la sociedad y no tiene justificación para dejarlo por un lugar desolado. Tal persona no debe ser tratada con misericordia por ir contra las Leyes de la Naturaleza ya que él sabía que podría vivir como la Providencia tenía la intención, y por lo tanto, no debemos sentir misericordia hacia él y no hay compasión para él. Toda la humanidad está de acuerdo con esto sin excepción.

מבין ב' מיני ההשגחות המורגשות בעולמנו, אשר כל השיטות הללו לא באו אלא לאחות את הקרע הגדול הזה.

אולם עדיין עולם כמנהגו נוהג, והקרע הגדול והנורא הזה לא לבד שלא נתאחה אלא להיפך שהולך ומתרחב לעינינו לתהום נורא מאד מבלי לראות ולקוות עוד לאיזה מוצא ומפלט ממנו, ובהביטי על כל אלו הנסיונות האמורים לעיל שהשתמשו בהם האנושות כמה אלפי שנה עד הנה ולא הועילו, הריני שואל, אולי אין לבקש כל עיקר את תיקון הקרע הזה מצד המשגיח אלא כל התיקון הגדול הזה מצוי בידינו עצמנו?

ב. חיוב הזהירות בחוקי הטבע

כולנו רואים מתוך הכרה פשוטה אשר מין האדם מוכרח לחיי החברה, כלומר, שלא יוכל להתקיים ולהתכלכל זולת ע"י עזרת החברה, ולפי זה צא ודמה לך את המאורע הזה, למשל, אם יארע לפנינו איזה יחיד הולך ופורש את עצמו מהחברה למקום שאין שם איש, והוא חי שם חיי צער ויסורים גדולים משום חולשתו לספק לעצמו את צרכיו, הרי שאין לו שום רשות להתרעם על ההשגחה או על גורלו, ואם הוא עושה זאת, דהיינו שמתרעם ומקלל את גורלו המר, אינו יותר רק מכריז ומפרסם את טפשותו, כי בעת שההשגחה הכינה לו מקום נוח ורצוי בין החברה אין לו הצדק לפרוש ממנה למקום שמם, ועל אדם כזה אסור לרחם להיותו הולך נגד טבע הבריאה, והיות שיש לו עצה לחיות כפי אשר גזרה עליו ההשגחה, וע"כ *ועל כן* הוא נטול הרחמים. והמשפט הזה מוסכם מכל חברי האנושות לבלי חולק.

Yo puedo seguir y dar razones para esto basadas en la religión, y hacer una regla como sigue: Dado que el mantenimiento de la Creación viene del Creador, y sin duda alguna, Él tiene un propósito para Sus actos, no hay acción sin un propósito. Vemos que cualquiera que transgrede las Leyes de la Naturaleza que Él instiló en nosotros interfiere con este propósito. Este propósito está indudablemente fundamentado en todas las Leyes de la Naturaleza sin excepción, como corresponde a un trabajador sabio quien es riguroso y escrupuloso con todos los actos necesarios para su propósito. Y vemos que cualquiera que interfiere con una ley interfiere con y daña al propósito que el Creador ha puesto. Por lo tanto, la Naturaleza lo castiga. Y por lo tanto, nosotros, como criaturas del Creador, no debemos sentir misericordia por él, ya que profana las Leyes de la Naturaleza y se burla del propósito del Creador. Este es mi punto de vista.

Y no pienso que valga la pena estar en desacuerdo conmigo acerca de la manera en que escribí esta regla ya que es una regla universal. ¿Cuál es la diferencia entre decir que el proveedor no tiene inteligencia ni propósito, y decir que el proveedor es maravillosamente sabio y conocedor y sensible y sus acciones tienen un propósito, cuando al final cada uno admite y está de acuerdo en que todos estamos obligados a apoyar este precepto de la Providencia, significando las Leyes de la Naturaleza? Todos admitimos que uno que transgrede los Preceptos de la Providencia, significando las Leyes de la Naturaleza, merece el castigo que la naturaleza le inflige, y nadie debe tener compasión de él.

Todo esto es una regla, y solamente no estamos de acuerdo sobre el motivo: en que ellos consideran que el motivo es esencial, y yo considero que es un medio para llegar al final. De manera que no tengo que usar estas dos diferentes palabras de aquí en adelante: "Naturaleza" y "Providencia", cuyas leyes son idénticas como lo he probado; debemos estar de acuerdo y aceptar las palabras de los kabbalistas: Las palabras "la Naturaleza" (*Hateva*) y "Dios" (*Elohim*) tienen el mismo valor numérico: 86. Ahora

ואני יכול להוסיף ולהטעים את הדבר על בסיס דתי וליתן לו צורת משפט כזה - כיון שהשגחת הבריאה נמשכת מהבורא ית' שבלי ספק יש לו איזו מטרה בפעולתו, כי אין לך פועל בלי תכלית, נמצא שכל העובר על איזה חוק מחוקי הטבע אשר הטביע לנו, הריהו מקלקל את המטרה התכליתית, כי המטרה נבנית בלי ספק על כל חוקי הטבע ביחד אחד לא נעדר כמו שניאות לפועל חכם, שלא יחסיר ולא יעדיף כחוט השערה על פעולותיו המוכרחות אל המטרה. ונמצא אשר המקלקל חוק אחד הרי הרי קלקולו פוגע ומזיק במטרת התכלית אשר הציב השי"ת השם יתברך, ולכן יענישהו הטבע. ולפיכך, גם אנו בראוי השי"ת אסור לנו לרחם עליו, כי חוקי הטבע הוא מחלל ומטרת השי"ת הוא בוזה. וזוהי צורת המשפט לדעתי.

ואני חושב שאינו כדאי למי שהוא לחלוק עלי, על הצורה הזו שנתתי למשפט, מתוך שדברי המשפט אחד הם, כי מהו החילוק אם אומרים אשר המשגיח נקרא טבע דהיינו חסר דעה וחסר תכלית או לומר אשר המשגיח הוא חכם נפלא יודע ומרגיש ויש לו תכלית במעשיו, כי סוף סוף כולנו מודים ומסכימים, שמוטל עלינו החוב הזה לקיים את מצות ההשגחה, כלומר, חוקי הטבע, וכולנו מודים שהעובר על מצות ההשגחה, כלומר על חוקי הטבע, ראוי וכדאי לקבל את העונש אשר יענישהו הטבע, ואסור למי שהוא לרחם עליו.

הרי שאופי המשפט אחד הוא, ואין חילוק בינינו רק במוטיב, שלדעתם המוטיב הוא הכרחי, ולדעתי הוא מטרתי, וכדי שלא אצטרך מכאן ואילך להביא את ב' הלשונות הללו, דהיינו, טבע ומשגיח, אשר אין שום חילוק בקיום החוקים כמו שהוכחתי, ע"כ מוטב לנו לבוא לעמק השווה ולקבל את דברי המקובלים, אשר "הטבע" עולה בחשבון [גימטריה] "אלהים", דהיינו, במספר פ"ו (86), ואז אוכל

puedo llamar a las Leyes de Dios los Preceptos de la Naturaleza, y viceversa, ya que son idénticas. Pero no desperdiciaré palabras en esto.

Ahora: nos es muy importante examinar los Preceptos de la Naturaleza para entender lo que esta demanda de nosotros para que no seamos castigados sin misericordia. Hemos mencionado que la Naturaleza obliga al hombre a vivir una vida social, y esto es simple, pero debemos examinar los Preceptos a los que la Naturaleza nos obliga en términos de vida en sociedad. Cuando examinamos esto en general, vemos que hay solamente dos Preceptos que debemos honrar en términos de sociedad, que pueden ser definidos como "recibir" y "compartir". Esto es: cada miembro de la sociedad está obligado por la Naturaleza a satisfacer sus necesidades de la sociedad, y también está obligado a compartir con la sociedad a través de su trabajo para beneficio de la sociedad. Si transgrede uno de estos dos Preceptos, será castigado sin misericordia, como se mencionó antes.

En los términos del Precepto de recibir, no tenemos que mirar demasiado lejos, ya que el castigo es infligido inmediatamente, de modo que no debemos descuidar esto. Sin embargo el Segundo Precepto, compartir con la sociedad, en el cual el castigo no llega inmediatamente, nos es infligido desproporcionadamente. Es por esto que este precepto no es guardado apropiadamente, y por qué la humanidad está siendo frita sobre el fuego en una terrible sartén; y por qué la guerra y el hambre y sus consecuencias no han cesado todavía. La cosa asombrosa acerca de esto es que la Naturaleza, como un juez con experiencia, nos castiga en proporción a nuestro desarrollo, y podemos ver que cuanto más la humanidad progresa, más aumentan las aflicciones y los dolores que debemos atravesar para sustentarnos y sobrevivir.

Ahora tenemos un claro, experiencial, fundamento científico para ver que estamos obligados por la Divina Providencia a cumplir el precepto de compartir y beneficiar a nuestro prójimo con toda nuestra fuerza y hasta

לקרות את חוקי אלקים בשם מצות הטבע, או להיפך, כי היינו הך הם, ולא נאריך במלות על לא דבר.

ומעתה חשוב לנו מאד להסתכל במצות הטבע לידע מה היא דורשת מאתנו פן תעניישנו בלי חמלה כנודע, והנה אמרנו אשר הטבע מחייב למין האדם לחיות חיי חברה, וזה פשוט, אולם יש לנו להסתכל במצות אשר הטבע מחייב אותנו לעשות מתוך הבחינה ההיא, דהיינו, מבחינת חיי החברה, וכשנסתכל בדרך כללית, יש לנו לעסוק בתוך החברה רק בשתי מצות, שאפשר להגדיר אותן בשם "קבלה" ו"השפעה", דהיינו שכל חבר מחויב מצד הטבע לקבל צרכיו מהחברה, וכן מחויב להשפיע ע"י עבודתו לטובת החברה ואם יעבור על אחת מב' המצוות הללו יענש מבלי רחמים כאמור.

והנה במצות הקבלה, אין אנו צריכים להסתכלות מרובה, משום שהעונש נגבה תיכף ומיד, ומשום זה לא יארע לנו שום הזנחה. אולם, במצוה השניה שהיא "השפעה לחברה" אשר העונש לא יגיענו תיכף, ולא עוד אלא שגם העונש מגיע אלינו ביחס בלתי ישר, לפיכך אין המצוה הזאת נשמרת כהלכתה, ולפיכך מטוגנת האנושות על האש במרחשת איומה, והחרב והרעב ותולדותיהם לא פסקו ממנו עד הנה. והפלא שבדבר, אשר הטבע כמו שופט בעל מקצוע מעניישנו על פי ההתחשבות עם התפתחותינו, כי עינינו הרואות, שבאותו שיעור שהאנושות הולכת ומתפתחת כן יתרבו עלינו העניים והמכאובים בהשגת כלכלתנו וקיומנו.

הרי לעיניך בסיס מדעי נסיוני, שנתטויונו מצד השגחתו ית' לקיים בכל מאודנו את המצוה של "השפעה לזולתו" בתכלית הדיוק. באופן, ששום חבר מאתנו לא ימעיט מלעבוד בכל השיעור המובטח להצלחת החברה ולאושרם, וכל עוד

el más fino detalle. Cada miembro de la sociedad no debe tardar y debe dar su máximo para asegurar el éxito y la prosperidad y la felicidad de la sociedad, y en tanto continuemos en ser negligentes en el cumplimiento de este Precepto al máximo, la Naturaleza continuará en no dejar de castigarnos y ejercer su desquite. Y juzgando por los males que nos plagan hoy, debemos tomar en consideración que el caos nos espera en el futuro. Debemos llegar a la conclusión que, al final, la Naturaleza ganará y seremos forzados a unirnos en el cumplimiento de estos Preceptos al grado que nos es demandado.

c) La Prueba de la Obra del Creador Basada en la Experiencia

Uno que desee criticar mis palabras puede ahora preguntar: Si hasta ahora yo he probado solamente que debemos hacer la obra de humanidad, ¿cuál es la prueba de que debemos hacer la obra por amor al Creador? La Historia ya ha hecho el trabajo por nosotros, y ha provisto la prueba completa que debe bastar para convencernos y llegar a conclusiones sin dejar una sombra de duda. Todos podemos ver cómo una sociedad enorme tal como la Rusia Comunista, un país de cientos de millones, que controla un área mayor que toda Europa, con recursos naturales sin paralelo en el mundo entero, y cuyos habitantes han aceptado vivir una vida social colectiva, elimina toda propiedad privada y nadie se preocupa sino por el beneficio de los demás. Parecería que ellos han cumplido completamente el precepto de "beneficiar a nuestro prójimo" totalmente, tanto como la mente humana puede concebir.

Pero vemos lo que les pasó. En vez de elevarse y avanzar más allá del nivel de los estados capitalistas, ellos declinaron y descendieron al punto en donde no solamente no hicieron mejor la vida de sus trabajadores que aquellos de los estados capitalistas; ni siquiera aseguran que sus trabajadores tengan pan para comer y ropa para vestir su desnudez. Y es sorprendente esto,

שאנו מתעצלים לקיים את זה בכל השיעור לא תפסיק הטבע מלהענישנו וליטול נקמתה ממנו, וכפי המכות שאנו מוכים בזמננו זה עלינו גם לקחת בחשבון את החרב השלופה לעינינו על להבא, ויש להסיק מהם מסקנה נכונה, אשר סוף סוף תנצחנו הטבע, וכולנו יחד נהיה מוכרחים לעשות יד אחת לקיים מצוותיה בכל השיעור הנדרש מאתנו.

ג. הוכחת עבדותו ית' מפי הנסיון

אולם המבקר את דברי, יש לו עדיין פתחון פה לשאול כי עדיין לא הוכחתי רק שצריך לעבוד לבני אדם, אולם מאין ההוכחה המעשית שצריך לעבוד במצוה זו לשם השי"ת? על זה אמנם הטירחה בעדנו ההיסטוריה בעצמה, והכינה לנו עובדה מליאה לעינינו, שדיה ומספקת לנו להערכה שלימה ולמסקנות בלתי מפוקפקות, כי הכל רואים איך חברה גדולה כמדינת רוסיה בת מאות מליונים, שלרשותה עומד ומשמש שטח אדמה העולה על מדת אירופה כולה, עם רכוש של חמרים גלמיים שכמעט אין דוגמתו בעולם כולו, אשר המה כבר הסכימו לחיות חיי חברה שתופנית ובטלו למעשה כל קנין פרטי, וכל אחד אין לו דאגה אחרת זולת לטובת החברה, שלכאורה כבר רכשו להם כל המדה הטובה של "השפעה לזולתו" במשמעותה המלאה, ככל מה שיעלה השכל האנושי.

ועם כל זה, צא ולמד מה עלתה להם, ובמקום שהיה להם להתרומם ולהתקדם על המדינות הבורגניות, ירדו מטה מטה הולך ויורד, עד שלא לבד שאינם מוכשרים להיטיב את חיי העובדים ביותר מעט מן פועלי הארצות הבורגניות, הנה אין לאל ידם אפילו להבטיח להם את לחם חוקם ולכסות את מערומיהם.

considerando su riqueza y el vasto número de miembros de su sociedad; no tiene sentido que ellos hayan llegado a este punto.

Sin embargo, esta nación cometió una transgresión que el Creador no perdona: Todo su precioso trabajo para beneficio de la gente debió haber sido por Amor al Creador, no con el propósito de la humanidad. Y ya que ellos no hacen su labor por Amor al Creador, no tienen derecho a existir por lo que respecta a la Naturaleza. Trate de imaginar cómo sería si cada miembro de esa sociedad cumpliera los preceptos del Creador al grado de: "Y amarás al Eterno tu Dios con todo tu corazón, con toda tu alma y con toda tu fuerza" (*Deuteronomio 6:5*) y cuidara de las necesidades de su prójimo al grado que cada persona desea para sí misma, como está escrito: "Ama a tu prójimo como a ti mismo". Si el Creador fuera la meta de cada trabajador cuando trabajaba para beneficio de la sociedad, esto es: si cada trabajador esperara que a través de su trabajo merecería adherirse al Creador, la fuente de toda la verdad y el bien, el agrado y la bondad, no hay duda de que en el curso de unos pocos años ellos se habrían vuelto más ricos que todos los otros países de la Tierra puestos juntos. Habrían tomado ventaja de sus vastos recursos naturales y sido un ejemplo para todas las otras naciones, y habrían sido llamados "Bendecidos por el Creador".

Sin embargo, cuando todo el trabajo de "compartir con el prójimo" está basado solamente en la sociedad, este es un fundamento endeble. Porque ¿quién o qué puede obligar al individuo a estar motivado a trabajar más duro para el beneficio de la sociedad? Después de todo, no puede esperarse que los principios secos, muertos, sean una fuente de energía o fuerza motivadora (fuente orientada hacia una meta que motiva y mide la cantidad exacta de energía necesaria para el trabajo, como la gasolina para un carro) para motivar a la gente, aun a la gente evolucionada, ni qué hablar de las personas que no están evolucionadas. Esto genera la pregunta: ¿Dónde encuentra el obrero o granjero la motivación para

ובאמת עובדה זו מפליאנו בהרבה, כי לפי עשרה של המדינה הזאת ומרבית החברים לא היתה צריכה לכאורה על פי שכל אנושי להגיע לידי כך.

אולם חטא אחד חטאה האומה הזאת והשי"ת לא יסלח להם, והוא כי כל העבודה הזאת היקרה והנשאה שהיא "ההשפעה לזולתו" שהחלו לעבוד בה, צריכה שתהיה לשם השי"ת ולא לשם האנושות. ומתוך שעושים עבודתם שלא לשמו ית', לפיכך אין להם זכות קיום מצד הטבע עצמה, כי נסה נא ודמה בדעתך, אם כל אחד מהמחברה הזאת היה היה חרד לקיים מצות השי"ת בשיעור הכתוב (דברים, ו', ה'): "ואהבת את ה' אלקיך בכל לבבך ובכל נפשך ובכל מאדך " ובשיעור הזה היה עומד ודואג למלאות צרכי חבירו ומשאלותיו בכל השיעור המוטבע באדם למלאות משאלותיו עצמו, ככתוב ואהבת לרעך כמוך (ויקרא יט', יח), והיה השי"ת בעצמו עומד כמטרה לכל עובד, בעת עבודתו לאושר החברה, דהיינו שהעובד היה מצפה, אשר ע"י עבודתו זו ולהחברה יזכה להדבק בו ית', אל המקור של כל האמת והטוב וכל נועם ורוך, הנה אין ספק כלל, אשר במשך שנים מועטות היו עולים בעשרם על כל ארצות תבל יחד, כי אז היה לאל ידיהם לנצל את אוצרות החמרים הגלמיים אשר באדמתם העשירה, והיו באמת למופת לכל הארצות, וברוכי ד' יקראו.

אולם בעת אשר כל שיעור העבודה ב"השפעה לזולת" מתבסס על שם החברה לבד, הרי זה יסוד רעוע, כי מי ומה יחייב את היחיד להרבות תנועותיו להתייגע לשם החברה? כי מפרינציף יבש בלי חיות, אי אפשר לקוות הימנו לעולם שימציא כח תנועה (מוטיב פאוער: כח-מטרה שהוא כח הפועל ומניע לכל גוף ומודד לו כח לגיעה כתפקיד הדלק במכונה) אפילו לאנשים מפותחים ואין צריך לומר לאנשים בלתי מפותחים, וא"כ (ואם כן הועמדה השאלה, מאין יקח

trabajar? ya que la cantidad de ingreso que le es dada no dependerá del aumento o disminución de acuerdo a su labor, y no tiene meta o recompensa hacia la cual trabajar.

Los sabios en las maneras de la Naturaleza saben que una persona no hará ni el menor esfuerzo sin una motivación, esto es: sin ver algún beneficio para él mismo. Por ejemplo: cuando una persona mueve su mano de una silla a una mesa, lo hace porque piensa que disfrutará más descansando su mano sobre la mesa. Y si no pensara así, dejaría su mano inmóvil sobre la silla por todos los setenta años de su vida, sin hablar de algo más extenuante.

Y si usted dice que podrían poner capataces sobre ellos para que cualquiera que flojeara en su trabajo fuera castigado y privado de su necesitado sustento, yo preguntaría: ¿dónde encontrarían los capataces la motivación para su trabajo? Porque estar de pie en un lugar determinado y forzar a la gente a trabajar es quizá aún más extenuante que el trabajo mismo. Es como tratar de arrancar un carro sin ponerle combustible. Por lo tanto, la Naturaleza los ha sentenciado a perecer, porque las Leyes de la Naturaleza los castigan, porque ellos no se obligan a cumplir sus preceptos, esto es: hacer actos de beneficio para su prójimo de la labor del Creador, para cumplir el Propósito de la Creación, que es adherirse al Creador, como he explicado en el "Artículo sobre La Entrega de la Torá" (ver Sección 6). Esta adhesión trae al trabajador Su beneficencia y placer que se incrementa hasta el grado necesario para elevar el reconocimiento de la veracidad del Creador, la cual crece y se desarrolla hasta que él alcanza el elevado nivel de: "Ningún ojo ha visto al Creador sino el tuyo" (*Isaías 64:3*).

Imagine si el granjero y el obrero, durante su labor, tuvieran esa visión delante de ellos mientras trabajan para el beneficio de la sociedad; no necesitarían un capataz vigilándolos, porque tendrían ya la motivación y la satisfacción de trabajar muy duro, hasta que levantaran a la

הפועל או האיכר מוטיב פאוער המספיק להניעהו אל העבודה? כי שיעור לחם חוקו לא ימעיט ולא ירבה בסבות פזור כחותיו ושום מטרה וגמול אינה עומדת לפניו.

ונודע זה לחכמי הטבע, אשר אפילו תנועה הקטנה ביותר לא יניע האדם בלי מוטיב פאוער, כלומר, מבלי להטיב מה את עצמו. למשל, כשאדם מטלטל את ידו מהכסא אל השלחן הוא משום שנדמה לו שבהניח ידו על השלחן יהנה יותר, ואם לא היה נדמה לו כזה היה עוזב את ידו על הכסא בכל שבעים שנותיו מבלי להניעה ממקומה, ואין צריך לומר לטרחה גדולה.

ואם תאמר שיש עצה על זה להעמיד משגיחים עליהם, באופן שכל המתעצל בעבודתו יענש ויטלו ממנו את לחם חוקו, אכן אשאל, אמור לי, מאין יקחו המשגיחים בעצמם את מוטיב פאוער לעבודתם כי העמידה במקום מיוחד והשגחה על אנשים להניע ולייגע אותם היא ג"כ גם כן טרחה גדולה אולי עוד יותר מהעבודה עצמה. וע"כ ועל כן נדמה הדבר כמו הרוצה להניע מכונה בלי תת לה חמרי דלק. ולפיכך, משפטם חרוץ להאבד מצד הטבע, כי חוקי הטבע יענישו אותם, משום שאינם מסגלים את עצמם לקיים פקודותיה, דהיינו, שיעשו אלו המעשים של השפעה לזולתו מבחי' מבחינת העבודה להש"ת להשם יתברך כדי לקיים ולבא מתוכה לתכלית מטרת הבריאה שהיא הדביקות בו ית', ע"ד על דרך שנתבאר במאמר מתן תורה (אות ו'), שדביקות זו מגיעה לעובד במדת שפעו הנעים רב העונג ההולך ומתרבה אליו עד שיעור רצוי להתרומם בהכרת אמיתותו ית' הולך ומתפתח עד שזוכה להפלגה הגדולה, שעליה רמזו בסו"ה בסוד הפסוק: "עין לא ראתה אלקים זולתך (ישעיהו סד', ג')".

וצייר לעצמך, אם האיכר והפועל היו מרגישים לעיניהם מטרה הזאת בעת עמלם לאושרם של החברה, בטח שלא היו צריכים אפילו למשגיחים עומדים עליהם, כי כבר היה מצוי להם מוטיב פאוער בסיפוק גמור לגיעה גדולה, עד להרים את החברה למרומי האושר, ואמת היא אשר הבנת הדבר באופי כזה צריכה לטיפול

sociedad hasta el más elevado nivel de alegría. Y la verdad es que para el entendimiento de este aspecto, son necesarios un gran cuidado y una explicación cuidadosa. Sin embargo, todos vemos que ellos no tienen derecho a existir en términos de la Naturaleza que es tenaz y no conoce compromiso. Esto es lo que deseaba probar aquí.

Y ahora he probado claramente esto por medio del entendimiento experiencial de la historia práctica que viene a pasar ante nuestros ojos. No hay un posible remedio para la humanidad excepto que aceptemos el Precepto de la Providencia, que es "beneficiar al prójimo de uno" para dar placer al Creador al grado de los dos versículos: (1) "Ama a tu prójimo como a ti mismo", que es la característica del trabajo mismo. Ese es el grado de trabajo para el beneficio del prójimo de uno, y el bien de la sociedad no debe ser menos que el nivel de deseo que la naturaleza nos hace desear para nosotros mismos. Y además, uno debe poner las necesidades del prójimo de uno antes que las propias, como está explicado en el "Artículo sobre La Entrega de la Torá" (ver Sección 4). Y (2) "Debes amar al Eterno tu Dios con todo tu corazón, con toda tu alma y con toda tu fuerza", que es la meta que debe ser puesta delante de cada uno cuando sirve las necesidades del prójimo de uno, lo cual significa que uno está trabajando y está haciendo un esfuerzo solamente para encontrar gracia en los Ojos del Creador, porque Él dijo así y nosotros debemos hacer Su voluntad.

"Y si ustedes escuchan, comerán de lo bueno de la tierra" (*Isaías 1:19*) porque la pobreza, la aflicción y la explotación desaparecerán de la Tierra y la felicidad de cada persona se incrementará más allá de medida. Sin embargo, mientras ustedes rechacen y no quieran entrar al Pacto del trabajo del Creador al grado explicado anteriormente, la Naturaleza y sus leyes estarán en guardia listos para tomar venganza, y no nos dejarán tranquilos, como hemos claramente probado, hasta que nos derroten y aceptemos su dominio en todo lo que nos ordenan, como hemos

רב, ובסדרים נאמנים, אולם הכל רואים שאין להם זכות קיום זולתו מצד הטבע העקשנית שלא תדע פשרות. וזהו מה שרציתי להוכיח במקום זה.

והנה הוכחתי בעליל לעיניך מצד התבונה הנסיונית - מתוך ההסטוריה המעשית המתרקמת לעינינו, אשר אין תרופה לאנושות בשום פנים שבעולם זולת אם יקבלו על עצמם מצות ההשגחה, שהיא "השפעה לזולתו" כדי לעשות נחת רוח להשי"ת, בשיעור ב' הכתובים: האחד הוא "ואהבת לרעך כמוך" (ויקרא יט, יח), שהיא תכונת העבודה גופה, דהיינו ששיעור שיעורו הגיעה, להשפעת זולתו לאשרם של החברה. צריכה להיות לא פחות מזה השיעור המוטבע באדם לדאוג לצרכי עצמו, ולא עוד אלא שצריכים להקדים צרכי זולתו על צרכי עצמו, כמבואר במאמר מתן תורה אות ד'. וכתוב השני הוא "ואהבת את ה' אלקיך בכל לבבך ובכל נפשך ובכל מאדך" (דברים ו, ה) שזוהי המטרה המחויבת להמצא לעיני כל בשעת הגיעה לצרכי חבירו, שהוראתו, שעושה ומתייגע רק כדי למצוא חן בעיני הבורא ית' שאמר ועושים רצונו ית'.

ואם תאבו ושמעתם, טוב הארץ תאכלו, כי יחדל אביון וכל מעונה ומנוצל מן הארץ, ואושרו של כל אחד יעלה מעלה מכל ערך ושיעור. אולם כל עוד שתמאנו, ולא תרצו לבא בברית עבודת השי"ת בכל השיעור המבואר, אז הטבע וחוקיה עומדים הכן לנקום את נקמתה ממנו, ולא תרפה מאתנו כמו שהוכחנו בעליל, עד שתנצח אותנו ונקבל את מרותה לכל אשר תצוה אותנו, כמבואר. והנה נתתי לך מחקר מדעי מעשי ע"פ על פי בקורת התבונה הנסיונית, בדבר

159

explicado. Ahora he proveído un estudio científico, práctico, de acuerdo con la experiencial lógica crítica concerniente a la absoluta obligación para todas las criaturas de aceptar sobre ellas la obra del Creador con todos sus corazones, almas y fuerza.

d) Explicación de la Mishná: "Todo está Dado en Prenda y una Red es Extendida Sobre toda la Vida"

Ahora que entendemos todo lo escrito arriba, podemos entender la difícil *Mishná* de *Pirkéi Avot* (*Ética de los Padres*) que dice: Él (Rav Akivá) acostumbraba decir: "Todo está dado en prenda y una red es extendida sobre toda la vida. La tienda está abierta, el mercader extiende crédito, el libro mayor está abierto, y la mano escribe, y quien desea un préstamo, que venga y pida préstamo. Los recaudadores de impuestos hacen sus rondas constantemente cada día y cobran el pago del prestatario, esté este al tanto o no, y ellos tienen algo de que depender, el juicio es un juicio legal y todo está preparado para el banquete" (*Pirkéi Avot 3:16*). No es por nada que esta *Mishná* ha permanecido incomprensible para nosotros como un acertijo sin una pista para su solución, indicando que hay una profundidad oculta para que exploremos, y verdaderamente se vuelve muy claro a la luz de lo que hemos aprendido hasta aquí.

e) La Rueda del Cambio de Forma

Para empezar, introduciré el punto de vista de los sabios concerniente a la evolución de las generaciones del mundo. Aunque vemos cuerpos que vienen y van de generación a generación, esto es solamente verdad del cuerpo, mientras que las almas, que son la esencia del cuerpo, son quitadas y reinstaladas de cuerpo en cuerpo, de generación en generación. Las mismas almas que existían en la Generación del Diluvio reencarnaron en la Generación de la Torre de Babel, y luego en la Generación del Exilio Egipcio, y después en la Generación del Éxodo de Egipto, y así en adelante

החיוב המוחלט לכל הבריות לקבל עליהם עבודת השי"ת בכל לבבם ונפשם ומאודם.

ד. באור המשנה: הכל נתון בערבון ומצודה פרוסה על כל החיים

ואחר שידענו את כל האמור לעיל, הרוחנו להבין משנה סתומה במסכת אבות (פרק ג' משנה ט"ז) וזה לשונה: "הוא היה אומר (רבי עקיבא) הכל נתון בערבון ומצודה פרוסה על כל החיים. החנות פתוחה והחנוני מקיף, והפנקס פתוח והיד כותבת, וכל הרוצה ללוות יבא וילוה, והגבאים מחזירים תדיר בכל יום ונפרעים מן האדם מדעתו ושלא מדעתו, ויש להם על מה שיסמוכו, והדין דין אמת והכל מתוקן לסעודה" עכ"ל עד כאן לשונו. והמשנה הזאת לא לחנם נשארה סתומה לפנינו במשל מבלי לרמז אפילו על פתרונה, שזה יורה לנו שיש כאן עמקות מרובה להתעמק בה, אכן היא מתבארת יפה יפה על פי הידיעות שרכשנו עד הנה.

ה. גלגל שנוי הצורה

ומתחילה אציע דעת חז"ל בדבר השתלשלות דורות העולם, אשר הגם שאנו רואים את הגופים שמתחלפים ועוברים מדור לדור, הנה זהו רק מקרה הגופות, אולם הנפשות, שהם עיקר העצמות של הגוף, המה אינם נעדרים במשפט בני חילוף, אלא המה נעתקות ובאות מגוף מדור לדור, שאותן הנפשות שהיו

hasta esta generación. Y así en adelante hasta que el proceso de *tikún* está completo.

Así, a diferencia de los cuerpos que vienen y van, no hay nuevas almas. Hay un número específico de almas y estas mismas almas son reencarnadas en nuevas formas, vestidas con nuevos cuerpos en cada nueva generación. Y así, tomando a las almas en consideración, cada generación es probada desde el principio de la Creación hasta que el *tikún* está completo. Como una sola generación que dura miles de años hasta que se desarrolla y llega al punto de *tikún* y alcanza el nivel que debe alcanzar, sin importar el hecho de que en el entretiempo cada individuo ha cambiado cuerpos algunos miles de veces, ya que la esencia del cuerpo, llamada el alma, no sufre para nada de estos cambios.

Hay muchas pruebas y gran sabiduría concernientes al secreto de la reencarnación. Aunque este no es el lugar para entrar en esto, pero para beneficio de aquellos que no están familiarizados con esta sabiduría, vale la pena mencionar que la reencarnación ocurre con cada objeto físico en la Creación. Cada uno, en su propia forma, tiene vida eterna, y aunque nosotros percibimos todo como existiendo y dejando de existir, esta es solamente nuestra percepción. La verdad es que todo está reencarnado, y ninguna simple cosa descansa o cesa, ni siquiera por un momento. Más bien, continúa siendo reencarnado y cambia forma y no pierde nada de su esencia a través de este proceso, como los físicos han explicado a profundidad.

Y ahora explicaremos la *Mishná* que dice: "Todo es dado en prenda". Esto es parecido a alguien que presta a su amigo una suma de dinero en negocios para participar con él en una parte de las ganancias. Y para asegurar que él no pierde su dinero lo presta con una garantía y así no tiene de qué preocuparse. Así también es la Creación y la existencia del mundo. El Creador preparó el mundo para la humanidad como un lugar de ganar la

בדור המבול הם נעתקו ובאו בדור הפלגה ואח"כ ואחר כך בגלות מצרים ואח"כ
ביוצאי מצרים וכו', עד דורנו זה, ועד גמר התיקון.

באופן, שאין כאן בעולמנו שום נשמות חדשות על דרך התחדשות הגופות, אלא
רק סכום מסוים של נפשות, באות ומתגלגלות על גלגל שינוי הצורה, מפאת
ההתלבשות בכל פעם בגוף חדש ובדור חדש, ולפיכך בהתחשבות מבחינת
הנפשות, נבחנים כל הדורות מעת תחילת הבריאה עד להגמרו של התיקון,
כמו דור אחד שהאריך את חייו כמה כמה אלפי שנה עד שהתפתח ובא לתיקונו כמו
שצריך להיות, ולא חשוב כלל מבחינה זו מה שבינתים החליפו כל אחד ואחד
גופותיהם כמה אלפי פעמים, משום שעיקר עצמות הגוף שנק' שנקראת נפש לא
סבלה כלום מחילופים אלו.

.

ויש על זה הוכחות רבות וחכמה נפלאה הנקראת סוד גלגול הנשמות, שאין כאן
המקום לביאורו, אלא לסבת הפלגתו של הדבר למי שאינו בקי בחכמה זאת,
ראוי לציין, אשר סוד הגלגול נוהג ג"כ גם כן בכל פרטי המציאות המוחשיים, אשר
כל דבר לפי דרכו חי חיים נצחיים, ואעפ"י ואף על פי שאנו רואים בחוש שכל דבר
הוה ונפסד, אין זה רק למראה עינינו, ובאמת רק בחי' בחינת גלגולים יש כאן, אשר
כל פרט ופרט אינו נח ואינו שקט אף רגע, אלא הולך ומתגלגל על גלגל שינוי
הצורה ואינו מאבד אף משהו ממהותו בכל דרך הילוכו, כמו שהאריכו בזה בעלי
הפיזיקה.

ומעתה נבוא לביאור המשנה, שאומר "הכל נתון בערבון" כי דימו הדבר למי
שמלוה לחבירו סכום כסף לעסק ע"מ שיהיה שותף עמו בהרווח, וכדי שיהיה
בטוח שלא יאבד את כספו נותן לו זה בערבון, ונמצא מסולק מכל חשש, כן
בריאת העולם וקיומו, אשר השי"ת הכינה לבני אדם לעסוק בה ולהרויח על
ידיה בסופם את התכלית הנשגב של הדביקות בו ית', כמבואר במאמר מתן
תורה (אות ו' עש"ה עיין שם היטב), א"כ אם כן יש להעלות על הדעת, מי יכריח

meta excelsa de adherirse a Él al final, como está explicado en el "Artículo sobre La Entrega de la Torá" (Sección 6; lea esto cuidadosamente). Esto plantea la pregunta: ¿Quién obligará a la humanidad a hacer el trabajo necesario para alcanzar esta meta excelsa?

A esto es a lo que Rav Akivá se refería al decir: "Todo es dado en prenda", esto es: la Creación y el trabajo del hombre no le han sido dejados por el Creador a la humanidad sin atención. Él se aseguró con prenda y si usted pregunta qué clase de prenda consiguió, Rav Akivá responde: "Una red es extendida sobre toda la vida". Esto significa que el Creador sabiamente extendió una red maravillosa sobre toda la humanidad para que ninguno pueda escapar. Todas las cosas vivientes están atrapadas en esta red, y esto los fuerza a aceptar el trabajo del Creador para transformarse hasta que alcancen su elevado propósito. Esta es la prenda con la cual el Creador se aseguró de que su intención en la Creación no se perderá.

Después, él se extiende en este detalle, diciendo: "La tienda está abierta", esto es: aunque este mundo lo vemos como una tienda abierta sin un propietario, donde cualquiera que pasa puede tomar mercancía y alegrar su corazón gratis, Rav Akivá nos advierte: "el mercader extiende crédito". Esto es: aunque no veamos al mercader, sepa que hay uno, y lo que sea que no cobra de inmediato, lo carga a crédito. Y si usted pregunta: "¿Cómo sabe él cuánto debo?", Rav Akivá responde: "el libro mayor está abierto y la mano escribe". Esto significa que hay un libro mayor en el cual todo acto es apuntado sin omisión, y nuestras intenciones están determinadas por la Ley del Desarrollo que el Creador instiló en la humanidad, la cual nos conduce siempre hacia adelante.

Esto significa que los pecados y mala conducta inherentes a la naturaleza humana son los que causan y crean situaciones buenas. Toda situación buena es solamente el resultado de la mala situación que la precedió. Los valores de "bueno" y "malo" no se aplican a una situación en sí misma,

את האנושות לעסוק בעבודתו ית' עד שיבואו בסופם לידי תכלית הזה הנשגב
והנעלה?

וע"ז וגם זה אומר לנו ר"ע רבי עקיבא "הכל נתון בערבון",כלומר, כל מה שהשי"ת
הניח בעסק הבריאה ונתנה לבני אדם לא נתן להם על הפקר, אלא הבטיח את
עצמו בערבון, ואם תאמר איזה עירבון נתנו לו? ועל זה משיב ואומר "ומצודה
פרוסה על כל החיים" (אבות פ"ג) ר' עקיבא, כלומר שהשחכים השי"ת ופרש מצודה
נפלאה כזאת על האנושות שאף אחד ממנה לא ימלט, אלא כל החיים מוכרחים
להלכד שמה במצודה זו, ולקבל עליהם בהכרח את עבודתו ית', עד שישיגו
מטרתם הנעלה, וזהו הערבון של השי"ת שהבטיח את עצמו שלא יתאנה
במעשה הבריאה.

ואח"ז ואחרי זה מפרש הדבר בפרטיות, ואומר "החנות פתוחה", כלומר, אע"פ אף על
פי שהעולם הזה מתראה לעינינו כדמות חנות פתוחה מבלי שום בעלים, אשר כל
העובר דרכה יכול לקבל סחורה וכל טוב כפי אות נפשו בחנם בלי שום חשבון,
וע"ז וגם זה עומד רבי עקיבא ומזהירנו, "והחנוני מקיף", כלומר, אע"פ שאינך
רואה כאן שום חנוני, דע, שיש חנוני, ומה שאינו תובע תשלומיו הוא מפני שנותן
לך בהקפה, ואם תאמר, מאין יודע את חשבונותי? על זה משיב "הפנקס פתוח
והיד כותבת" כלומר שיש פנקס כללי אשר כל מעשה ומעשה נרשם שמה מבלי
לאבד אף כל שהוא, והכוונה סובבת על החוק של ההתפתחות שהטביע הקב"ה
באנושות, הדוחף אותנו תמיד קדימה.

פירוש, שההנהגות המקולקלות המצויות במצבי האנושות, הן עצמן הגורמות
ובוראות את המצבים הטובים, וכל מצב טוב אינו אלא פרי עמלו של המצב הרע
שהקדים לו, אכן ערכי טוב ורע אלו אינם אמורים בערך של המצב של עצמו, כי

sino más bien al objetivo en general, ya que una situación que acerca al hombre a la meta es llamada "buena" y lo que lo distancia de ella es llamada "mala".

Sobre este valor solo está basada la Ley del Desarrollo: que el caos y el mal en una situación dada se vuelven la causa y el creador de lo bueno en una situación. Eso significa que una situación puede solamente durar por un período limitado, lo suficientemente largo para que el mal crezca a tal grado que la sociedad no puede tolerarlo más. Y entonces la sociedad tiene que unirse y destruirlo y reorganizarlo en una situación mejor para beneficio de la siguiente generación.

Esta nueva situación dura solamente hasta que las chispas del mal dentro de esta maduran al grado de que la situación no puede ser tolerada más, y entonces la sociedad debe destruirla y construir una situación más tolerable en su lugar. Y estas situaciones continúan cambiando y mejorando, una tras otra, hasta que llegamos al punto de *tikún* (arreglar y completar la tarea de la humanidad), en donde no habrá más chispas malignas.

Así, encontramos que todas las semillas de las cuales las buenas situaciones crecen no son otras que los propios actos erróneos mismos. Todas las acciones malignas perpetradas por los perversos de una generación dada unen sus fuerzas y una sigue a la otra hasta que alcanzan una masa crítica que la sociedad no puede tolerar, y entonces la sociedad destruye y crea una situación preferible en su lugar. Así, vemos que cada acto maligno individual es condicional en la motivación que se desarrolla hacia una situación aceptable.

Esto es lo que Rav Akivá quiso decir con: "el libro mayor está abierto y la mano escribe", cada situación en la cual una generación se encuentra a sí misma es como un libro mayor, y cada malvado es como una mano que escribe, porque todo acto maligno es escrito en el libro mayor hasta que la

אם על פי המטרה הכללית, אשר כל מצב המקרב את האנושות למטרה נקרא
טוב, והמרחיקם מן המטרה נקרא רע.

ורק על ערך הזה נבנה "חוק ההתפתחות" אשר הקלקול והרשעות המתהוה
במצב נבחן לגורם וליוצר על המצב הטוב, באופן, אשר זמן קיומו של כל מצב
ומצב, הוא רק זמן מסוים המספיק לגידול קומתו של הרע שבתוכו בשיעור כזה
שאין הצבור יכול עוד להמצא בו, אשר אז מוכרח הציבור להתקבץ עליו ולהרוס
אותו ולהסתדר במצב יותר טוב לתיקונו של הדור ההוא.

וכן זמן קיומו של מצב החדש, נמשך ג"כ גם כן עד שניצוצי הרשעות שבו מתבכרים
ונגמלים לשיעור כזה שאי אפשר לסובלו, אשר אז מוכרחים להרסו ולבנות מצב
יותר נוח על מקומו, וכן הולכים המצבים ומתבררים בזה אחר זה מדרגה אחר
מדרגה, עד שיבואו למצב מתוקן כזה, שיהיה כולו בלי שום ניצוצים רעים.

והנך מוצא אשר כל עיקרי הזרעים והגרעינים שמתוכם צומחים ויוצאים מצבים
הטובים, אינם אחרים רק המעשים המקולקלים עצמם, דהיינו, שכל רשעה
ורשעה המתגלה ויוצאת מתחת ידי הרשעים שבדור, הנה מצטרפות יד על יד
ובאות בחשבון עד שמקבלים משקל כזה שאין הצבור יכול עוד לעמוד בו, ואז
עומדים ומהרסים אותו ובוראים מצב הרצוי יותר. הרי לעיניך, אשר כל רשעה
בפרטיותה נעשית מותנה לכח הדחיפה שיתפתח על ידה המצב הישר.

ואלה הם דברי רבי עקיבא "הפנקס פתוח והיד כותבת" כי כל מצב אשר איזה
דור נתון בו מדומה כמו פנקס, וכל עושי רשע מדומים כמו ידים כותבות, כי כל
רשעה נחקקת ונרשמת בפנקס עד שמתקבצות לידי חשבון שאין הצבור יכול
עוד להמצא בו, אשר אז מהרסים מצב הרע הזה ומסתדרים תחת מצב יותר

cantidad es demasiado grande para que la gente la tolere. Y entonces ellos destruyen la situación maligna y se reorganizan en una mejor situación. Cada simple acción está escrita en el "libro mayor", que es la situación, como he explicado.

Él dice también: "Quien desea un préstamo, que venga y lo pida". Esto es para decir que quien cree que este mundo no es como una tienda abierta sin propietario, sino más bien que hay un propietario en la tienda que exige el pago correcto por una mercancía que alguien toma de la tienda, eso es hacer lo mejor que puede su trabajo del Creador mientras es proveído por la tienda, en la mejor y más segura manera de alcanzar la meta de la Creación. Y tal persona es probada, porque es llamada "desea pedir un préstamo", esto es, aún antes de que alcance a tomar algo de este mundo, el cual es "la tienda", sabe que es solamente un préstamo para él y tiene que pagar el precio puesto para esto. Acepta la obligación de servir y alcanzar el propósito del Creador en tanto obtiene su sustento de la tienda, en una forma que garantiza que pagará seguramente su deuda por medio de alcanzar la meta deseada. Por lo tanto, es llamado uno que "desea un préstamo", esto es: está comprometido a pagar su deuda.

Rav Akivá describe dos tipos de personas: El primer tipo es la gente de la "tienda abierta", que piensa que este mundo es como una tienda abierta sin un propietario, y acerca de estas personas dice: "El libro mayor está abierto y la mano escribe". Esto es: aunque no ven su cuenta, sus actos sin embargo están escritos en el libro mayor, como se explicó arriba, por medio de la Ley del Desarrollo que está impresa en la Creación y es obligatoria para la humanidad, en la cual los actos de los perversos inevitablemente dan nacimiento a buenas acciones, como se explicó arriba. El segundo tipo de personas son aquellas que "desean un préstamo" y quienes abren sus cuentas con el propietario. Cuando toman algo de la tienda, lo toman solamente como un préstamo y prometen pagar al propietario el precio

רצוי כמבואר. הרי אשר כל מעשה ומעשה בא בחשבון ונרשמים בפנקס, דהיינו במצב כאמור.

ואומר "כל הרוצה ללות יבא וילוה", כלומר מי שמאמין שאין עולם הזה בבחי' חנות פתוחה על הפקר בלי בעל בית, אלא שיש כאן בעה"ב העל הבית חנוני עומד בחנותו ותובע מכל לוקח שיתן לו את המחיר הרצוי בשביל הסחורה שלוקח מהחנות, דהיינו שישתדל בעבודתו ית' במשך זמן כלכלתו מאותה החנות, באופן הרצוי ובטוח להגיע למטרת הבריאה כחפצו ית'. הנה אדם כזה נבחן, אשר הוא "רוצה ללות" כלומר עוד בטרם שהוא פושט את ידו ליקח מה מעוה"ז מהעולם הזה שהוא החנות הרי הוא נוטל זה מבחינת הלואה על מנת לשלם מחירו הקצוב, דהיינו שמקבל על עצמו לעבוד ולהגיע ולהגיע למטרתו ית' במשך ימי כלכלתו מהחנות, באופן שמבטיח נאמנה ליפרוע את חובו דהנו על ידי ביאתו אל המטרה הרצויה, וע"כ הוא מכונה בשם הרוצה ללות, דהיינו שמשתעבד לפרוע ולשלם.

ומצייר לנו רבי עקיבא ב' סוגי אנשים סוג האחד, הם מבחינת "חנות פתוחה" שחושבים את עוה"ז עולם הזה כמו חנות פתוחה בלי שום בעה"ב בעל הבית חנוני, ועליהם אומר "הפנקס פתוח והיד כותבת" דהיינו אע"פ שהמה אינם רואים שום חשבון, מכל מקום כל מעשיהם בספר נכתבים, כמבואר לעיל, שזהו ע"י חוק ההתפתחות המוטבע בהבריאה בעל כרחה של האנושות, אשר מעשי הרשעים בעצמם מולידים בעל כרחם מעשים הטובים, כמו שמבואר לעיל. וסוג השני של האנושות, הוא מכונה בשם "הרוצים ללות" אשר המה מתחשבים עם בעל הבית, ובעת שלוקחים מה מהחנות אינם לוקחים אלא מבחינת הלואה שמבטיחים

dado, esto es: usar el préstamo para alcanzar el objetivo final. De estas personas él dice: "Quien desea un préstamo, que venga y pida préstamo".

Y usted puede preguntar cuál es la diferencia entre el tipo de personas que son compelidas por el objetivo que llega a ellas a través de la Ley del Desarrollo, y el otro tipo de personas que se comprometen a la tarea del Creador voluntariamente. Después de todo, ambos son iguales en términos de alcanzar la meta. En relación con esto él continúa: "Los recaudadores de impuestos hacen sus rondas constantemente cada día y cobran el pago de la persona, esté esta al tanto o no". La verdad es que ambos tipos pagan sus deudas igualmente cada día. Y tal como los poderes que uno alcanza por medio del trabajo del Creador son probados por los recaudadores de impuestos confiables quienes recaudan deudas cada día hasta que las deudas son pagadas totalmente, así los grandes poderes invertidos en la Ley del Desarrollo son también probados por los recaudadores de impuestos confiables, quienes recaudan las deudas constantemente cada día hasta que las deudas son pagadas en su totalidad. Esto es lo que él quiere decir con: "los recaudadores de impuestos hacen sus rondas constantemente cada día y recogen el pago de la persona".

De hecho, hay una vasta diferencia entre los dos, la cual es: "esté al tanto o no". El primer tipo, cuyas deudas son recaudadas por los recaudadores del desarrollo, pagan sus deudas "sin estar al tanto". Olas tormentosas vienen a ellos del viento poderoso del desarrollo y los empuja desde atrás, obligándolos a moverse hacia adelante. Sus deudas les son recaudadas sin su voluntad a través de grandes aflicciones, por medio de las fuerzas del mal que empujan desde atrás. Sin embargo, el segundo tipo paga sus deudas, que son el logro del objetivo, por medio de su propia conciencia y de su propia voluntad y a través de sus esfuerzos apresuran el desarrollo de su reconocimiento de aquello que no es bueno, como he explicado en mi artículo "La Esencia y el Propósito de la Religión" (empezando con Desarrollo Consciente, Desarrollo Inconsciente; léala cuidadosamente).

לחנוני לשלם לו מחירו הקצוב, דהיינו לזכות על ידה למטרה התכליתית, ועליהם אומר כל "הרוצה ללות יבא וילוה".

ואם תאמר, מהו החילוק בין סוג האחד אשר המטרה התכליתית מתחייבת ובאה להם מתוך חוק ההתפתחות, ובין סוג השני אשר המטרה התכליתית מגעת להם על ידי השתעבדות עצמית לעבודתו ית', הלא סוף סוף שניהם שוים בהשגת המטרה? וע"ז ועל זה ממשיך ואומר "והגבאים מחזירין תמיד בכל יום ונפרעים מן האדם מדעתו ושלא מדעתו", כלומר, אמת היא, אשר אלו ואלו משלמים חובם בשוה לשיעורין בכל יום ויום. וכשם שהכחות הסגוליים שמופיעים על ידי העסק בעבודתו ית' נבחנים לגבאים נאמנים הגובים החוב לשיעורין תדיר דבר יום ביומו עד שנפרע על מלואו, כן ממש כחות האיתנים המוטבעים בחוק ההתפתחות נבחנים ג"כ לגבאים נאמנים הגובים החוב לשיעורין תדיר דבר יום ביומו עד שנפרע על מלואו, שזה אמרו, "והגבאים מחזירים תדיר בכל יום ונפרעים מן האדם".

אמנם יש ביניהם חילוק ומרחק רב, דהיינו "מדעתו ושלא מדעתו", אשר סוג האחד אשר חובם נגבה ע"י הגבאים של ההתפתחות, נמצאים פורעים חובם "שלא מדעתם", אלא הגלים סוערים באים עליהם על ידי רוח חזק של ההתפתחות הדוחפים אותם מאחוריהם ומכריחים הבריות לפסוע קדימה. הרי שהחוב נפרע בעל כרחם ביסורים גדולים על ידי הגילויים של כחות הרע הדוחפים אותם בדחיפה מאחוריהם (ויז-א-טערגא -כח הדוחה דבר מאחוריו). אולם הסוג השני, פורעים חובם שהוא השגת המטרה "מדעתם" מרצונם עצמם, בהיותם חוזרים אחרי העבודות הסגוליות הממהרות את התפתחות חוש הכרת הרע, על דרך שנתבאר במאמר מהות הדת ומטרתה (בדבור המתחיל התפתחות מדעת והתפתחות שלא מדעת עיין שם היטב).

Y a través de este esfuerzo se benefician de dos maneras: (1) Estas fuerzas, que son reveladas a través del trabajo del Creador, están disponibles para ellos como una fuerza magnética (una fuerza que tira de algo frente a ella) y son atraídos al Creador voluntaria y apasionadamente por medio del espíritu del amor, por no mencionar que les es evitada la pena y las aflicciones que la gente del primer tipo atraviesa. (2) El segundo beneficio es que ellos apresuran el proceso deseado, ya que son las personas justas y los profetas que merecen y alcanzan el objetivo en cada generación, como está explicado en el artículo sobre "La Esencia de la Sabiduría de la Kabbalah", empezando con las palabras: "¿De qué trata esta Sabiduría?"

Usted puede ver que la vasta diferencia entre aquellos que pagan sus deudas conscientemente y aquellos que pagan sus deudas inconscientemente, es como la diferencia entre la luz del agrado y la delicia, y la oscuridad de la aflicción y el dolor. Rav Akivá continúa para decir: "Ellos tienen algo en que confiar; el juicio es un juicio veraz". Esto es: para aquellos que pagan sus deudas conscientemente y por su propia voluntad, él les promete que "ellos tienen algo en que confiar". Hay un gran poder en el trabajo del Creador para traerlos a la meta excelsa, y es para su ventaja servir bajo el yugo del Creador. Y de aquellos que pagan sus deudas sin consciencia, dice: "… el juicio es un juicio veraz". Pero nosotros podemos querer saber acerca de una Divina Providencia que permite tal destrucción y aflicción en el mundo mientras la humanidad se fríe despiadadamente.

Es por esto que él dice: "… el juicio es un juicio veraz", ya que todo está preparado para el banquete", esto es: la verdadera meta final y la delicia excelsa, la cual será revelada en el futuro cuando el Creador revele Su propósito de la Creación, cuando todo trabajo y aflicción que vienen una y otra vez en diferentes épocas y generaciones parecerán como el gran esfuerzo que un anfitrión hace para preparar el banquete para sus invitados. Esta meta tan esperada llegará finalmente como un banquete en el cual los invitados se sientan a la mesa y obtienen gran placer. Es por

שעל ידי העבודה הזו נמצאים מרויחים שנים: ריוח אחד, שהכחות הללו המתגלים מתוך עבודתו ית' נמצאים ערוכים לפניהם בבחינת כח המושך בדמות חשק מגנטי (מבחי' ויז-א-פרנט -כח המושך דבר מלפניו) שהמה אצים ונמשכים אחריו מרצונם ומחשקם על פי רוח האהבה, ואין צריך לומר שנשללים מכל צער ויסורין כמו הסוג הראשון. וריוח השני, שהמה ממהרים להם התכלית הרצוי כי המה הם הצדיקים והנביאים הזוכים ומשיגים את המטרה בכל דור ודור כמבואר במאמר מהותה של חכמת הקבלה, ד"ה דבור המתחיל [במילים] על מה סובבת החכמה.

הרי לעיניך מרחק רב מבין הנפרעים מדעתם להנפרעים שלא מדעתם, כיתרון האור של נועם ותענוג על החשכות של יסורין ומכאובים רעים. ואומר עוד "ויש להם על מה שיסמוכו והדין דין אמת", כלומר על אותם הנפרעים מדעתם ורצונם הוא מבטיח "שיש להם על מה שיסמוכו" שיש רב כח בתכונת עבודתו ית' להביא אותם אל המטרה הנשגבה, וכדאי להם להשתעבד תחת עולו ית', ועל הנפרעים שלא מדעתם אומר "והדין דין אמת", שלכאורה יש לתמוה על השגחתו ית' אשר מניח ונותן רשות לכל אותם הקלקולים והיסורין שיתגלו בעולם והאנושות מתגננת בהם בלי חמלה?

ועל כן אומר,שהדין הזה הוא "דין אמת" מפני שהכל מתוקן לסעודה, כלומר, למטרה התכליתית האמיתית, והנועם העליון העתיד להתגלות עם גילוי תכליתו ית' שבהבריאה, אשר כל הטרחה והגיעה והיסורין המתגלגלים ובאים בדורות וזמנים מדמה לנו כדמיון בעל הבית הטורח ומתייגע ביגיעות גדולות כדי להכין סעודה גדולה לאורחים המוזמנים. והמטרה הצפויה המוכרחת סוף כל סוף

esto que él dice: "… el juicio es un juicio veraz y todo está preparado para el banquete", como he explicado.

Usted encontrará una cosa similar en *Bereshit Rabá*, capítulo 8, concerniente a la creación del hombre, donde está escrito: Los ángeles preguntaron al Creador: "¿Quién es el hombre para que lo recuerdes, y qué es un humano para que lo tomes en cuenta? ¿Por qué tienes que preocuparte por él?" (*Salmos 8:5*). Y el Creador respondió: "¿Por qué fueron las ovejas y los toros creados?" (*Salmos 8:8*) etc. Esto puede ser comparado por analogía a un rey que tenía una torre llena de cosas buenas pero no tenía huéspedes; ¿qué placer obtenía el rey que la llenó? Ellos le dijeron a Él: Señor del Universo, Eterno nuestro Dios: ¡Cuán grande es Tu Nombre a través del universo! ¡Haz lo que es mejor para Ti! El significado de esto es que los ángeles que vieron todo el dolor y la aflicción por los que la humanidad atravesaría en el futuro quisieron saber y preguntaron al Creador por qué necesitaría Él esa molestia. Y el Creador les respondió que de hecho Él tenía un silo lleno de cosas buenas y no tenía un invitado para disfrutarlo aparte de esta humanidad.

Y cuando los ángeles compararon los placeres para ser tenidos en la torre que espera a los huéspedes invitados con los problemas y las aflicciones por los que la humanidad atravesaría, se dieron cuenta de que valía la pena que el hombre sufriera por el bien que nos esperaba y estuvieron de acuerdo en la creación de la humanidad. Esto es justo como Rav Akivá dijo: "el juicio es un juicio veraz y todo está preparado para el banquete", porque desde el principio de la Creación, los nombres de todas las personas estaban incluidos en la lista de huéspedes, y el plan del Creador los obliga a venir al banquete estén o no conscientes, como he explicado.

Y por medio de esta explicación, descubrimos la verdad del profeta Isaías en su profecía de paz, la cual comienza: "El lobo morará con el cordero, y el leopardo yacerá con el cabrito" (*Isaías 11*) etc., y justifica esto diciendo:

להתגלות, הוא מדמה כדמיון הסעודה אשר האורחים מסובין בה ברב נועם ועונג. וע"כ אומר "והדין דין אמת והכל מתוקן לסעודה" כמבואר.

ודומה לזה תמצא גם כן בבראשית רבה פ"ח פרק ח' בדבר בריאת האדם, וזה לשונם: ששאלו המלאכים להשי"ת להשם יתברך מה אנוש כי תזכרנו ובן אדם כי תפקדנו, הצרה הזאת למה לך? אמר להם הקב"ה א"כ צונה ואלפים למה נבראו וכו' (לפי תהילים, ח') משל למלך שהיה לו מגדל מלא כל טוב ואין לו אורחים, מה הנאה למלך שמלאו? אמרו לפניו: רבש"ע רבונו של עולם, ה' אדונינו מה אדיר שמך בכל הארץ, עביד מאי דהני לך עשה מה שמועיל לך. פירוש, כי המלאכים שראו כל המכאובים והיסורים העתידים להתגלגל על האנושות, תמהו ושאלו הצרה הזאת למה לך? והשיב להם הקב"ה, שיש לו אמנם מגדל המלא מכל טוב ואין לו אורחים אחרים מוזמנים אליו רק האנושות הזאת.

וכמובן, אשר המלאכים שקלו בדעתם את התענוגים הנמצאים בהמגדל הזה העומד ומצפה למוזמניו לעומת היסורין והצרות העתידים להגיע לאנושות, ואחר שראו שכדאי לאנושות לסבול בשביל הטוב הצפוי והמחכה לנו, הסכימו על בריאת האדם, והיינו ממש כדברי רבי עקיבא אשר "הדין דין אמת והכל מתוקן לסעודה", שעוד מראשית הבריאה נרשמו שמה כל הבריות לאורחים מוזמנים, שמחשבת הבורא ית' מחייבת אותם לבא לסעודה. מדעתם, או שלא מדעתם, כמבואר.

ובהמבואר יתגלה לכל אמיתות דברי הנביא (ישעיה י"א) בנבואת השלום, המתחלת "וגר זאב עם כבש ונמר עם גדי ירבץ" וכו' ונותן טעם על כל זה "כי מלאה הארץ דעה את ה' כמים לים מכסים", הרי שהנביא תלה שלום כל העולם

"Porque la Tierra estará llena con el conocimiento de Dios, como el agua cubre el mar". El Profeta dice que la paz mundial es a condición de que todo el mundo esté lleno del conocimiento de Dios. Tal como dijimos arriba, la áspera y egoísta oposición entre el hombre y su prójimo, junto con la creciente enemistad entre las naciones, no pasará del mundo como resultado de algunos planes o complots, no importa lo que suceda, porque podemos ver cómo el paciente miserable continúa retorciéndose intolerablemente. El hombre se ha arrojado a la extrema derecha, como en el caso de la Alemania Nazi, o a la extrema izquierda, como en el caso de la Rusia Comunista. Y no solamente esto no hizo las cosas más fáciles, empeoró la enfermedad y se hizo más dolorosa, hasta que nuestros lamentos llegaron al Cielo, como todos sabemos.

No hay esperanza sino aceptar el yugo del Creador a través del conocimiento de Dios. Esto es: dirigir nuestros actos a la voluntad del Creador y Su propósito, como Él lo planeó antes de la Creación. Y cuando hacemos esto, como le es obvio a todos, a lo largo del trabajo del Creador, todo remanente de envidia y odio humanos será borrado, como he ilustrado claramente hasta aquí, porque entonces todos los miembros de la humanidad se unirán como un cuerpo con un corazón lleno del conocimiento de Dios, de modo que la paz mundial y el conocimiento de Dios sean uno y el mismo. Y siguiendo directamente a este, el profeta dice: "Y en ese día Dios pondrá Su mano por segunda vez para recobrar el remanente de Su pueblo… y Él reunirá a los exiliados de Yehuda de las cuatro esquinas de la Tierra".

Aprendemos de esto que la paz del mundo precederá a la reunión de los exiliados. Y de esto podemos entender las palabras de los sabios al final de *Tratado Uktsin:* "Dios no encontró otra vasija para contener la bendición para Israel a excepción de la paz, como está escrito: 'Dios dará fuerza a Su pueblo; Dios bendecirá a Su pueblo con la paz'" (*Salmos 29:11*). Podemos preguntar acerca de la frase: "… una vasija para contener la bendición de

על מילוי כל העולם בדעת ה', דהיינו ממש כדברינו לעיל, אשר ההתנגדות הקשה האגואיסטית שבין איש לרעהו שעמה יחד מתחדדים היחסים הלאומיים, כל אלו לא יעברו מתוך העולם על ידי שום עצה ותחבולה אנושית, יהיה מה שיהיה, כי עינינו הרואות, איך החולה האומלל מתגלגל ומתהפך מתוך מכאוביו האנושים לבלי סבול על כל צדדיו שכבר האנושות השליכה את עצמה לימין קיצוני כמעשה גרמניא או לשמאל קיצוני כמעשה רוסיא ולא בלבד שלא הקלו לעצמם את המצב אלא עוד החמירו המחלה והכאב, והקולות עד לשמים, כידוע לכלנו.

הרי שאין להם עצה אחרת זולת לבא בקבלת עולו ית' בדעת את ה', דהיינו שיכוונו מעשיהם לחפץ ה' ולמטרתו ית', כמו שחשב עליהם בטרם הבריאה, וכשיעשו זאת, הרי הדבר גלוי לכל, שעם עבדותו ית' תמחה זכר הקנאה והשנאה מהאנושות, כמו שהראתי בעליל באמור עד כאן, כי אז כל חברי האנושות יתלכדו לגוף אחד בלב אחד המלאה דעת את ה'. הרי שהשלום העולם ודעת ה' הם דבר אחד, ותיכף אחר זה אומר הנביא (ישעיהו יא, יא), "והיה ביום ההוא יוסיף ה' שנית ידו לקנות את שאר עמו וכו', ונפוצות יהודה יקבץ מארבע כנפות הארץ".

ונמצאנו למדים, אשר שלום העולם הוא מוקדם לקיבוץ גלויות, ובזה נבין דברי חז"ל [בתלמוד], בסוף מסכת עוקצין: "לא מצא הקב"ה כלי מחזיק ברכה לישראל אלא השלום, שנאמר ה' עוז לעמו יתן ה' יברך את עמו בשלום", לכאורה יש לתמוה על המליצה "כלי מחזיק ברכה לישראל". וכן כיצד מוציאים סברה זו מהכתוב הזה? אולם הכתוב הזה מתבאר להם כמו נבואת ישעיהו, אשר שלום העולם מוקדם לקיבוץ גלויות, וע"כ אומר הכתוב "ה' עוז לעמו יתן" פירוש, אשר

Israel": ¿Cómo deducimos nuestra teoría de este versículo? Este versículo puede ser explicado como la profecía de Isaías: la paz mundial precederá a la reunión de los exiliados, y es por esto que dice: "Dios dará fuerza a Su pueblo", significando que en el futuro el Creador dará fuerza a Su pueblo Israel, esto es: renacimiento eterno, y luego "Dios bendecirá a Su pueblo con la paz". Él bendecirá a Su pueblo Israel primero con una bendición de paz del mundo entero. "Y en ese día Dios pondrá Su mano por segunda vez para recobrar el remanente de Su pueblo" etc.

Esta es la explicación de nuestros sabios del versículo. Por lo tanto, la bendición de paz del mundo entero precede a la "fuerza" —la Redención— ya que: "Dios no encontró otra vasija para contener la bendición para Israel a excepción de la paz". En tanto que el amor propio y el egoísmo estén desenfrenados entre las naciones, los Hijos de Israel no serán capaces de hacer el trabajo del Creador meramente en términos de compartir con los demás, como es explicado por medio de la explicación del versículo: "… y serán ustedes para Mí un reino de sacerdotes" en el "Artículo sobre la responsabilidad". Vemos esto de la experiencia, porque la reunión para Israel y la construcción del Templo no fueron capaces de sobrevivir y recibir las bendiciones que el Creador prometió a nuestros antepasados.

Y este es el significado de: "Dios no encontró otra vasija para contener la bendición para Israel". Significando, hasta aquí, que los Hijos de Israel no han tenido una vasija para contener las bendiciones de los antepasados; por lo tanto, la promesa de que heredaremos la bendición de la Tierra Santa por siempre no ha sido cumplida todavía, dado que la paz mundial es la única vasija que nos capacitará para recibir la bendición de nuestros antepasados, como está mencionado en la profecía de Isaías.

לעתיד כשהשי"ת יתן לעמו ישראל עוז, דהיינו, תקומה נצחית, אז "ה' יברך את עמו בשלום", כלומר, שיברך את עמו ישראל מקודם בברכת השלום של העולם כולו, ואח"ז ואחרי זה יוסיף ה' שנית ידו לקנות את שאר עמו וכו'.

וזהו שאמרו ז"ל בטעם הכתוב, דע"כ שעל כן קדמה ברכת השלום של העולם כולו לעוז דהיינו, להגאולה, משום "שלא מצא הקב"ה כלי מחזיק ברכה לישראל אלא השלום", כלומר, כל זמן שהאהבה עצמית והאגואיזם שוררים בין האומות גם בני ישראל לא יוכלו לעבוד את ה' על צד הטהרה בדבר השפעה לזולת, כמ"ש בביאור הכתוב, ואתם תהיו לי ממלכת כהנים, במאמר הערבות. ודבר זה אנו רואים מפי הנסיון, שהרי ביאת הארץ ובנין ביהמ"ק בית המקדש לא יכלו להחזיק מעמד ולקבל הברכות אשר נשבע ה' לאבותינו.

וזהו שאמרו "לא מצא הקב"ה כלי מחזיק ברכה", כלומר, עד כאן עדיין לא היה לבני ישראל כלי המחזיק ברכת האבות, וע"כ עוד לא נתקיימה השבועה שנוכל לרשת ברכת הארץ לנצחיות, כי רק שלום העולם הוא הכלי היחיד המאפשר אותנו לקבלת ברכת האבות, כנבואת ישעיהו.

Artículo sobre la Libertad

"'Grabadas en las tablas' (Éxodo 32:16), debe ser leído como 'libertad' (jerut), y no 'grabadas' (jarut). Esto es para enseñarnos que ellos alcanzaron la libertad del Ángel de la Muerte" (Shemot Rabá 41:7).

Este pasaje requiere una explicación, porque, ¿qué tiene que ver la recepción de la Torá con la liberación de la humanidad de la muerte? Y además, una vez que ellos han alcanzado, por medio de la recepción de la Torá, un cuerpo eterno, donde la muerte no se aplica, ¿cómo la perdieron otra vez? ¿Puede lo eterno volverse ausente?

Libre Albedrío

Para entender el elevado concepto de "libertad del Ángel de la Muerte", primero debemos entender el significado de libertad como es normalmente entendido por la humanidad.

Generalmente hablando, se considera que la libertad es una ley natural que se aplica a todas las cosas vivientes, como podemos ver con los animales que están a nuestro cuidado que mueren cuando los privamos de su libertad. Y esto es una prueba clara de que la Providencia no permite la esclavización de ninguna cosa viviente. No es por nada que la humanidad ha luchado en los siglos pasados por la libertad del individuo a ciertos grados.

Pero de todos modos, este concepto que es expresado por la palabra "libertad" nos es muy confuso, y si ahondamos en el significado profundo de esta palabra, casi nada quedará de esta. Porque antes de que usted pueda entender la libertad del individuo, debes asumir que cada individuo

מאמר החרות

"חרות על הלוחות" (שמות, ל"ב, ט"ז)
אל תקרי חרות אלא חירות מלמד שנעשו חירות ממלאך המוות
(שמות רבה, מ"א)

מאמר זה צריך באור, כי מה ענין קבלת התורה לשחרורו של האדם ממיתה? ועוד, אחר שהשיגו על ידי קבלת התורה גוף נצחי, שאין המוות חל עליו, א"כ אם כן איך חזרו ואבדו אותו, האם יוכל הנצחי להיהפך לבחינה של העדר?

חרות הרצון

אולם כדי להבין את המושג הנעלה "חירות ממלאך המוות", צריכים מתחילה להבין מושג החרות במובנו הרגיל כפי הבנת האנושות.

הנה בהשקפה כללית יש לחשב את החרות לחוק טבעי, הפרוס על כל החיים, כפי שאנו רואים, שבעלי החיים הנמצאים תחת ידינו, מתים כשאנו עושקים מהם את החופש. וזאת עדות נאמנה, שההשגחה אינה מסכימה לשעבודה של שום בריה. ולא לחנם לחמה האנושות במאות שנים האחרונות עד שהשיגו חרות היחיד בשיעורים מסוימים.

אבל בכל זאת המושג הזה המתבטא במלה "חרות" מטושטש אצלנו מאד, ואם נחדור לתוך תוכיותה של המלה הזאת, כמעט ולא ישאר ממנה כלום. כי בטרם

tiene ese rasgo llamado "libertad", esto es: puede actuar de acuerdo a su propio libre albedrío.

Placer y Dolor

Cuando observamos los actos del individuo, encontramos que estos son una obligación y están impuestos sobre el individuo, y este no tiene otra elección sino hacerlos. Esto es como comida en una olla en la estufa que no tiene opción sino cocinarse, ya que la Providencia ha atado a todas las cosas vivientes con dos riendas: el placer y el dolor.

Los animales no tienen libre albedrío para escoger el dolor o para rechazar el placer. Y la superioridad de la humanidad sobre el Animal es que la humanidad puede mirar hacia un objetivo distante. Puede escoger aceptar un cierto grado de sufrimiento por medio de su elección del placer o el beneficio que le llegará en el futuro.

Pero la verdad es que no es sino un mero cálculo, que parece ser igual a un negocio. Valoramos el placer o el beneficio futuro a ver si tiene ventaja sobre la aflicción y el dolor que sufrimos, el cual hemos tomado sobre nosotros para atravesar mientras tanto. Es solo un asunto de descontar la aflicción y el sufrimiento del tan esperado placer, y ver si hay algún sobrante.

Después de todo, solamente somos atraídos por el placer. Y sucede que algunas veces nos causamos sufrimiento cuando el tan esperado placer no es mayor que el dolor que sufrimos por él. Por lo tanto, estamos en "déficit"; todo es como con los comerciantes.

En el análisis final, no hay diferencia entre la humanidad y los animales, y por lo tanto no hay libre elección consciente. Más bien hay una fuerza que atrae a uno a un placer alcanzable en cualquier forma y lo repele del

שאתה מבין חירותו של היחיד, עליך להניח שיש בו אותה היכולת הנקראת חרות, ז"א זאת אומרת, שיכול לפעול על פי בחירתו לרצונו החופשי.

התענוג והמכאוב

אולם כשנתבונן במעשיו של היחיד, נמצא אותם כהכרחיים. ובעל כרחו יעשה אותם, מבלי בחירתו. והוא דומה בזה, לתבשיל השפות על כירה, שאין לו כל בחירה, שבין רוצה או לא רוצה, הוא מוכרח להתבשל, כי ההשגחה חבשה את כל החיים בשני מוסרות, שהם התענוג והמכאוב.

ואין לבעל החיים שום בחירה חפשית, שיוכל לבחור ביסורים, או לדחות העונג. ומותר האדם על בעל החיים הוא: שהאדם יכול להסתכל למטרה רחוקה, זאת אומרת: להסכים לקבל עתה שיעור ידוע של מכאובים, מתוך בחירתו את העונג, או התועלת שעתידה לאחר זמן לבא אליו.

אבל באמת, אין כאן יותר מחשבון. מסחרי. כלומר, שמעריכים את התענוג או את התועלת העתידים לבא. שיש בהם עדיפות ויתרון, על הצער שהם סובלים מהמכאובים, שהסכימו לקבל עליהם עתה. ורק ענין של נכיון יש כאן שמנכים את הצער והיסורים מתוך התענוג המקווה. ונשאר להם עודף מסוים.

הרי שנמשך בהכרח רק התענוג. וכן קורה לפעמים, שמתענים, היות שלא ימצאו בתענוג שהשיגו, שיהוה את העודף המקווה, לעומת היסורים שסבלו. ונמצאים על כן בגרעון, הכל כמנהג הסוחרים.

ואחרי הכל אין בזה הבדל בין האדם לבעלי החיים, ואם כן אין כלל בחירה חופשית מדעת. אלא כח מושך, המושכם אל התענוג המזדמן להם באיזה צורה

dolor. Y por medio del poder de estas dos fuerzas, la Providencia nos guía allí donde desee sin pedir nuestro permiso.

Además, aun la naturaleza del placer o el beneficio no está enteramente determinado por la libre elección individual y el libre albedrío, sino más bien por la voluntad de otros: Él no desea esto y ellos sí. Por ejemplo: me siento. Me visto. Hablo. Como. Hago todas esas cosas no porque yo desee sentarme de esta manera, vestirme de esta manera, hablar de esta manera o comer de esta manera, sino porque otros desean que me siente o me vista o hable o coma de esta manera.

Todo esto está determinado por la voluntad y el gusto de la sociedad, no por mi libre voluntad. Además, hago estas cosas usualmente contra mi voluntad, porque yo preferiría conducirme con sencillez, sin cargas ni limitaciones, pero estoy esclavizado con grilletes de hierro en todos mis actos, a través del gusto de otros y las maneras de otros, quienes son la sociedad. El individuo no tiene deseo o manera a través de las cuales pueda reclamar su libertad. Cualquier cosa que él desee es debida a las maneras y gustos de otros, quienes son la sociedad.

Si esto es así, entonces díganme dónde está mi libre albedrío. Y por otra parte, si asumimos que no hay libre albedrío, entonces cada uno de nosotros no es sino una clase de máquina que es controlada por fuerzas externas que nos obligan a actuar de cierta forma. Eso significa que cada uno de nosotros está aprisionado en la prisión de la Providencia, la cual por medio de sus dos grilletes de placer y dolor, nos hala y nos empuja a donde le place de acuerdo a su voluntad, de modo que no hay egoísmo en el mundo. Esto es porque no hay uno que esté libre y se posea a sí mismo; yo no soy responsable de mis acciones y no soy el que las hace porque lo deseo; más bien, soy forzado a hacerlas contra mi voluntad. La conclusión es que la recompensa y el castigo dejan de existir.

שהיא והמבריח אותם מסבות המכאיבות. ובכח שתים אלה ההשגחה מוליכה אותנו לכל המקומות הרצויים לה, מבלי שאלת פינו כלל.

ולא עוד, אלא אפילו קביעת האופי של התענוג והתועלת, אינה לגמרי מתוך בחירתו ורצונו החפשי של היחיד, אלא על פי רצונם של אחרים, שהם רוצים ולא הוא. למשל, אני יושב, אני מתלבש, אני שח, אני אוכל. כל זאת לא משום שאני רוצה לשבת כך, ואני רוצה להתלבש כך, ולדבר כך, ולאכול כך.

אלא מכיוון שאחרים רוצים שאשב ואתלבש ואדבר ואוכל בצורה זו. כל זה לפי רצונם וטעמם של החברה ולא רצוני החפשי. יתר על כן, אני עושה כל אלה על פי רוב בנגד לרצוני, כי יותר נח לי להתנהג בפשטות בלי שום עול, אלא שאני משועבד בכל תנועותי, בכבלי ברזל, בטעמים ונמוסים של אחרים, שהם החברה. שאין ליחיד שום רצון ושום צורה, שיוכל לתבוע עליה את חירותו, כי כל מה שתובע, נבחן שתובע בשביל טעמים ונימוסים של אחרים, שהם החברה.

אם כן אמרו נא לי, היכן חרות הרצון שלי? ומצד שני אם נניח שאין חרות לרצון וכל אחד מאתנו אינו אלא כמין מכונה הפועלת ויוצרת על ידי כוחות חיצוניים, המכריחים אותה לפעול כן. זאת אומרת שכל אחד חבוש בבית האסורים של ההשגחה, אשר על ידי שני מוסרותיה התענוג והמכאוב, מושכת ודוחפת אותנו לרצונה, למקומות הנרצים לה. באופן שאין כלל "אנכיות" בעולם. כי אין כאן כלל בן חורין ועומד ברשות עצמו. אין אני בעל המעשה, ואין אני העושה, משום שאני רוצה לעשות, אלא משום שעובדים אתי בעל כרחי ושלא מדעתי, אם כן יוצא לפי זה חלף לו השכר ועונש.

Esto es bastante peculiar, no solamente para la gente religiosa que cree en la Divina Providencia y quienes de todos modos tienen certeza y confían en que Dios hace todo esto por un propósito bueno y deseado. Pero es aún más extraño para aquellos que creen en la Naturaleza, por la que cada uno de nosotros está aprisionado por los grilletes de la Naturaleza ciega, donde no hay conciencia ni plan calculado. Y nosotros, los más elevados de los seres, quienes tenemos sabiduría y conocimiento somos como juguetes en las manos de la Naturaleza ciega que nos conduce cautivos a quién sabe dónde.

La Ley de la Causalidad

Debemos tomarnos el tiempo para entender este importante concepto. Esto es: ¿cómo existimos en este mundo como una entidad de egoísmo por el que cada uno de nosotros siente que él es un ser especial que actúa de acuerdo con su propia voluntad, independiente de las fuerzas externas, desconocidas, y cómo esta entidad de egoísmo se revela en nuestra mente?

Es verdad que hay una conexión general a través de todos los detalles de la realidad que está puesta delante de nosotros, lo cual va de acuerdo con la Ley de la Causalidad, a través de Causa Y Efecto. Así como esto es verdad en general, es también verdad de cada individuo en lo particular. Esto es: toda Creación en el mundo, de toda clase —Inanimada, Vegetal, Animal y Hablante— está sujeta a la Ley de Causalidad, a través de Causa y Efecto.

Además, cada forma individual y tipo de conducta de la Creación, en tanto que existe, es motivada por causas precedentes que la empujan a comportarse de esa manera y no de otra manera. Y esto es obvio para cualquiera que observa los sistemas de la naturaleza solo científicamente sin ninguna intervención personal. Debemos examinar esto cuidadosamente para observarlo desde todos los aspectos y ángulos.

ומוזר הדבר בתכלית, לא רק לדתיים המאמינים בהשגחתו ית', ויש להם על כל פנים לבטוח ולסמוך עליו ית' שיש לו בכל המנהג הזה מטרה טובה ורצויה. אלא הדבר מוזר עוד יותר למאמיני הטבע, אשר לפי האמור, כל אחד אסור במוסרות הטבע העיוור, שאין לו, לא דעת, ולא חשבון. ואנו מובחר היצורים, בני הדעה והשכל, נעשינו כמשחק בידי הטבע העור, המוליך אותנו שולל. ומי יודע להיכן?

חק הסיבתיות

כדאי לנו לקחת לנו זמן, להבין דבר חשוב כזה. דהיינו, איך אנחנו קיימים כן בעולם מבחינת ישות של "אנכיות", שכל אחד מאתנו מרגיש את עצמו כהויה מיוחדת, הפועלת על דעת עצמה, ובלתי תלוי בכחות חיצונים זרים, בלתי ידועים, ובמה מתגלה הישות הזה של אנכיות אלינו?

והן אמת שיש קשר כללי בכל פרטי המציאות שלפנינו, שהוא פוסע והולך על פי חק הסיבתיות, בדרך גורם ונמשך קדימה, וכמו הכלל כולו, וכן כל פרט ופרט לעצמו. ז"א זאת אומרת, כל בריה ובריה מבריות העולם, מארבעת הסוגים: דומם, צומח, חי, מדבר, נוהג בה חק הסיבתיות, בדרך גורם ונמשך.

ולא עוד, אלא אפילו כל צורה פרטית, מהנהגה פרטית, שהבריה אוחזת במשך רגעי קיומה בעולם, היא נדחפת על ידי גורמים קדומים, שהכריחוה לקבל את אותו השינוי שבאותה ההנהגה, ולא אחרת, בשום פנים. וזה ברור וגלוי, לכל המסתכל בסדרי הטבע, מבחינת המדע הטהור, ובלי תערובת של פניות עצמיות. אכן אנחנו צריכים לנתח הדבר, כדי לאפשר לעצמנו, להסתכל עליו מכל צדדיו ונקודותיו.

Las Cuatro Causas

Sepa que todo lo que viene a ser a las Creaciones del mundo no es un resultado *"ex nihilo"* —"algo de la nada"— sino de "algo de algo". Esto es: por medio de un ser real que ha eliminado su forma previa y tomado su forma actual.

Así, debemos entender que todo en el mundo tiene Cuatro Causas cuando está llegando a ser. Todas las cuatro juntas determinan su ser, y son llamadas:

a) El Fundamento
b) Las formas de Causa y Efecto que están asociadas con las características del Fundamento y que no cambian.
c) Sus formas internas de Causa y Efecto, que cambia a través del contacto con fuerzas externas.
d) Las formas de Causa y Efecto a través de fuerzas externas que influencian desde el exterior.

Explicaré estas una por una.

a) La primera Causa: El Fundamento, la Primera Materia

El "Fundamento" es la Primera Materia relacionada con este ser, ya que "nada nuevo hay bajo el Sol" (*Eclesiastés 1:10*). Y cada ser que ocurre en nuestro mundo no es "algo de la nada" sino "algo de algo". Así que es un ser que se ha desvestido de su forma previa y tomado una nueva forma, diferente de la forma que era previamente.

ארבעה גורמים

דע שבכל התהוות הנפעלת בבריות העולם, צריך להבין אותה, שאינה נמשכת בבחינת יש מאין, אלא יש מיש. דהיינו על ידי מהות ממשית, שפשטה צורתה הקודמת, ולבשה הצורה המתהוית עתה.

לפיכך יש לנו להבין, אשר בכל התהוות שבעולם, משותפים ארבעה גורמים, שמארבעתם יחד יצאה ונקבעה אותה ההתהוות, ונקראים בשם:

א) המצע.
ב) דרכי הגורם ונמשך, המיוחס לתכונת המצע, מצד עצמו, שאינם משתנים.
ג) דרכי הגורם ונמשך הפנימים שלו, המשתנים מסבת מגע עם כחות זרים.
ד) דרכי הגורם ונמשך של דברים זרים הפועלים עליו מחוץ.

ואבארם אחת אחת.

סבה א': המצע, חומר ראשון

ה"מצע", פירושו, חומר הראשון המיוחס להתהוות הזאת כי "אין כל חדש תחת השמש" (קהלת, א', י'). וכל התהוות אשר יקרה בעולמנו, אינה "יש מאין", זולת "יש מיש". אלא שאיזה ישות, פשטה צורתה הקודמת, ולבשה צורה אחרת, משונה מהקודמת.

Y este mismo ser que se ha desvestido de su forma previa es definido por medio de la palabra "Fundamento", que contiene la forma potencial que será revelada en el futuro y también la forma final del ser dado será determinada. Por lo tanto, debe ser considerado la Primera Causa con relación al ser.

b) La Segunda Causa: Causa y Efecto a través de los rasgos de su Fundamento

Esta es el Sistema de Causa y Efecto que se relaciona con los rasgos del Fundamento, dentro y de sí mismo, que no cambia; por ejemplo: un grano de trigo que se ha desintegrado en la tierra y se vuelve una semilla plantada. Este estado de desintegración es llamado "Fundamento".

Eso quiere decir que la esencia del grano de trigo se ha desvestido de su forma previa, que es la forma de un grano de trigo, y ha tomado una nueva forma, esa de un grano de trigo desintegrado, que es la semilla llamada "Fundamento", que es informe. Después de que se desintegra en el suelo es capaz de asumir otra forma: esa de un tallo de trigo que puede crecer del Fundamento, el cual es la semilla.

Es sabido de todos que este Fundamento no tomará la forma de cualquier otro grano, como avena, sino esa solamente que se relaciona con su forma previa de la cual ha sido desvestido: esa de una grano de trigo. Aunque puede diferir en ciertas maneras en términos de calidad o cantidad en términos de sabor y belleza, donde en forma previa era solamente un grano de trigo, y ahora es un tallo de trigo con diez granos de trigo, la forma básica, esa de trigo, no cambia.

Aquí tenemos un sistema de Causa y Efecto que se relaciona con las características del Fundamento en y de este mismo y nunca cambia, ya que el trigo no produce avena, como hemos explicado. Y esto es llamado la Segunda Causa.

ואותה המהות, שפשטה צורתה הקודמת, היא מוגדרת בשם "מצע", שבו טמון הכח העתיד להתגלות, ולהקבע בגמר הצורה של אותה ההתהוות, ועל כן, ודאי הוא נחשב לבחינת הגורם העיקרי אליה.

סבה ב': הגורם ונמשך מצד עצמו

הוא סדר של גורם ונמשך, המיוחס לתכונת המצע, מצדו עצמו, ואינו משתנה. למשל, חטה שנרקבה באדמה, ובאה לבחינת זריעה של חטים. הרי המצב הרקוב הזה, מכונה בשם "מצע".

כלומר, שיש להבין כאן שמהות של חטה, פשטה צורתה הקודמת שהיתה לה, דהיינו, צורת החטה. וקבלה בחינה חדשה, בתמונת חטה רקובה, שהוא הזרע הנקרא "מצע", הערום מכל צורה. שעתה, אחר שנרקבה באדמה, נעשית ראויה ללבוש צורה אחרת, דהיינו, צורה של חטים, הראויים לצמוח, ולצאת מאותו המצע שהוא הזרע.

זה גלוי וידוע לכל, שהמצע הזה, אינו עתיד להתלבש, בצורות של דגן, ולא בשבולת שועל, אלא רק בהשואה, אל אותה הצורה הקודמת, שהסתלקה ממנה שהיא, החטה היחידה, ואף על פי שמשתנית בשיעורים מסוימים, הן בכמות והן באיכות, כי בצורה הקודמת היתה חטה יחידה, ועתה עשר חטים, וכן בטעם ויופי. אולם עיקר הצורה, של החטה, אינה מקבלת שינוי.

הרי שיש כאן סדר של גורם ונמשך, המיוחס לתכונת המצע מצדו עצמו, ואינו משתנה לעולם, שמחטה לא יצא דגן כמבואר. וזהו המכונה סבה ב'.

c) La Tercera Causa: La Causa y el Efecto Internos del Fundamento

Esta es el sistema de la Causa y el Efecto internos del Fundamento, donde el cambio ocurre debido al contacto con fuerzas externas en su ambiente.

Por ejemplo: podemos encontrar que un grano de trigo que se ha desintegrado en el suelo produce muchos granos de trigo, algunos de los cuales pueden ser hasta más grandes y finos que el grano de trigo original.

Se sigue que aquí tenemos fuerzas ambientales adicionales que toman parte y se combinan con el potencial oculto en el Fundamento. Esto Causa cambios en la calidad y la cantidad que no existían en la forma previa del grano de trigo. Estos son los fertilizantes y los minerales en la tierra, la lluvia, el Sol, todos los cuales actúan sobre él, por medio de dar su fuerza al potencial imbuido en el Fundamento mismo, lo cual, a través de las maneras de Causa y Efecto producen la proliferación de la calidad y la cantidad en esta manifestación.

Debemos entender que esta Tercera Causa se combina internamente con el Fundamento, porque el potencial imbuido en el Fundamento es el más fuerte, así que al final todos los cambios no se aplican fuera del ámbito del trigo, significando que los cambios solamente se aplican a las especies de trigo y no a otras especies. Por lo tanto, las definimos como "causas internas" y son diferentes de la Segunda Causa que no cambia de manera alguna. Esto no es verdad de la Tercera Causa, la cual cambia en los términos de cantidad y calidad.

d) La Cuarta Causa: La Causa y el Efecto a través de Fuerzas Externas

Este es el sistema de Causa y Efecto a través de fuerzas externas que actúan sobre este desde el exterior. Esto significa que no tienen relación directa con el grano de trigo como el Sol y la lluvia. Estas son cosas de fuera, tales como otras plantas cercanas a esta, u ocurrencias externas tales como granizo, viento, etc. Así, encontramos que estas Cuatro Causas se

סבה ג': גורם ונמשך הפנימיים

הוא סדר דרכי "הגורם ונמשך", הפנימיים של המצע, שמשתנים, מסבת המגע ופגישה עם כחות הזרים שבסביבתו, שעמהם בא במגע.

פירוש, כי אנו מוצאים שמחטה אחת הנרקבת באדמה, יוצאות ונולדות הרבה חטים, ולפעמים עוד גדולות ומשובחות, ממה שהיתה החטה בטרם שנזרעה.

הרי בהכרח, שיש כאן תוספת של גורמים, שהשתתפו והתחברו עם הכח הטמון מהסביבה, דהיינו "המצע", שמשום זה נגלו ויצאו כל אותם ההוספות בכמות ואיכות, שלא היו כלל בצורת החטה הקודמת. שהם, החומרים והמלחים שבאדמה, והגשם, והשמש, אשר כל אלה פעלו עליה, מתוך שהפרישו מכחותיהם והתחברו אל הכח הטמון במצע עצמו, אשר בדרך קודם ונמשך, והוציאו את הרבוי של כמות ואיכות, להתהוות ההיא.

ויש להבין שהגורם הג' הזה, מתחבר עם המצע בפנימיותו, מכיון שהכח הטמון במצע שולט עליהם, שסוף סוף השינויים הללו לא יצאו מגדר של החטה עצמה, כלומר שהשינויים הללו שייכים כולם למין החטים, ולא למין אחר. ולפיכך אנו מגדירים אותם לגורמים פנימיים, אלא שנבדלים מגורם הב' הבלתי משתנה, משום בחינה שהיא. מה שאין כן גורם הג' המשתנה בכמות ואיכות.

סבה ד': גורם ונמשך מדברים זרים

הוא סדר גורם ונמשך מדברים זרים, הפועלים עליו מבחוץ. פירוש, שאין להם יחס ישר אל החטה, כמו המלחים והגשם והשמש. אלא מדברים זרים אליה, כמו השכנים הנמצאים בשכנותה, ומקרים חיצונים כמו הברד והרוח וכד'. והנך מוצא, אשר ארבעה גורמים מתחברים בחטה בכל משך זמן גדולה. אשר כל מצב ומצב הפרטי החטה מקבלת במשך הזמן ההוא, נעשה מותנה מארבעתם.

combinan en el grano de trigo a través de su crecimiento. Y cada estado individual por el que atraviesa el grano de trigo es determinado por todas las Cuatro Causas. La calidad y la cantidad del trigo están determinadas por ellas. Tal como con el trigo que hemos descrito, así la ley se aplica a toda clase de manifestación en el mundo, aun pensamientos y conciencia. Por ejemplo, si describimos el estado mental de una persona, tal como una persona religiosa, o una persona secular, si es extremadamente religiosa o extremadamente secular, o entre las dos, entendemos también que este estado está determinado por las Cuatro Causas mencionadas arriba.

Propiedades Intrínsecas

La Primera Causa es el Fundamento, que es la Primera Materia. Dado que una persona es creada "algo de algo", esto es: del fruto de las mentes de sus padres, encontramos un cierto grado de similitud o duplicidad, como la duplicación de un libro. Esto quiere decir que casi cada característica encontrada en los padres y en los padres de sus padres es duplicada en el hijo.

Sin embargo, la diferencia está en el desvestido de la forma. Así como el grano de trigo no está listo para germinar hasta que se desintegra en el suelo y se desviste de su forma previa, así la gota de semen de la cual una persona nace no tiene nada de la forma de sus padres, solamente fuerzas potenciales ocultas.

Los rasgos mentales de los padres se vuelven meras tendencias, que son llamadas instintos, o hábitos, y la persona ni siquiera sabe por qué se porta como lo hace, porque son en realidad fuerzas ocultas que heredó de sus padres. No solamente nuestras propiedades físicas son heredadas de nuestros padres; también heredamos propiedades espirituales de ellos. Heredamos las ideas espirituales e intelectuales de nuestros padres, las cuales pasan de generación en generación.

שהחכמות והאיכות שבמצב, נקבע על ידיהם. וכמו שציירנו בחטה, כן החק בכל מיני התהוות שבעולם. ואפילו במחשבות ומושכלות. למשל, אם נצייר איזה מצב במושכלות מאיזה אדם שהוא, דהיינו, מצב אדם דתי, או לא דתי, אם חרדי קיצוני, או לא דתי קיצוני, או בינוני נבין גם כן שאותו המצב התהווה ונקבע באדם, על ידי ארבעת הגורמים האמורים.

הקניינים התורשתים

גורם סבה הא' הוא המצע, שהוא החומר ראשון שלו. כי האדם נברא יש מיש, דהיינו, מפרי מוחותיהם של מולידיו. ולפיכך נמצא בשיעור מסויים, כמו העתקה, המועתקת מספר לספר. כלומר, שכמעט כל העניינים שהיו מקובלים ומושגים באבותיו ואבות אבותיו, באים ונעתקים גם בו.

אלא ההבחן הוא, שנמצאים בבחינת הפשטת הצורה, בדומה לחטה הנזרעת, שאינה ראויה לזרע, אלא אחר שנרקבה ופשטה צורתה הקדומה, כן הטפה הזרעיית שממנה נולד האדם, אין עוד בה כלום מהצורות של אבותיו, רק כחות נעלמים בלבד.

כי אותם המושגים שהיו באבותיו בבחינת מושכלות, נעשו בו בבחינת סתם נטיות, הנקראים: אינסטינקטים, או כהרגלים, מבלי לדעת אפילו למה הוא עושה כך. שהמה אמנם בחינת כחות נעלמים שירש מאבותיו, באופן שלא לבד הקניינים הגשמיים, באים לנו בירושה מאבותינו, אלא גם הקניינים הרוחניים, וכל המושכלות שאבותינו עסקו בהם, מגיעים אלינו בירושה, דור דור.

De esto viene toda clase de tendencias que encontramos entre la gente, tales como la tendencia a creer o a criticar; la tendencia a estar satisfecho con una vida materialista o a ser atraído a las ideas espirituales y rechazar la vida que no es deseada: o ser mezquino o benévolo; o atrevido o tímido.

Todos estos rasgos vistos en la gente no son propiedades que ellos adquirieron por sí mismos; son simplemente rasgos que les tocó heredar de sus padres y ancestros. Como los psicólogos saben, hay un lugar especial en la mente humana que alberga estos rasgos heredados; es llamado la médula oblongada, o el subconsciente, donde todas estas tendencias están reveladas.

Sin embargo, dado que la consciencia de nuestros padres, que viene de sus experiencias, llega a nosotros como meras tendencias, ellos son como el grano de trigo que se desviste de su primera forma y queda desnudo, y solamente sus fuerzas potenciales están listas para tomar nuevas formas.

En nuestro caso, los rasgos pueden tomar la forma de la consciencia, que es considerada la Primera Materia y la Primera Causa, a las que llamamos el Fundamento, conteniendo todas las tendencias que son heredadas de los padres. Esto es llamado herencia parental.

Sabe que de todas estas tendencias, algunas vienen en una forma negativa. Esto es: como el opuesto de su manifestación en los padres. Por esta razón está dicho que eso que está oculto en el corazón del padre es revelado abiertamente en el hijo. Y la razón para esto es que el Fundamento se desviste de su forma anterior para tomar una nueva forma. Por lo tanto, puede estar muy cerca de perder las formas de la consciencia de los padres, como un grano de trigo que se desintegra en el suelo y se despoja de toda la forma que tenía como grano de trigo. Pero todo esto es dependiente de las otras Tres Causas, como mencioné anteriormente.

ומכאן מתגלים ויוצאים, כל מיני נטיות שונות שאנו מוצאים בין האנשים, כגון: נוטה להאמין, או לבקרת, נוטה להסתפק בחיים חומריים, או מתאוה רק לאדיאות ומואס בחיים שאין בהם חפץ, קמצן, ותרן, עז פנים, ביישן.

כי כל אלו התמונות המתראים באנשים, אינם מרכושם עצמם אשר רכשו, רק ירושה פשוטה, שנפלה בחלקם מאבותיהם ואבות אבותיהם. כידוע, לחכמי הפסיכולוגיה, שבמוח האדם יש מקום מיוחד שהירושות הללו שורים שם, ונקרא "מוח המאורך", או סובקונשינס (תת מודע), שכל הנטיות הללו מתגלים שם.

אולם מתוך שמושכלות אבותינו, מפרי נסיונותיהם, נעשו בנו לנטיות בעלמא. על כן, נחשבים כמו החטה הנזרעת שפשטה צורתה הקודמת ונשארה עירומה, ורק כחות טמונים בה, הראויים לקבל צורות חדשות.

שבנידון שלנו ראויים הנטיות, לקבל צורות של מושכלות. שזהו נחשב ע"כ על כן לבחינת חומר ראשון והוא גורם העיקרי הנקרא "מצע", שבו כלול כל הכוחות לנטיות המיוחדות שירש ממולידיו, והם מוגדרים בשם מורשה אבהית.

ודע, שכל הנטיות הללו, יש מהם שבאים דוקא בבחינת שלילה. כלומר, להפך ממה שהיו נמצאים באבותיו. ומכאן אמרו כל מה שיש בלב האב בסתר, מתגלה אצל הבן בגלוי. וטעם הדבר הוא, מפני ש"המצע" עומד בבחינת פושט צורה קדומה, כדי ללבוש צורה חדשה. ולפיכך, נמצא קרוב לשלילת צורות המושכלות של אבותיו. כמו החטה הרקובה באדמה, שמאבדת מעצמה כל הצורה שהיתה בחטה. ועם כל זה תלוי הדבר בשאר ג' הגורמים כמו שכתבתי לעיל.

La Influencia del Medio Ambiente

La Segunda Causa es el sistema de Causa y Efecto que se relaciona directamente con las propiedades del Fundamento mismo, y el cual no cambia. Esto significa, regresando a nuestra analogía del grano de trigo que se desintegra en el suelo, que el Fundamento está sujeto a las fuerzas del medio ambiente tales como la tierra, los minerales, la lluvia, el aire y el Sol, como hemos explicado antes. Estos actúan sobre la semilla a través de un proceso, largo y gradual de Causa y Efecto, estado tras estado, hasta que el trigo madura.

Luego el Fundamento toma otra vez su forma anterior, esa de trigo, aunque con diferencias en la calidad y la cantidad; en términos generales, no hay cambio: el trigo no se vuelve avena o arroz. Pero ciertos cambios ocurren en la cantidad, esto es: un grano de trigo produce diez o veinte granos, y también en la calidad; el trigo puede ser mejor o peor que el grano de trigo progenitor.

De la misma manera, el individuo, como un Fundamento está determinado por el medio ambiente, esto es: la sociedad, y está necesariamente influido por esta tal como el grano de trigo está influido por su medio ambiente. El Fundamento es solamente su forma básica y, por lo tanto, a través del contacto continuo con su medio ambiente y sociedad, es influido por ellos gradualmente, a través de una serie de situaciones, una tras otra por medio del orden de Causa y Efecto.

En este tiempo, las tendencias que son parte de su Fundamento cambian y toman aspectos conceptuales. Por ejemplo, si él heredó la tendencia a la mezquindad de sus padres, cuando crece construye él mismo un sistema de pensamientos e ideas que le permiten llegar a la conclusión de que es bueno ser un mezquino. Ya sabemos que aun si su padre fue complaciente, él puede aun así heredar la tendencia contraria y volverse mezquino, ya

השפעת הסביבה

סבה הב' הוא סדר "גורם ונמשך" באורח ישר, המיוחס לתכונת המצע מצדו עצמו שאינו משתנה. פירוש, ע"ד על דרך שנתבאר בחטה הרקובה הנתונה באדמה, אשר הסביבה שהמצע נתון בהם כמו האדמה, המלחים, הגשם, האויר והשמש, כמו שנתבאר לעיל, היא פועלת על הזריעה בסדר ארוך של גורם ונמשך במהלך אטי הדרגתי, מצב אחר מצב עד שמתבשלים.

והמצע חזר ולבש צורתו הקדומה, דהיינו, צורת החטה, אולם בשינויים של כמות ואיכות, שחלקם הכללי אינו משתנה כלום, שלא יצמחו דגן או שבולת שועל, אלא בחלקם הפרטי משתנים בכמות, דהיינו, שמחטה אחת נעשו עשר או עשרים חטים, וכן באיכות, שהמה משובחות או גרועות מצורת החטה הקדומה.

עד"כ על דרך זה כאן, האדם בתור "מצע" נתון בתוך הסביבה, דהיינו, בתוך החברה, והוא מושפע ממנה בהכרח, כמו החטה מסביבתה, כי המצע הוא רק צורה גלמית, וע"כ ועל כן מתוך המגע ומשא התמידי שלו עם הסביבה והחברה, הרי הוא מתפעל על ידיהם במהלך הדרגתי, של סדר מצבים בזה אחר זה גורם ונמשך.

ובזמן הזה מתהפכים בו הנטיות הכלולים במצע שלו, ומקבלים בחינות של מושכלות, למשל, אם ירש מאבותיו נטיה להיות קמצן, הנה כשיגדל, הולך ובונה לעצמו שכליות ועיונים, אשר כולם מסיקים לו החלטות אמיתיות, שטוב לאדם להיות קמצן. וכבר ידעת שאף על פי שאביו היה ותרן יכול הוא לרשת ממנו נטיה שלילית להיות קמצן,כי השלילה היא גם כן ירושה גמורה ממש כמו הקיום.

que lo opuesto es también heredado tal como el rasgo mismo. O puede heredar la tendencia a ser un libre pensador, y él mismo construye un sistema de pensamientos a través del cual llega a la conclusión de que es bueno que una persona sea libre.

Entonces ¿de dónde obtiene sus declaraciones y maneras de discusión y debate? Todas las obtiene de su medio ambiente no intencionadamente, ya que ellas influyen en sus opiniones y gustos a través de una serie gradual de Causa y Efecto de tal manera que la persona piensa que son sus inclinaciones personales que adquirió a través del libre pensamiento. Pero esto es también como el grano de trigo. Hay una parte general de él que no lo cambia de ser el Fundamento, esto es: al final guarda las tendencias que heredó. Estas son las mismas que estaban en sus padres, y esto es llamado la Segunda Causa.

El Hábito Se Vuelve La Segunda Naturaleza

La Tercera Causa es esa de la Causa y Efecto directa, por la cual pasa el Fundamento y por medio de la cual cambia. Debido a que las tendencias heredadas son cambiadas a ideas por el medio ambiente, actúan en las mismas direcciones que son determinadas por estas ideas. Por ejemplo, un nacido mezquino cuya tendencia es cambiada por su medio ambiente a una idea entiende la mezquindad de acuerdo con una definición conceptual. Digamos que por esa definición conceptual él supone que se protege a sí mismo por medio de este hábito para no ser dependiente de otros. Al hacerlo así, alcanza un grado para su mezquindad, y ahora es capaz de desecharla cuando la realidad de ese temor no está presente.

Encontramos que, del rasgo que heredó de sus padres, él ha cambiado para mejor. De ese modo él puede arrancar completamente una mala tendencia del interior de sí mismo —por medio del hábito— que tiene la capacidad de volverse una segunda naturaleza. De esta manera, el

או שירש מאבותיו נטיה להיות חפשי בדעות, הולך ובונה לעצמו עיונים, ומסיק מהם מסקנות, שאך טוב לאדם להיות חפשי.

‡

אולם מאין הוא נוטל אותם המשפטים ודרכי ההקש ומשא ומתן? כל זה הוא נוטל מהסביבה שלא מדעתו, כי המה משפיעים לו דעותיהם וטעמם, בבחינת גורם ונמשך הדרגתי. באופן שהאדם מחשיבם שהם רכושו עצמו, אשר רכש אותם בדרך עיונו החפשי. אמנם גם כאן כמו בחטה, יש חלק אחד כללי בלתי משתנה מגדרו של "המצע", דהיינו, שסוף סוף נשארים לו הנטיות שירש, עומדים אצלו בעינם כמו שהיו מצויים באבותיו, וזהו המכונה גורם הב'.

הרגל נעשה לטבע שני

סבה הג' הוא סדר גורם ונמשך באורח ישר, העובר על המצע ומשתנה על ידיהם. כי מתוך אשר הנטיות המורשות נתהפכו באדם בסבת הסביבה, לבחינת מושכלות, לפיכך נמצאות פועלות באותם הכוונים, אשר השכליות הללו מגדירות אותם. למשל, הקמצן מטבעו, אשר על ידי הסביבה נתהפכה אצלו הנטיה של הקמצנות למושכל, ומבין את הקמצנות על פי איזה גדר שכלי. נניח שמגן על עצמו במנהגו זה שלא יצטרך לבריות, הרי שהשיג בחינת קנה מדה לקמצנות שיכול לוותר בזמן שלא יהיה לו מציאות מהפחד הזה.

נמצא שהשתנה הרבה לטובה, מהמדה שירש מאבותיו, וכן לפעמים מצליח לעקור נטיה רעה מתוכו לגמרי, והוא על ידי הרגל, אשר כוחו יפה להעשות לו טבע שני. אשר בזה יפה כח האדם מכח הצומח, כי החטה לא תוכל להשתנות רק בחלקה הפרטי כאמור לעיל, מה שאין כן האדם שיש לו יכולת להשתנות

poder de un ser humano es más fuerte que el de las plantas, ya que el único cambio que un grano de trigo puede seguir es en términos de los detalles de sus rasgos. Esto no es verdad en un ser humano, quien tiene la capacidad para usar el poder de Causa y Efecto de su medio ambiente y arrancar una tendencia y convertirla en su opuesta.

Causas Externas

La Cuarta Causa es esa de Causa y Efecto que afecta al Fundamento a través de cosas completamente ajenas y actúa sobre este desde el exterior. Esto significa que estas cosas no tienen nada que ver con el sistema de crecimiento del Fundamento directamente y lo afectan solamente de manera indirecta. Por ejemplo, finanzas o problemas o vientos, etc., las cuales tienen dentro de sí mismos una serie lenta, gradual de estados de Causa y Efecto, que causan que las ideas de una persona cambien para bien o para mal.

Yo he ahora explicado las Cuatro Causas Naturales de las cuales cada pensamiento e idea de cada ser humano es meramente un resultado. Y aun si una persona se sienta y estudia algo durante todo un día, no puede añadir o cambiar lo que estas Cuatro Causas le proveen. Cualquier cosa que él añade es en términos de cantidad, dependiendo de si sus poderes mentales son grandes o pequeños. Esto no es verdad en los términos de calidad, en los cuales él no puede añadir nada, ya que estas causas determinan para nosotros el carácter y la forma de mente y conclusiones sin nuestra voluntad, sin preguntarnos para nada. De esta forma estamos sujetos a estas Cuatro Causas, tal como el barro en las manos del alfarero.

Libertad de Elección

Sin embargo, cuando examinamos estas Cuatro Causas, encontramos que aunque somos demasiado débiles para desafiar a la Primera Causa, que

מכח ה"גורם ונמשך" של הסביבה, אפילו בחלקים הכללים, דהיינו, להפוך נטיה שלמה ולעקור משרשה אל ההפכיות שלה.

גורמי חוץ

סבה הד' הוא סדר גורם ונמשך העובר על המצע מדברים הזרים לו לחלוטין, ופועל עליו מבחוץ. פירוש, שאותם הדברים אין להם שום שייכות לסדר הגידול של המצע, לפעול עליו באורח ישר, אלא שפועלים באורח בלתי ישר, למשל, הכלכלה וטרדות, או הרוחות, וכדומה, אשר יש להם לעצמם סדר שלם הדרגתי ואטי, של מצבים מ"גורם ונמשך", הגורמים שניים במושכלות האדם לטובה או לרעה.

הנה ערכתי לעיניכם ארבעת הגורמים הטבעיים, אשר כל מחשבה, וכל שכל המופיע בנו, אינם רק פירותיהם בלבד. ואפילו ישב אדם ויעיין באיזה דבר יממה שלמה, לא יוכל להוסיף או לשנות, על מה שארבעת הגורמים הללו נותנים לו. וכל הוספה שיכול להוסיף היא במדת הכמות, אם שכל גדול, או שכל קטן. מה שאין כן באיכות לא יוסיף אף משהו, כי המה הם הקובעים לנו, את האופי והצורה של השכל ושל המסקנה בעל כרחנו, בלי שאלת פינו כלל. באופן שאנו מסורים בידיהם של ארבעה גורמים הללו, ממש כחומר ביד היוצר.

בחירה חופשית

אולם כשאנו מסתכלים בארבעה הגורמים הללו, אנו מוצאים אשר למרות שכחותינו חלשים מלעמוד כנגד גורם הראשון, שהוא ה"מצע", עם כל זה, יש

es el Fundamento, de todos modos tenemos la capacidad y la libertad de elección para protegernos de las otras Tres Causas, a través de las cuales el Fundamento cambia en términos de detalle particular y a veces también en general. Esto es: es por medio del hábito a través del cual adquirimos una segunda naturaleza, como está explicado arriba.

El Medio Ambiente como una Causa

El significado de esta protección es que siempre podemos cambiar nuestro medio ambiente: nuestros amigos, libros, maestros, y así sucesivamente. De la misma manera, si una persona hereda una fanega de trigo de su padre, puede hacer crecer docenas de fanegas de esta, esto es: solamente escogiendo un medio ambiente apropiado para el "Fundamento": tierra rica que tiene todos los minerales y elementos que puede proveer al trigo y ayudarlo a crecer abundantemente.

Esto es también verdad del trabajo de una persona, al mejorar las condiciones ambientales para que sean conducentes al crecimiento. Un hombre sabio puede hacer esto intencionadamente y escoger las mejores condiciones, y encontrará una bendición. Mientras que un necio aceptará todo lo que llegue a él y su siembra será una maldición y no una bendición.

Todo este mejoramiento y prosperidad depende de escoger el medio ambiente cuando siembra la semilla. Pero una vez que la semilla ha sido sembrada en el lugar escogido, la forma final del trigo ya está determinada por el nivel de influencia del ambiente.

Así es en relación con nuestro sujeto, ya que es verdad que no hay libre albedrío porque todo es llevado a cabo por medio de las Cuatro Causas. Y somos forzados a pensar y reflexionar sobre los asuntos de acuerdo con ellas, con ni siquiera una pizca de poder para cambiar o corregir, tal como el grano de trigo que ha sido sembrado en su ambiente dado.

לנו היכולת והבחירה החפשית, להגן על עצמנו משאר שלשת הגורמים, שעל
פיהם משתנה המצע בפרטיות, ולפעמים גם בחלקו הכללי, דהיינו על ידי הרגל,
שקונה טבע שני כמו שנתבאר לעיל.

הסביבה כגורם

והגנה זו משמעותה שאפשר לנו תמיד להוסיף בדבר בחירת הסביבה שלנו,
שהם החברים, הספרים, המורים, ודוגמתם. בדומה, לאחד שירש כור חטים
מאביו, אשר יוכל לעשות ממדה קטנה הזו, עשרות רבות, דהיינו, רק בבחירת
הסביבה בשביל ה"מצע" שלו, שהיא אדמה פוריה, שיש לה את כל המלחים והגלמים
המכללים את החטה במדה מלאה בשפע.

כמו כן בעבודה, לשבח את התנאים שבסביבה, שיתאימו לצרכי הגדול והצמיחה,
כי החכם יעשה בדעת ויבחור אליו כל התנאים הטובים, וימצא ברכה. והסכל
יקח הכל מהמזדמן לפניו, ועל כן יהפך לו הזריעה לקללה ולא לברכה.

הרי שכל שבחו ורווחיו תלויים בבחירת הסביבה לזריעת החטה, אבל לאחר
הזריעה במקום הנבחר, כבר נקבעת בחטה הצורה המוחלטת, בהתאם לאותו
השיעור שהסביבה מוכשרת לתת.

כן הנדון שלנו, כי אמת הדבר, שאין חירות לרצון, אלא מתפעל מארבעה
הגורמים האמורים, ומוכרח לחשוב ולעיין כמו שהם מציעים לו, בלי שום כח
לבקורת ושנוי כמלא נימא. כדוגמת החטה שכבר נזרעה בסביבה.

Sin embargo, nosotros tenemos el libre albedrío para escoger un ambiente desde el principio, a través de libros y guías que influyan en nosotros con buenas ideas. Y si no estamos dispuestos a hacer esto, y aceptamos el ambiente que sea, y leemos cualquier libro que encontremos, nos encontraremos ciertamente en un medio ambiente negativo o desperdiciaremos nuestro tiempo en libros inútiles, que son más abundantes y obtenibles. A través de esto, ideas malas y perjudiciales son forzadas sobre nosotros conduciéndonos al pecado y a cometer acciones perjudiciales por las cuales seremos castigados ciertamente, no a causa de nuestros malos pensamientos y acciones, en relación con los cuales no tenemos elección, sino porque no hemos escogido un buen ambiente, dado que verdaderamente tenemos una elección acerca de esto, como hemos explicado.

Por lo tanto, uno que hace un esfuerzo para escoger siempre un buen ambiente es merecedor de elogio y recompensa. Aquí también, esto no es debido a los pensamientos y actos de uno, en relación con los cuales uno no tiene elección, sino por los esfuerzos de uno para adquirir un buen ambiente que lo traiga a uno a los buenos pensamientos y acciones. Es por esto que Rav Yehoshúa Ben Perajia dijo: "Hazte de un Rav y cómprate un amigo" (*Avot, Capítulo 1*).

Lo Imperativo de Escoger un Buen Ambiente

A través de esto usted puede entender las palabras de Rav Yosi Ben Kisma (*Avot, Capítulo 6*), quien respondió a un hombre que le pidió venir y vivir en su pueblo, por lo cual le pagaría miles sobre miles de dinares de oro. Rav Yosi Ben Kisma le respondió: "Aun si me dieras toda la plata y el oro y las piedras preciosas y joyas del mundo, yo no viviría en ninguna parte sino en un lugar de la Torá".

אולם יש חירות לרצון לבחור מלכתחילה בסביבה כזו, בספרים ומדריכים כאלו שמשפיעים לו שכליות טובות. ואם לא יעשה זאת, אלא מוכן לבוא בכל סביבה המזדמנת לפניו, ולקרוא בכל ספר שמזדמן לפניו. שמשום זה ודאי יפול בסביבה רעה, או יבלה זמנו בספרים שאין בהם תועלת, שהם מרובים ויותר נוחים לפניו. שמתוך זה נעשה מוכרח להשכלות גרועות ורעות, המביאים אותו לחטא ולהרשיע, ודאי ענש יענש, לא מטעם המחשבות והמעשים הרעים, שאין לו בחירה עליהם אלא מטעם שלא בחר להיות בסביבה הטובה, כי בזה ודאי יש בחירה כמבואר.

לכן, המתאמץ בימי חייו, ובוחר בכל פעם בסביבה טובה יותר - הרי הוא ראוי לשבח ולשכר. וגם כאן, לא מטעם מחשבותיו ומעשיו הטובים, הבאים לו בהכרח בלי בחירתו, אלא מטעם התאמצותו לרכוש לו סביבה טובה המביאתו לידי המחשבות והמעשים האלו. וז"ש זה שאמר רבי יהושע בן פרחיא "עשה לך רב וקנה לך חבר" (אבות, פרק א', משנה ו').

החיוב בבחירת סביבה טובה

באמור תבין דברי רבי יוסי בן קסמא (אבות, פרק ו') שהשיב לאדם שביקש ממנו שידור במקומו, ויתן לו עבור זה אלף אלפי אלפים דינרי זהב. ענה לו רבי יוסי בן קסמא: "אם אתה נותן לי כל כסף וזהב ואבנים טובות ומרגליות שבעולם, איני דר אלא במקום תורה".

Puede parecer como que estas palabras están más allá de nuestra comprensión simple. ¿Cómo podía él rechazar miles sobre miles de dinares de oro por una cosa tan pequeña solo porque no quería vivir en una ciudad donde no hubiera eruditos de la Torá, cuando él mismo era un gran sabio y no necesitaba a ninguno de quien aprender? Esto es un gran portento.

Sin embargo, esta es una cosa muy simple y debe aplicarse a cada uno de nosotros. Porque aunque cada uno de nosotros tiene un "Fundamento" propio, nuestros potenciales se manifiestan únicamente por medio de nuestro medio ambiente, tal como la semilla que es sembrada en el suelo manifiesta su potencial solamente a través de su medio ambiente que es la tierra, la lluvia y la luz solar.

Así, vemos que Rav Yosi Ben Kisma estaba en lo correcto al afirmar que si él dejara su buen ambiente que escogió, y fuera a un ambiente malo y dañino, significando una ciudad sin la Torá, no solamente se deterioraría su sabiduría anterior: las fuerzas restantes inherentes a su Fundamento que no se habían manifestado aún, permanecerían ocultas. Ya no estarían más en un ambiente apropiado que las trajese de lo potencial a lo actual. Como hemos explicado arriba, solamente a través de la elección de un ambiente puede una persona gobernar su vida, por lo cual él merece su recompensa o su castigo.

Por lo tanto, no hay sorpresa acerca de un sabio como Rav Yosi Ben Kisma, quien escogió lo bueno y rechazó lo malo, y quien no fue tentado por las cosas materiales, y se concluye: "Cuando un hombre muere, no es escoltado por plata u oro o piedras preciosas o joyas, sino solamente por el estudio de la Torá y las buenas acciones".

לכאורה הדברים נשגבים מדעתנו הפשוטה, אשר, איך ויתר על אלף אלפי אלפים דינרי זהב, בשביל דבר קטן כזה, שלא רצה לדור בעיר שאין שם בני תורה, בה בשעה שבעצמו היה מוסמך וחכם גדול, ואינו צריך ללמוד ממי שהוא? - פלא גדול.

אולם במבואר, הרי הדבר הזה פשוט מאד, וראוי שיקוים בכל אחד ואחד מאתנו. כי הגם שיש לכל אחד בחינת מצע משלו, מכל מקום אין הכוחות מתגלים בפועל זולת על ידי הסביבה שהוא נמצא בה, - בדומה לחטה הנזרעת באדמה, שאין כוחות החטה מתגלים בפועל, זולת על ידי הסביבה שלה - שהיא האדמה, הגשם, ואור השמש.

לפיכך, יפה שיער רבי יוסי בן קסמא, אשר אם יעזוב את הסביבה הטובה שלו, אשר בחר, ויבוא לסביבה רעה ומזיקה, דהיינו, בעיר שאין בה תורה, לא זו בלבד אשר דעותיו הקודמות ישתבשו, אלא גם כל יתר הכוחות הטמונים במצע שלו, שטרם הספיק לגלותם בפועל, ישארו בהעלמם. כי לא תהי' להם עוד הסביבה המתאימה, שתוכל להפעיל אותם מהכוח אל הפועל, וכמבואר לעיל, אשר רק בענין בחירת הסביבה, משוער כל ענין ממשלתו של האדם על עצמו, אשר בשבילה הוא ראוי לשכר או לעונש.

ולכן אין כל פלא על חכם כרבי יוסי בן קסמא, שבחר בטוב, ועזב את הרע. ולא התפתה בדברים וקנינים חומריים, כמו שמסיק שם: "בשעת פטירתו של אדם, אין מלוין לו, לאדם, לא כסף ולא זהב ולא אבנים טובות ומרגליות, אלא תורה ומעשים טובים בלבד".

Y así nos instruyeron los sabios: "Hazte de un Rav y cómprate un amigo". Esto también es verdad de los libros. Porque solamente esto es para la ventaja o la desventaja de uno, esto es: la elección de ambiente de uno. Sin embargo, una vez que uno ha escogido un ambiente, está sujeto a este como el barro en las manos del alfarero.

El Control de la Mente sobre el Cuerpo

Hay muchos eruditos modernos que, después de examinar el asunto mencionado previamente y ver cómo la mente del hombre es como un fruto que brota de las experiencias de la vida, como explicamos antes, han llegado a la conclusión que la mente no tiene en absoluto control sobre el cuerpo. Solamente las experiencias de la vida, que son registradas en las neuronas físicas del cerebro, controlan y activan a la persona. Y la mente de una persona es como un espejo que recibe las imágenes colocadas frente a este. Y aunque el espejo contiene estas imágenes, no tiene en forma alguna poder para actuar sobre las imágenes reflejadas en él.

Así es también la mente. Aunque las experiencias de la vida, a través de todos los aspectos de Causa y Efecto, son percibidas y conocidas por la mente, la mente misma no controla al cuerpo y no lo puede cambiar. Esto es: no lo puede acercar a eso que lo beneficia ni distanciarlo de lo que lo daña, ya que lo espiritual y lo físico están tan lejos uno de otro como puede ser. Y no hay manera de juntarlos de modo que la mente espiritual pueda actuar sobre y controlar al cuerpo, el cual es físico, como ha sido explicado y hablado con amplitud.

Pero su punto fuerte es también su punto débil, ya que la imaginación de una persona sirve a la mente tal como un microscopio sirve a los ojos. Sin un microscopio, el ojo no puede ver una cosa porque es muy diminuta. Pero una vez que la entidad negativa es vista a través del microscopio, el ser humano puede evitar a ese germen dañino.

וכמו כן הזהירו חז"ל: "עשה לך רב וקנה לך חבר". וכמו כן הבחירה בספרים כנודע. כי רק בדבר הזה יש להועיל לאדם או לגנותו, דהיינו, בבחירת הסביבה, אולם לאחר שבחר הסביבה, הוא מוטל בידיהם כחומר ביד היוצר.

שליטת השכל על הגוף

ויש מהחכמים המודרנים החיצונים, אשר לאחר שהתבוננו בענין הנזכר לעיל, וראו איך ששכלו של האדם, אינו אלא בחינת פרי הצומח ויוצא ממאורעות החיים, ע"ד על דרך שהבאנו לעיל, באו למסקנה, שאין שום שליטה לשכל, לפעול על הגוף במדת מה, אלא רק מאורעות החיים בלבד, הנרשמים בגידים הגשמיים של המוח, המה השולטים ומפעילים את האדם. ושכלו של האדם, דומה למראה המקבלת צורות הנמצאות לנגדה, שאעפ"י שאף על פי שהמראה היא הנושא לצורות הללו, מכל מקום אינה יכולה להפעיל ולהניע את הצורות הנשקפות בה כלל.

כן השכל, אעפ"י אף על פי שמאורעות החיים, בכל בחינותיהם של הגורם ונמשך, מתראים וידועים בשכל, מ"מ מכל מקום אין השכל עצמו שולט כלל על הגוף שיוכל להביאו לידי תנועה. דהיינו, לקרבו למועיל, או להרחיקו מהמזיק, משום שהרוחני והגשמי רחוקים זה מזה בתכלית, ולא יצוייר כלל שום אמצעי מכשיר ביניהם, באופן שיוכל השכל הרוחני להניע ולפעול על הגוף שהוא גשמי, כמו שהרחיבו בו והאריכו בזה.

אולם במקום חריפותם, שם שיבושם, כי הדמיון שבאדם משמש עם השכל, לא פחות מהמיקרוסקופ לעינים, אשר בלי המיקרוסקופ אינו רואה שום דבר מזיק מחמת קטנותו. אולם לאחר שרואה את הבריה המזיקה, על ידי המיקרוסקופ, הרי האדם מתרחק מאותו המזיק.

Así, vemos que el microscopio y no los sentidos ocasionan que una persona actúe para evitar al germen, porque los sentidos no podrían detectar al germen. De la misma manera, la mente controla al cuerpo completamente y lo aleja del mal y lo acerca al bien. Lo hace en cada situación en la que el cuerpo es demasiado débil para reconocer la cosa benéfica o dañina. Solamente la mente puede hacer esto.

Además, cuando uno reconoce la existencia de la mente que lo hala a las conclusiones correctas a través de la experiencia, también es capaz de adquirir conocimiento de otro, una persona en la que se confía y aceptarlo como un hecho, aun si las experiencias de su vida no son suficientes para revelárselo. Es como pedir el consejo de un médico: uno escucha y acepta su consejo, aunque uno no entiende, con su propia mente, nada de esto. Así, uno usa las mentes de otros y es ayudado por ellos no menos que por la mente propia.

Esto es lo que hemos explicado arriba: que hay dos caminos de la Providencia que aseguran que un ser humano llegue a la meta final buena, los cuales son:

El Camino del Sufrimiento y el Camino de la Torá

Aprendemos que toda la claridad que hemos explicado antes, que está en El Camino de la Torá, viene de esas sabidurías y claridad que están siendo reveladas y manifestadas y reconocidas por el ojo, después de una larga cadena de eventos en las vidas de los profetas y hombres de renombre y pueden ser utilizadas por todos al máximo y alcanzar el beneficio al hacer esto, como si fueran eventos que son parte de su propia vida. Así, está claro que por medio de esto, uno no necesita sufrir y atravesar todas las experiencias amargas necesarias para desarrollar para sí una mente clara. De ese modo una persona evita el caos y también ahorra tiempo.

נמצא אשר המיקרוסקופ, מביא את האדם לידי פעולה להרחיקו מהנזק, ולא החוש. כי החוש לא הרגיש במזיק. ובשיעור הזה, ודאי שהשכל שולט על גוף האדם בשליטה גמורה, להרחיקו מהרע, ולקרבו אל הטוב. דהיינו, בכל אותם המקומות, אשר תכונת הגוף, חלשה להכיר שם את המועיל או המזיק, ורק להשכלתו של השכל הוא צריך.

ולא עוד, אלא שמתוך שהאדם מכיר את השכל, שהוא מסקנה נאמנה מנסיונות החיים, ע"כ על כן, הוא מסוגל לקבל שכל ובינה מהאדם הנאמן לו, ולקבל אותו בדמות חוק, אעפ"י אף על פי שמאורעות חייו, לא הספיקו לגלות לו שכל כזה. בדומה לשואל בעצת הרופא שהאדם מקבל ושומע לעצתו, אף על פי שאינו מבין בשכלו עצמו ולא כלום. הרי שמשתמש בשכל של אחרים, ונעזר על ידם, לא פחות מבשכלו שלו עצמו.

וזהו שביארנו לעיל, שיש ב' דרכים לדרכי ההשגחה, להבטיח לאדם שיבוא אל המטרה הטובה התכליתית. שהם:

דרך יסורים, דרך תורה

אשר כל הבהירות שאמרנו שם, שנמצא בדרך התורה, נובע מזה, משום שאותם שכליות הבהירות, שנתגלו ויצאו והוכרו לעין, אחר שלשלת גדולה וארוכה ממאורעות החיים של הנביאים ואנשי השם, הנה האדם בא ומנצל אותן בכל מדתן, ומוציא תועלת על ידיהן, כאילו אותן השכליות היו ממאורעות חייו עצמו. הרי לעיניך שנפטר האדם מתוך זה מכל אותם הנסיונות המרים המחויבות לו לעבור עליו עד שיתפתח בו עצמו אותו השכל הבהיר, ואם כן נפטר מיסורים, וגם מרויח זמן.

Esto es como un paciente que no desea seguir el consejo de su doctor hasta que entiende por sí mismo cómo este consejo lo curará. Así que empieza a estudiar medicina, y puede morir de su enfermedad antes de que se las arregle para aprender y entender el arte de la medicina.

Así es El Camino del Sufrimiento como opuesto a El Camino de la Torá. Porque quien no cree y acepta las ideas que la Torá y las profecías sugieren, sin entenderlas, puede solamente llegar a las mismas ideas a través de una serie de Causas y Efectos de la experiencia de la vida. Esto apresura la capacidad de uno para desarrollar un sentido de reconocimiento de algo que es malo, no a través de elección, como hemos explicado, sino a través de los esfuerzos de uno para adquirir un buen ambiente que capacite a uno para tener estos pensamientos y acciones.

Libertad del Individuo

Ahora hemos llegado a entender la libertad del individuo en su forma precisa. Esto se aplica solamente a la Primera Causa —el "Fundamento"— que es la Primera Materia de cada persona. Esto es: en términos de las tendencias que heredamos de nuestros padres y ancestros, que distinguen a una persona de otra.

Usted puede ver que entre los miles de personas que viven en el mismo medio ambiente en el que las otras Tres Causas actúan sobre ellas en el mismo grado, no encuentra dos que tengan las mismas características.

La razón para esto es que cada una de ellas tiene su propio Fundamento único, de acuerdo con su propia esencia, que es como el Fundamento del grano de trigo: aunque es afectado significativamente por las últimas Tres Causas, todavía mantiene su forma anterior de trigo y nunca puede tomar la forma de otra especie.

ואפשר לדמות הדבר לחולה שאינו רוצה לשמוע לעצתו של הרופא, בטרם שיבין בעצמו - איך עצתו תרפא אותו. ועל כן מתחיל בעצמו ללמוד חכמת הרפואה, הרי יוכל למות מחליו, בטרם יספיק להבין חכמת הרפואה.

כן דרך היסורים, לעומת דרך התורה. כי מי שאינו מאמין למושכלות, שהתורה והנבואה מיעצים לו לקבלם בלי הבנה עצמית, הרי מוכרח בעצמו לבוא לאותם השכליות, והיינו רק על דרך ביאתו בשלשלת הסיבה והמסובב ממאורעות החיים, שהן נסיונות מזרזות מאד המסוגלות לפתוח בהם את חוש הכרת הרע, כמו שנתבאר בלי בחירתו, אלא מטעם התאמצותו לרכוש לו סביבה טובה, המביאה לידי המחשבות והמעשים האלו.

חרות היחיד

ועתה באנו לידי הבנה, גם בחירות היחיד, על תוכנו המדויק. אשר זה אמור, רק על בחינת גורם הראשון שהוא "המצע", שהוא בחינת חומר הראשון של כל אדם. דהיינו, על כל בחינות הנטיות הבאות אלינו בירושה מאבותינו ואבות אבותינו. אשר באלה נבדל האחד ממשנהו.

כי תראה אשר אלפי אנשים, שסביבה אחת לכולם, גם באופן ששלושת הגורמים האחרונים פועלים כולם במדה שוה. עם כל זה לא תמצא ביניהם שני אנשים שיהיה להם תכונה אחת.

והוא מטעם, שכל אחד מהם, יש לו מצע מיוחד, לפי עצמו לבדו, שזה דומה כמו המצע של החטה, שאף על פי שמשתנית הרבה מכוח שלושת הגורמים האחרונים, עם כל זה תשאר עליה צורת החטה הקדומה, ולעולם לא תקבל צורת מין אחר.

Es lo mismo en este caso. Cada Fundamento que pierde la forma anterior de sus padres, y toma una nueva forma a través de las Tres Causas que lo afectan y lo cambian significativamente, todavía retiene la forma general de sus padres y no la pierde, y nunca tomará la forma de otra persona para ser similar, así como un grano de cebada no puede ser similar a la forma del trigo.

Así, vemos que cada simple Fundamento tiene una larga historia generacional de unos pocos cientos de generaciones. Y cada Fundamento está constituido de la conciencia de todas ellas juntas, pero ellas no son manifestadas en la misma forma en la que se encuentran en los padres de uno, esto es: en la forma de consciencia, desvistiendo por lo tanto su forma.

Así, uno solamente retiene las formas básicas, que son llamadas tendencias e instintos, sin saber por qué uno actúa en cierta forma, como se explicó anteriormente. De modo que es inconcebible que dos personas tengan las mismas características.

La Necesidad de Guardar la Libertad Individual

Sepa que esta es la verdadera posesión del individuo, de modo que no debe ser dañada ni cambiada. Porque todas las tendencias contenidas en el "Fundamento" serán actuadas con el tiempo y recibirán formas de conciencia, cuando el individuo madura y tiene su propia mente, como se explicó arriba.

Y por medio del poder de la Ley del Desarrollo, que gobierna esta entera cadena de Causa y Efecto, que la empuja siempre hacia adelante, como se explicó en el "Artículo sobre la Paz", encontramos que cada simple tendencia se transforma finalmente en una conciencia muy elevada, importante e invaluable.

כן הדבר הזה, אשר כל "מצע" שפשט הימנו הצורה הקדומה של המולידים, ולבש צורה חדשה, המותנית מכחות ג' גורמים שנוספו אליה, ומשתנית הרבה על ידיהם עכ"ז עם כל זה הצורה הכללית של המולידים לא תאבד הימנו, ולעולם לא יוכל לקבל צורה של אדם אחר, שדומה בערך השעורה לחטה.

שהרי כל מצע ומצע יש לו לעצמו שלשלת צורנית ארוכה, מאותן צורות, אשר אותו המצע כלול מהמושכלות שבכולם, אלא שאינם מגולים בו, באותן הצורות שהיו נמצאות באבותיו. דהיינו, בצורות של מושכלות, אלא רק מבחינת פושט צורתם.

ועל כן עומדים בו, רק בצורות של כוחות פשוטים שנקראות נטיות ואינסטינקטים, מבלי שידוע טעמם למה עושה כן כנ"ל. ולפיכך לא יצוייר לעולם, שיהיו שני אנשים בתכונה שוה.

חיוב השמירה על חרות היחיד

ודע שזהו הרכוש האמיתי של היחיד, שאסור לפגוע בו, או לשנותו. כי סופם של כל אלו הנטיות הכלולות ב"מצע", להתפעל ולקבל צורות מושכלות, כשיגדל אותו היחיד ויעמוד על דעתו. כמבואר לעיל.

ומכח חוק ההתפתחות השולט בכל השלשלת ההיא הדוחף אותה תמיד קדימה, כמבואר במאמר השלום. נמצא עוד, שסופם של כל נטיה ונטיה, להתהפך למושכלות מאד גבוהות וחשובות לאין ערוך.

Así, encontramos que cualquiera que destruye y arranca una tendencia de un individuo causa que una idea elevada y maravillosa, que estaba destinada a emerger y evolucionar, se pierda. Debido a que esta tendencia no puede ocurrir otra vez en alguna otra persona sino solamente en ella.

Aquí debemos entender que cuando una tendencia cambia y toma la forma de una conciencia, las diferencias entre lo bueno y lo malo no pueden ser ya reconocidas en esta, dado que estas diferencias solamente son aparentes mientras las tendencias o conciencias no están todavía maduras, y nada de ellas es reconocible cuando toman la forma de la verdadera conciencia. Esto será explicado en los siguientes artículos con plenas razones y argumentos.

De esto, entendemos el daño terrible que las naciones causan cuando imponen su dominio sobre las minorías y les quitan su libertad, sin permitirles continuar con su propia forma de vivir de acuerdo con sus tendencias, las cuales heredaron de sus antepasados; son considerados como asesinos de almas. Y aun aquellos que no creen en la religión y en una Providencia llena de propósito pueden entender lo imperativo de proteger la libertad del individuo por medio de su entendimiento de los caminos de la naturaleza.

Eso es porque hemos visto como cada nación que ha caído en la ruina a través de las generaciones cayó por imponerse sobre las minorías y sobre los individuos. Al hacerlo así, los vencieron y los destruyeron. Así, está claro para todos que no hay forma de alcanzar la paz en el mundo si no tomamos en cuenta la libertad del individuo, porque sin esta, la paz no durará y la destrucción empeorará.

Hemos explicado claramente y definido precisamente la entidad del individuo, excluyendo todo lo que viene de la comunidad. Ahora la pregunta es: ¿dónde está el individuo mismo? Porque todo lo que

נמצא שכל מי שמשחית איזו נטיה מהיחיד, ועוקר אותה ממנו, הריהו גורם שיאבד מהעולם השכלה נשגבה ונפלאה ההיא, שעתידה לצאת בה באחרית השלשלת. משום שנטיה ההיא, לא יארע עוד לעולם, בשום גוף אחר זולתו.

כאן צריכים להבין, שבשעה שאיזו נטיה מתהפכת ומקבלת צורת מושכל, אין עוד יותר להכיר בה הבדלות של טוב ורע. כי הבדלות אלו ניכרות רק בזמן היותן נטיות או מושכלות בלתי בשלות, ובשום פנים לא יוכר שמץ מהם, בעת שמקבלות צורת מושכלות אמיתיות. ודבר זה יתבאר במאמרים הבאים, בכל טעמו ונמוקו.

מזה מובן לנו, גודל החמס, שעושים אלו האומות, המטילים מרותם על המיעוטים ועושקים את חרותם, מבלי לאפשר להם להמשיך את דרך חייהם, על פי נטיותיהם, שהגיעו אליהם במורשה מאבות אבותיהם, כי כרוצחי נפשות נחשבים. וגם הבלתי מאמינים בדת ובהשגחה מטרתית, יוכלו להבין את החיוב השמירה, על חרות היחיד, מתוך מערכות הטבע.

כי עינינו רואות איך כל האומות שנפלו ונהרסו מדור דור, לא היה זה, אלא מתוך הכבדת עולם על המיעוטים, ועל היחידים. אשר על כן התגברו עליהם והרסו אותם. אם כן ברור לכל, שאין אפשרות להעמיד השלום בעולם, אם לא נתחשב עם חירות היחיד, כי זולת זה, לא יהיה השלום בן קיימא. והחורבן יאמיר.

הנה גדרנו היטב את ישותו של היחיד, בתכלית הדיוק, אחרי הנכיון מכלמה שמגיע אליו מהצבור כמבואר. אולם, הועמדה השאלה סוף סוף איה הוא היחיד

hemos dicho hasta ahora en términos del individuo puede solamente ser entendido en términos de las propiedades del individuo, que es el legado heredado de sus ancestros.

¿Quién es el que hereda y posee estas posesiones? ¿El que está demandando preservar sus posesiones? Porque después de todas las cosas que ya hemos explicado, todavía no hemos encontrado el punto de "sí mismo" del ser humano, ese punto el cual podemos examinar como una unidad independiente. ¿Y cuál es la importancia de la Primera Causa, que es una serie larga de miles de personas, una después de la otra de generación en generación, las que se combinan para determinar el carácter del individuo como un heredero?

¿Y cuál es la importancia de las otras Tres Causas que están en los miles de personas existiendo una junto a la otra en una simple generación, cuando al final cada individuo está para ser juzgado en términos de una sola máquina común que está siempre lista para atender las necesidades y deseos de la comunidad?

Esto significa que el individuo está sujeto a dos tipos de comunidad. En términos de la Primera Causa, uno está sujeto a la comunidad masiva de las generaciones previas que venían una después de la otra. Y en términos de las otras Tres Causas, uno está sujeto a la comunidad con la que uno vive en esa generación particular.

Esta es verdaderamente una cuestión a escala mundial, y por esta razón hay mucha gente que se opone al acercamiento natural antes mencionado, aunque reconocen bien la verdad de este. Y escogen acercamientos metafísicos o dualísticos o trascendentales para visualizar una entidad espiritual y cómo esta yace dentro del cuerpo humano como "el alma humana", que es inteligente y opera el cuerpo, que es la esencia del humano mismo y su "sí mismo" o ego.

עצמו? כי כל האמור עד הנה בגדר היחיד, הוא מובן רק מבחינת רכושו של היחיד, שהוא המורשה שהנחילו לו אבותי.

אולם, איה הוא היחיד עצמו, דהיינו, היורש והנושא של אותו הרכוש, התובע לפנינו על שמירת רכושו? כי מכל המבואר עד כאן, עדיין לא מצאנו, את הנקודה האנכית של האדם, שיהיה עומד לעינינו בתור יחידה עצמית, ומה לי הגורם הראשון - שהוא שלשלת ארוכה, של אלפי בני אדם בזה אחר זה, מדור דור, שקבענו עמהם דמותו של היחיד בתור יורש.

ומה לי שאר שלושת הגורמים -שהם אלפי האנשים עומדים בזה אצל זה בדור אחד - סוף סוף נבחן כל יחיד, רק בדמות מכונה צבורית, העומדת תמיד הכן לרשות הצבור לתשמישם, לחפצם.

דהיינו, שנעשו סביל לשני מינים של צבור. מצד הגורם הראשון נעשה סביל לצבור גדול מדורות שעברו, שהיו נמצאים בזה אחר זה, ומצד שלושת הגורמים האחרים נעשה סביל לצבור הנמצאים עמו בדור אחד.

וזוהי אמנם שאלה כלל עולמית, ומשום זה נמצאים הרבה המתנגדים לשיטה הנ"ל הטבעית, אף על פי שמכירים היטב אמיתותה, ובוחרים ביותר בשיטות מטפיזיות או בדואליזם, או בטרנסצנדנטליות*, לצייר לעצמם איזה עצם רוחני, איך שהוא יושב בפנימיות הגוף, בתור נפש האדם. אשר הנפש הזאת היא המשכלת, והיא המפעלת את הגוף וכו', שהיא עצם האדם וה"אנכי" שלו.

---

* העורך: נוכחי מונח בתאולוגיה

Todas estas explicaciones deben ser suficientes, pero el problema es que ellos no tienen explicación científica para cómo una cosa espiritual puede tener alguna clase de contacto con los átomos físicos y espirituales del cuerpo y de ese modo causar alguna clase de movimiento. Toda su sabiduría no les sirve para encontrar algo suficiente para puentear esta grieta ancha y profunda entre lo espiritual y lo físico. Así, la ciencia no ha ido a ninguna parte con todos estos acercamientos metafísicos.

El Deseo de Recibir — "Algo de la Nada"

Para tomar un paso adelante con este acercamiento científico, solamente la sabiduría de la Kabbalah bastará, ya que todas las sabidurías en el mundo están incluidas en la sabiduría de la Kabbalah. Y como he explicado (en mi comentario *Panim Masbirot* en el tema de "Luces y Vasijas Espirituales" en el libro *El Árbol de la Vida, rama 1*), algo nuevo en términos de la creación de Dios, *ex nihilo*, "algo de la nada", solamente se aplica a un concepto, el cual es definido como el *Deseo de Recibir*.

Ninguna otra cosa en la Creación puede ser definida como "nueva" ya que no son "algo de la nada" sino más bien "algo de algo". Esto es, se derivan directamente de la esencia de Dios como la luz es derivada del Sol: nada hay nuevo acerca de este; eso que está contenido en la esencia del Sol brota de este.

Esto no es verdad con el antes mencionado *Deseo de Recibir*, que es totalmente nuevo. Esto es: antes de la Creación no había tal realidad, porque el Creador no tiene nada que ver con el *Deseo de Recibir*. Después de todo, el Creador precedió a todo, ¿y de qué o de quién recibiría el Creador? Por lo tanto, este *Deseo de Recibir*, que el Creador creó *ex nihilo*, puede ser considerado como una cosa enteramente nueva.

ואולי היה בכל הפירושים הללו, כדי להניח את הדעת, אבל הצרה בזה, שאין
להם כל פתרון מדעי, איך אפשר לעצם רוחני, שיהיה לו איזה מגע כל שהוא,
עם האטומים הגשמיים בגוף, שיוכל לגרום לו איזה תנועה. וכל חכמתם, לא
הועילה להם, למצוא כאן איזה גשר מספיק, לעבור על הבקע הרחב והעמוק
הזה, הנמצא מעצם רוחני, לאטום גשמי. ולפיכך לא הרויח המדע ולא כלום, בכל
השיטות המטפיזיות הללו.

הרצון לקבל - יש מאין

וכדי להוסיף כאן איזה פסיעה קדימה בדרך מדעית - רק לחכמת הקבלה אנו
צריכים, כי כל החכמות שבעולם כלולות בחכמת הקבלה. ונתבאר אצלינו, בענין
"אורות וכלים הרוחניים" (בפרושי "פנים מסבירות" לספר "עץ החיים", ענף א'),
אשר כל עיקר החידוש מבחינת הבריאה שברא ית' יש מאין, אינו חל רק על ענין
אחד בלבד, המוגדר תחת השם "רצון לקבל".

וכל שאר העניינים הנמצאים בכל הבריאה, אינם בבחינת חידוש כלל, שאינם
מבחינת יש מאין, אלא, יש מיש. כלומר, שנמשכים בהמשכה ישרה ממהותו ית'
עצמו, כמו האור הנמשך מהשמש -שאין שם כל חידוש, שמה שנמצא במהות
השמש מתפשט ויוצא לחוץ.

מה שאין כן, בענין "רצון לקבל" האמור, זהו חידוש לגמרי, כלומר, שמטרם
הבריאה לא היה זה דבר זה במציאות, שהרי הוא ית' אינו כלול ולא כלום, מבחינת
רצון לקבל, להיותו קדמון לכל דבר ממי יקבל? ולכן נבחן הרצון לקבל הזה,
שהוציאו ית' בבחינת יש מאין בחידוש גמור.

Esto no es verdad de algo además de esto; nada más puede ser considerado "nuevo" que pueda ser llamado una "creación". Por lo tanto, todas las vasijas y objetos, ya sean realidades espirituales o mundos físicos, son considerados material espiritual o físico cuya naturaleza es el *Deseo de Recibir*.

Las Dos Fuerzas del Deseo de Recibir: La Atracción y el Rechazo

Además, dentro de la fuerza que llamamos el *Deseo de Recibir*, podemos distinguir entre dos fuerzas separadas que son llamadas "atracción" y "rechazo". La razón para esto es que cada vasija u objeto que es definido por el *Deseo de Recibir* está limitado en términos de la cantidad y la calidad de lo que pue de recibir.

Dado que esto es así, encontramos que todo lo que está más allá de la capacidad del objeto o vasija para recibir en términos de cantidad o calidad se considera que está contra su naturaleza, y debido a esto lo repele. Por definición es el *Deseo de Recibir*. Aunque significa fuerza de atracción, en este caso, por necesidad, se vuelve también fuerza de rechazo; entienda esto bien.

Una Ley para Todos los Mundos

Aunque la sabiduría de la Kabbalah no habla de nuestro mundo físico para nada, todos los mundos están sujetos a una ley (vea el artículo sobre "La Esencia de la Sabiduría de la Kabbalah" empezando con "La Ley de la Raíz y la Rama").

מה שאין כן כל היתר מזה אינו כלול בבחינת חידוש שיתכן לכנותם בשם בריאה. ולפיכך, כל הכלים וכל הגופים, הן מעולמות הרוחניים, והן מעולמות הגשמיים, הם נבחנים לבחינת חומר רוחני או גשמי שטבעו הוא "לרצות לקבל".

ב' כוחות ברצון לקבל: כח המושך, כח הדוחה

וצריך שתבחין עוד, אשר בבחינת הכח הזה המכונה "רצון לקבל", אנו מבחינים בשני כוחות הנקראים: "כח המושך" ו"כח הדוחה" והטעם, כי כל כלי או גוף, שגדרו הוא רצון לקבל, נמצא אמנם מוגבל, דהיינו, כמה שיקבל, ואיזה איכות שיקבל.

וכיון שכן, נמצאים כל אלו הכמות והאיכות שהם מחוץ לגבולו, כמו נגד הטבע שלו. ומתוך כך הוא דוחה אותם, הרי שבגדר הזה שנקרא רצון לקבל, אף על פי שמובנו רק כח המושך בלבד, מכל מקום, בהכרח נעשה גם כן לכח הדוחה. והבן זה היטב.

חוק אחד לכל העולמות

ואף על פי שחכמת הקבלה, אינה מדברת כלום מעולמנו הגשמי, עם כל זה יש להם לכל העולמות חוק אחד (כמ"ש במאמר "מהות חכמת הקבלה", ד"ה דבור המתחיל [במילים] העולמות נחתמים זמ"ז זה מזה).

Así, también encontramos que cualquiera de todas las esencias físicas que se encuentran en nuestro mundo —esto es: todo lo que está en este espacio, sea Inanimado, Vegetal, Animal, substancia espiritual o substancia material— cuando llegamos a determinar el "sí mismo" e individualidad de cada uno de ellos en términos de lo que los hace diferentes de los otros hasta la más pequeña partícula, es nada más que el antes mencionado *Deseo de Recibir*. Esta es la completa forma individual en términos de creación renovada, y que la limita en términos de cantidad y calidad como se mencionó previamente, y a través de eso deriva sus fuerzas de atracción y rechazo.

Pero algo que contiene más que estas dos fuerzas se considera como la abundancia de Su esencia, y esta abundancia es igual entre todas las creaciones. Nada nuevo hay acerca de esa abundancia en términos de la Creación, ya que es "algo de algo" y no puede ser considerada como una unidad individual, sino más bien algo que es común a todas las creaciones, grandes y pequeñas. Debido a que cada una recibe de esta abundancia de acuerdo a las limitaciones de su *Deseo de Recibir*, esta limitación se vuelve eso que distingue a una cosa individual de otra.

Así, he definido claramente de una manera puramente científica el "yo" o ego de cada individuo por medio de lógica científica que no puede ser desaprobada o criticada, aun de acuerdo con los métodos del materialismo automático extremo.

Ahora no tenemos necesidad de todos los métodos erróneos sazonados con metafísica. Claramente, no hace diferencia si esta fuerza —el *Deseo de Recibir*— viene del material descubierto por medio de la química o si el material viene de esta fuerza, ya que entendemos que el punto que solamente esta fuerza, que es inherente a toda criatura y átomo como el *Deseo de Recibir* según sus limitaciones, es la única cosa en la cual es separado y reconocible entre todos sus semejantes. Esto también se aplica

ולפיכך נמצא גם כן, אשר כל מיני מהותים הגשמיים שבעולמנו, דהיינו, כל מה
שנמצא בתוך החלל הזה, יהיה מה שיהיה, דומם, צומח, חי, עצם רוחני, עצם
גשמי, אם באנו להבחין את בחינת היחידית והאנכיית של כל אחד מהם, במה
שנבדל מכל האחרים, ואפילו בפרודה היותר קטנה, הרי היא לא יותר מבחינת
"רצון לקבל" הנ"ל, שהוא כל צורתו הפרטית מצד הבריאה המחודשת, המגביל
אותה בכמות ואיכות כנ"ל, שמכוח זה נמצא בה כוח המושך וכוח הדוחה.

אבל כל מה שנמצא בה יותר משני הכוחות האמורים, הרי זה נחשב לבחינת
השפע ממהותו ית', אשר השפע הזה הוא שוה לכל הברואים, ואין בה משום
חידוש המיוחד לבריאה כלל, להיותה נמשכת יש מיש, ולא יתכן ליחס את זה
לבחינת יחידה פרטית. רק לדברים משותפים לכל חלקי הבריאה הקטנים עם
הגדולים. שכל אחד מקבל מהשפע הזה, לפי גבול הרצון לקבל שלו, ובגבול הזה
נעשית ההגדרה בין כל יחיד ויחידה.

הרי הוכחתי בעליל מבחינה מדעית טהורה, את "האנכי" (האיגו) של כל יחיד,
בשיטה מדעית מוגנת לחלוטין בכל צריכה מעין הבקורת. ואפילו לשיטת
המטריאליסטים האוטומאטיים הקיצונים.

ומעתה אין אנו צריכים יותר לכל השיטות הצולעות, המתובלות במטפיזיקה.
וכמובן שאין כאן כל הפרש, אם הכוח הזה - של רצון לקבל, הוא פרי ותוצאה
של המטריה (חומר) שהוציאתו בדרך הכימיה, או המטריה, הוא פרי ותוצאה
של הכח הזה, כי העיקר ידענו, אשר רק הכח הזה - המוטבע בכל בריה ואטום
של "הרצון לקבל" בגבולותיו, הוא בחינת היחידה, שבו הוא נבדל וניכר לעצמו,

a ambos: un átomo individual y un grupo de átomos que forman un cuerpo.

Y todos los otros aspectos en los cuales encontramos más que esta fuerza no tienen nada que hacer con esta molécula o grupo de moléculas en términos de individualidad, excepto en general, que es la abundancia que viene a ellas del Creador. Esto es lo que todas las partes de la Creación tienen en común, y este no es un asunto de cuerpos individuales, como hemos explicado.

Ahora podemos entender el concepto de la libertad del individuo en términos de la definición incluida en la Primera Causa, a la que hemos llamado el "Fundamento", en el cual todas las generaciones anteriores, quienes son los ancestros de este individuo, han imbuido su naturaleza, como hemos discutido antes. De acuerdo con esta explicación, la definición de la palabra "individuo" no es sino la limitación del *Deseo de Recibir* inherente a su grupo de moléculas.

Así, puede usted ver que todas las tendencias que el individuo ha heredado de sus ancestros no son sino la limitación de su *Deseo de Recibir*, en términos de cualquiera de las dos: la fuerza de atracción dentro de este o la fuerza de rechazo dentro de este. Vemos esto como tendencias a la indulgencia o la mezquindad, o a mezclarse con otros o estar solo.

Y dado que esto es así, estas son manifestadas como el ego, el cual lucha por su derecho a existir. Así, si destruimos alguna tendencia de un individuo dado, es como si hemos separado una de sus extremidades, y esto es verdaderamente una pérdida para toda la Creación, ya que no hay y nunca habrá otra como esta, como hemos explicado anteriormente.

Ahora que hemos explicado claramente el derecho justificable del individuo a la libertad de acuerdo con las Leyes de la Naturaleza, veamos

מתוך שאר חברי סביבתו, שזה נוהג הן באטום יחידה, והן בחבורה של אטומים -
שנקראים גוף.

וכל יתר הבחינות,שנמצא בהם עודף על הכח הזה, אינם מיוחסים בכל שהוא
לאותה הפרודה, או לאותה החבורה של פרודות מבחינת האנכיית שבה, אלא
רק מבחינה כללית, שהוא השפע הנמשך אליהם מהשי"ת, שהוא ענין המשותף
לכל חלקי הבריאה יחד, ואין בהם ענין של גופים נבראים יחידים, כמבואר.

ועתה יתבאר לנו ענין "חירות היחיד", מבחינת ההגדרה הנכללת בגורם הראשון,
שקראנו אותו בשם "מצע", שכל הדורות הקודמים, שהם אבותיו ואבות אבותיו
של אותו היחיד, הניחו טביעתם שמה, כמו שהארכנו בזה לעיל. ועל פי המבואר,
שכל עיקרו של המובן במלת יחיד אינו אלא הגבולים של "הרצון לקבל" המוטבע
בחבורת הפרודות שבו.

הרי לעיניך, שכל אותם הנטיות שירש מאבותיו ואבות אבותיו, הם אמנם רק
בחינות גבולים של "הרצון לקבל" בלבד. או מבחינת כח המושך שבו, או מבחינת
כח הדוחה שבו, שהמה מתראים לעינינו בדמות נטיות לותרנות, או לקמצנות,
להתערב בין הבריות, או להיות מתבודד כנ"ל.

וכיון שכן, הנה הם ממש בחינת האנכיית שבו (האיגו) העומד ולוחם על זכות
קיומו. באופן שאם אנו משחיתים איזו נטיה מאותו היחיד, הרי אנו נחשבים
לקוצצים אבר אמיתי מהעצמות שלו, וגם הוא נחשב אבידה אמיתית לכלל
הבריאה, משום שלא נמצא ולא יהיה עוד בכל העולם דוגמתו, כמבואר לעיל.

ואחר שבררנו היטב את הזכות המוצדקת של חירות היחיד להלכה על פי חוקים
הטבעיים נפנה ונראה עד כמה שאפשר לקיימו למעשה, מבלי לפגוע בתורת

cómo es posible sostener esto en la práctica, sin violar las Leyes de la Ética o la diplomacia, y lo más importante, cómo sostenerlo de acuerdo con nuestra santa Torá.

La Regla de Seguir a la Mayoría

Está escrito: "Seguir a la Mayoría" (*Éxodo 23:2*), que significa que donde hay una diferencia de opinión entre un individuo y un grupo, debemos decidir de acuerdo con la voluntad del grupo. Está claro que el grupo tiene derecho a violar la libertad del individuo.

Sin embargo, esto trae otra cuestión más difícil, porque parece que esta ley conduciría hacia la regresión, no al avance de la civilización, ya que la mayoría de las personas son menos avanzadas y los avanzados están en la minoría. Y si nosotros siempre tomamos decisiones de acuerdo con la mayoría, quienes son menos avanzados y rápidos, encontramos que las opiniones y deseos de la gente sabia y avanzada entre la sociedad, quienes están siempre en la minoría, no serán oídos o tomados en cuenta. Así condenamos a la civilización a la regresión y no puede dar ni siquiera un pequeño paso adelante.

Hemos explicado en el "Artículo sobre la Paz", en el párrafo empezando con: "La necesidad de ser cuidadosos con respecto a las Leyes de la Naturaleza", que ya que estamos obligados por la Divina Providencia a vivir entre la sociedad, somos requeridos por lo tanto a sostener todas las leyes relativas al mantenimiento de la sociedad. Si somos aunque sea un poco tolerantes, la Naturaleza tomará su venganza a su propia manera, independientemente de si entendemos o no las razones para estas leyes; lea esto cuidadosamente.

המוסר, ובתורת המדיניות. והעיקר - כיצד מקויימת הזכות הזאת, על פי תורתנו הקדושה.

אחרי רבים להטות

והנה הכתוב אומר:"אחרי רבים להטות" (שמות, כ"ג, ב'), זאת אומרת, שבכל המקומות שיש לנו מחלוקת בין יחיד לרבים, אנו מחוייבים להכריע הדבר, לפי רצונם של הרבים. הרי מפורש שיש זכות לרבים להפקיע את חירותו של היחיד.

אולם יש לנו כאן שאלה אחרת, עוד יותר חמורה, כי לכאורה, החוק הזה עומד להחזיר את האנושות לאחור ולא לפנים, כי בעת שרוב חברי האנושות, המה בלתי מפותחים, והמפותחים המה תמיד מיעוט הקטן, ואם אתה מכריע תמיד כרצונם של הרבים, שהם הבלתי מפותחים, ונמהרי הלב, נמצא שדעתם וחפצם של החכמים והמפותחים שבחברה, שהם תמיד המיעוט, לא ישמע ולא יפקד. הרי אתה חותם את האנושות על נסיגה לאחור. כי לא יוכלו להתקדם אפילו פסיעה קטנה אחת קדימה.

אמנם כפי המתבאר במאמר השלום ד"ה דבור המתחיל [במילים] חיוב הזהירות בחוקי הטבע, שמתוך שנצטוינו מפי ההשגחה לחיות חיי חברה, אם כן נעשינו מחויבים לקיים כל החוקים הנוגעים לקיום החברה, ואם אנו מקילים בשיעור מה, ינקום הטבע בנו ויטול נקמתו מאתנו כדרכו, בלי שום הבדל, אם אנו מבינים טעמי החוקים אם לא, עש"ה עיין שם היטב.

Podemos ver que no hay orden para la vida en sociedad sin la Regla de Seguir a la Mayoría, que cubre toda discusión y contratiempo dentro de la sociedad. Esta ley es el único medio para mantener el derecho de la sociedad a existir.

Como resultado entendemos que esta ley es parte de los preceptos naturales de la Providencia, y debemos aceptarlos y sostenerlos rigurosamente sin tener en cuenta si los entendemos o no, tal como el resto de los preceptos de la Torá, que son todas las Leyes de la Naturaleza y de la Divina Providencia, y las cuales nos vienen "de Arriba para Abajo".

Ya he explicado (en el artículo: "La Esencia de la Sabiduría de la Kabbalah", empezando con: "La Ley de la Raíz y la Rama") que toda la terquedad aparente en las maneras de la naturaleza en este mundo es solamente debida a que derivan de las leyes y reglas de los Mundo Superiores espirituales. A través de esto, usted puede entender también que los preceptos de la Torá no son sino las leyes y reglas de los Mundos Superiores espirituales, que son las raíces de todos los caminos de la Naturaleza en este nuestro mundo. Por lo tanto, las Leyes de la Torá y las Leyes de la Naturaleza en este mundo son siempre tan parecidas como dos gotas de agua. Y así hemos probado que la Regla de Seguir a la Mayoría es una ley de ambas: la Providencia y la Naturaleza.

El Camino de la Torá y el Camino del Sufrimiento

Con todo eso, nuestro dilema concerniente a la regresión que viene como resultado de esta ley no está todavía reconciliado con estas palabras. Es nuestro papel cuidar y encontrar artimañas para arreglar esto. Sin embargo, la Providencia no pierde por esto, ya que abarca a toda la humanidad en dos formas: El Camino de la Torá y el Camino del Sufrimiento, de tal manera que asegura el desarrollo de la humanidad y su continuo progreso hacia la meta. Y no hay nada que pueda entorpecerlo

ועינינו הרואות שאין לנו שום סדור לחיות בתוך החברה, זולת על פי החוק של "אחרי רבים להטות", המסדר לנו כל ריב וכל פגע שבתוך החברה, באופן שהחוק הזה הוא המכשיר היחידי הנותן זכות קיום לחברה.

ולפיכך נבחן משום זה, בין המצוות הטבעיות של ההשגחה, ואנו מוכרחים לקבלו עלינו ולשמרו בכל הזהירות בלי כל התחשבות בהבנתנו - והוא דומה לשאר המצוות שבתורה, שהמה כולם חוקי הטבע והשגחתו ית', אשר נתונים ובאים אלינו "מעילא לתתא" מלמעלה [כלפי] מטה.

וכבר ביארתי (במאמר מהות חכמת הקבלה ד"ה דבור המתחיל [במילים] חוק שורש וענף) אשר כל העקשנות הנראית בדרכי הטבע שבעולם הזה, אין זה אלא משום שנמשכים ונרשמים כן מחוקים והנהגות שבעולמות העליונים הרוחניים. ועם זה תבין גם כן, אשר המצוות שבתורה, אינם אלא חוקים והנהגות הקבועים בעולמות העליונים, שהמה השורשים לכל דרכי הטבע שבעולמינו הזה. ולפיכך מתאימים תמיד חוקי התורה לחוקי הטבע שבעולם הזה, כמו שתי טפות מים. וזהו שהוכחנו אשר החוק של "אחרי רבים להטות", הוא חוק ההשגחה והטבע.

דרך תורה ודרך יסורים

ועם כל זה קושיתנו בדבר הנסיגה אחרונית שצמחה מהחוק הזה, עדיין אינה מיושבת בדברים אלו. ואכן זו היא דאגתנו אנו להמציא תחבולות איך לתקן את זה. אבל ההשגחה מצדה, אינה מפסידה מזה, כי כבר הקיפה היטב את האנושות בשני דרכים: באופן, שהיא בטוחה בהתפתחות האנושות ובהתקדמות תמידית אל המטרה. ושום מורא לא יעלה עליה (כמ"ש כמו שכתוב במאמר "השלום"

(como está explicado en el "Artículo sobre la Paz" bajo "Todo está Dado en Prenda"). Sin embargo, apoyar a esta ley es una obligación natural, como hemos explicado.

El Derecho de la Mayoría a Violar la Libertad del Individuo

Además, debemos preguntar si estas cosas solamente se aplican a asuntos entre una persona y su prójimo, en lo cual podemos aceptar la Regla de Seguir a la Mayoría, fuera de la obligación con la Providencia, la cual demanda que nos ocupemos del sustento de los demás, como hemos explicado.

Sin embargo, la Torá nos obliga a seguir esta Regla de Seguir a la Mayoría en desacuerdos sobre asuntos que conciernen a la relación entre un ser humano y el Creador también, aunque esto pueda parecer como si esto no tuviese nada que ver con el mantenimiento de la sociedad. Esto nos retrae a la pregunta: ¿Cómo puede esta Ley ser justificable si nos obliga a aceptar la opinión de la mayoría, la cual como hemos dicho, no es avanzada, y a rechazar las opiniones de la gente avanzada, quienes siempre son una pequeña minoría?

De acuerdo con lo que hemos probado (en el artículo: "La Esencia y el Propósito de la Religión" empezando con "Desarrollo Consciente y Desarrollo Inconsciente"), la Torá toda y sus preceptos fueron solamente dados para purificarnos, esto es: para desarrollar en nosotros el reconocimiento de lo que es malo que es inherente a nosotros desde el nacimiento y definido en términos generales como amor a sí mismo, y llegar al bien puro, que es definido como amor a los demás. Este es el único camino al amor al Creador. Y esto trae los preceptos que conciernen a un ser humano y al Creador para ser el medio poderoso que distancia al hombre del amor a sí mismo, que es dañino para la sociedad.

במשנה הכל נתון בערבון). אמנם קיום החוק הזה הוא התחייבות טבעית הכרחית כמבואר.

זכות הרבים להפקיע חרות היחיד

ויש אמנם לשאול עוד, כי הדברים מוצדקים רק בדברים שבין אדם לחברו, אשר אז מקובל עלינו החוק של "אחרי רבים להטות", מתוך חובת ההשגחה, המטילה עלינו לפקח תמיד על קיומם ואושרם של החברים, כמבואר.

אולם החוק הזה של "אחרי רבים להטות", חייבה אותנו התורה, גם במחלוקת בנושאים שבין אדם למקום, שלכאורה, אין לדברים שום נגיעה ושייכות לעניין קיומה של החברה. אם כן חזרה השאלה למקומה: איך יוצדק החוק הזה, המחייב לקבל הדעות של הרוב, שהוא כאמור, הבלתי מפותח, ולדחות ולבטל דעות המפותחים, שהמה בכל המקומות רק מיעוט קטן?

אולם, לפי מה שהוכחנו (במאמר "מהות הדת ומטרתה", ד"ה דבור המתחיל [במילים] התפתחות מדעת והתפתחות שלא מדעת) שכל התורה והמצוות לא ניתנו אלא לצרף בהם את ישראל, שפירושו, לפתח בנו חוש הכרת הרע, המוטבע בנו מלידה, שבכללותו הוא מוגדר לנו בדבר אהבה עצמית שלנו - ולבוא לידי הטוב הנקי בלי בר. המוגדר בשם: אהבת זולתו, שהוא המעבר היחיד והמיוחד אל אהבת השי"ת. ולפי זה נבחנים גם המצוות שבין אדם למקום שהמה מכשירים סגוליים המרחיקים את האדם מאהבה עצמית, המזיקה לחברה.

Así, está claro que casos de desacuerdo en relación con asuntos que conciernen a la relación entre un ser humano y el Creador tienen algo que ver con el problema del derecho de la sociedad a existir. Por lo tanto, ellos también están sujetos a la Regla de Seguir a la Mayoría.

De esto, podemos entender la práctica de distinguir entre *Halajá* (Leyes de la Torá) y *Agadá* (relatos bíblicos), porque solamente en la *Halajá* se aplican las leyes: Entre el individuo y la mayoría, la regla va de acuerdo con la mayoría, y esto no es así en la *Agadá*. Las cosas encontradas en la *Agadá* son más elevadas que las cosas pertenecientes a la existencia de la sociedad, porque hablan de las maneras de la gente en asuntos entre un ser humano y el Creador que no tienen influencia sobre la existencia y la felicidad material de la sociedad.

Por lo tanto, la mayoría no tiene justificación o derecho para rechazar o nulificar la opinión del individuo. Esto no es verdad en la *Halajá*, la cual pertenece al cumplimiento de la Torá y sus preceptos, todos los cuales se aplican a la existencia de la sociedad, dado que no hay manera de mantener la ley y el orden excepto a través de la regla de Seguir a la Mayoría, como hemos explicado.

La Vida Social tiene una Ley: Seguir a la Mayoría

Ahora que hemos aclarado los temas concernientes a la libertad del individuo, hay una pregunta importante por hacer: ¿Dónde obtiene la mayoría el derecho a violar la libertad del individuo y quitarle su más preciada posesión —la libertad— cuando parece que esto solamente puede ser descrito como una opresión física?

Sin embargo, ya hemos explicado claramente que esta es una ley natural y una obligación para la Providencia. Y dado que la Providencia nos obliga a vivir entre la sociedad, debemos concluir que cada individuo está

נמצא מאליו, שגם נושאי המחלוקת בעניני מצוות שבין אדם למקום נוגעים לבעיית זכות קיומה של החברה, לפיכך, גם הם נכנסים לתוך המסגרת של "אחרי רבים להטות".

בזה מובן טעם הנוהג להבחין בין הלכה לאגדה. כי רק בהלכות נוהג החוק: יחיד ורבים - הלכה כרבים, ולא כן בדברי אגדה. משום שדברי אגדה המה ענינים הנמצאים עומדים למעלה מכל הדברים הנוגעים לקיום חיי החברה. כי הם מדברים בדיוק בענין הנהגת אנשים בדברים שבין אדם למקום ית'. באותו החלק שאין שם שום תוצאות לקיום ולאושר הגופני של החברה.

ולפיכך, אין שום זכות והצדקה לרבים, לבוא ולבטל דעת היחיד, וכל איש הישר בעיניו יעשה. מה שאין כן ההלכות הנוגעות לקיום מצוות התורה, אשר כולם נכנסים תחת פקוח של קיום החברה, שלא תתאפשר השלטת סדר, זולת החוק של "אחרי רבים להטות" כמבואר.

בחיי החברה החוק: אחרי רבים להטות

עתה באנו לידי ברור דברים בהבנת המשפט של חרות היחיד, כי באמת קיימת שאלה גדולה: מאין לקחו הרבים את הזכות להפקיע את חרותו של היחיד, ולשלול ממנו את היקר לו בחיים, שהוא החרות, שלכאורה אין כאן יותר מכח הזרוע בלבד?

אולם כבר הטבנו לבאר, אשר הוא חוק טבעי ומצוות ההשגחה, שמתוך שההשגחה חייבה לכל אחד מאתנו לחיות חיי חברה - נמצא מאליו, שכל יחיד

obligado a mantener la existencia y la felicidad de la sociedad. Esto no puede pasar a menos que la ley y el orden sean sostenidos por medio de la Regla de Seguir a la Mayoría, donde la opinión del individuo no es oída o tomada en cuenta.

Así, está claro que este es el origen del derecho y la justificación de la mayoría para violar la libertad del individuo contra su voluntad y para subyugarlo. Por lo tanto, se sigue que en todos los asuntos que no conciernen al mantenimiento de la vida material de la sociedad, la mayoría no tiene derecho o justificación en absoluto para retirar la libertad del individuo. Y si lo hacen, son ladrones y violadores que prefieren la fuerza física a los derechos y la justicia en el mundo. En este caso, la obligación con la Providencia no se aplica al individuo, forzándolo a ser subyugado a la voluntad de la mayoría.

En la Vida Espiritual, la Regla es: "Seguir al Individuo"

Vemos que en términos de la vida espiritual, el individuo no está obligado por la Ley Natural a estar sujeto en forma alguna a la sociedad; por el contrario: en este caso la Ley Natural obliga a la mayoría a someterse al individuo. Y como está explicado en el "Artículo sobre la Paz", hay dos maneras con las cuales la Providencia nos ata y nos rodea para traernos a la meta final: El Camino del Sufrimiento —que nos hace desarrollarnos sin estar conscientes de ello— y el Camino de la Torá y la Sabiduría —que nos hace desarrollarnos estando conscientes de ello sin necesidad de sufrir—; lea esto cuidadosamente.

Ya que la gente más avanzada en una generación dada está siempre en la minoría, encontramos que cuando la mayoría llega al punto donde desea deshacerse del sufrimiento terrible y tomar el aspecto del desarrollo, siendo consciente y dispuesta, que es el Camino de la Torá, debe someterse junto

ויחיד נעשה משועבד לשמור על קיומה ואשרה של החברה. וזה לא יקויים, זולת על ידי השלטת הסדר של "אחרי רבים להטות" ודעת היחיד לא ישמע ולא יפקד.

הרי לעיניך בעליל, שזה מקור כל הזכות והצדקה שיש לרבים, להפקיע את חרותו של היחיד בעל כרחו, ולשעבדו תחת ידיהם. ולפיכך מובן מאליו, אשר בכל אותם העניינים שאינם נוגעים לקיום החיים החומריים של החברה - אין שום רשות והצדקה לרבים, לגזול ולעשוק את חרותו של היחיד בכל שהוא. ואם יעשו כן - הם גזלנים וחמסנים, המעדיפים את כח הזרוע על כל זכות וצדק שבעולם. כי כאן לא חל חיוב ההשגחה על היחיד, שישתעבד לרצונם של הרבים.

בחיים הרוחניים החוק: "אחרי היחיד להטות"

המתבאר, שלעניין חיים רוחניים, אין שום חוב על היחיד מצד הטבע, שיהיה מחוייב מבחינת מה אל החברה, אלא ההפך יש כאן חוב טבעי על הרבים, להשתעבד ולהכנע תחת היחיד, והוא מובן על פי המבואר במאמר השלום, שיש שני דרכים שההשגחה חשבה והקיפה אותנו, כדי להביאנו אל המטרה התכליתית, שהם: דרך יסורים הגורם אלינו התפתחות הזאת שלא מדעתנו. דרך תורה וחכמה, הגורמת אלינו התפתחות הזאת מדעתנו, בלי שום הכרח ויסורים עש"ה עיין שם היטב.

ומתוך שהיותר מפותח של הדור הוא ודאי אך היחיד, נמצא בעת שהרבים באים לידי הכרה לפטור את עצמם מהיסורים הנוראים, ולקבל עליהם בחינת התפתחות, מדעתם ורצונם. שהיא דרך התורה - הנה אז צריכים ומחוייבים,

con su libertad física a la disciplina del individuo y seguir las órdenes e instrucciones del individuo.

Así, usted puede ver que en cuestiones espirituales el derecho de la mayoría se vuelve su obligación. De esto se deriva la Regla de Seguir al Individuo. Porque es obvio para todos que la gente avanzada y educada es siempre una minoría pequeña dentro de la sociedad. Y encontramos que el éxito y la felicidad espiritual de la sociedad son dependientes de esta minoría; entienda esto bien.

Así, la mayoría está obligada a sostener cuidadosamente las opiniones de estos individuos para que nunca sean violadas. Deben saber con seguridad, con absoluta certeza que estas opiniones muy avanzadas y verdaderas nunca han sido sostenidas por la mayoría gobernante, sino por el sector más débil de la sociedad, que es la minoría invisible.

La naturaleza de toda la sabiduría y todo lo precioso está destinada a venir al mundo en pequeñas cantidades. Así, somos instruidos para sostener las opiniones de todos los individuos, ya que la mayoría es incapaz de distinguir entre ellas.

La Crítica como un Medio para Triunfar — La Falta de Crítica como un Medio para la Degeneración

Debemos agregar a lo antes mencionado que la realidad coloca ante nosotros una contradicción entre las cosas materiales y las cuestiones de opinión e ideas concernientes a este asunto. Dado que la unión social, que puede ser la fuente de toda la felicidad y el éxito, se aplica solamente a las cosas materiales y corporales en la gente, la desunión entre ellos es la fuente de todos los problemas y todos los acontecimientos problemáticos.

להכניע את עצמם ואת חרותם הגופני תחת המשמעת של היחיד ולקיים פקודותיו וסגולותיו שיציע להם.

הרי לעיניך, שבעניינים רוחניים, מתהפך זכות הרבים לחובתם ויוצא החוק: אחרי היחיד להטות. כלומר היחיד המפותח. כי דבר גלוי הוא לכל אדם, אשר המפותחים והמשכילים, הם תמיד מיעוט קטן מאד בתוך כל החברה. ונמצא כל הצלחת החברה ואושרה הרוחני - צרורה וחתומה בידי המיעוט. והבן זה היטב.

ומתוך זה, מתחייבים הרבים בזהירות יתרה, לשמור בעיניים פקוחות על כל הדעות של היחידים, שלא יתבטלו מהעולם, כי עליהם לדעת בבטחה, בוודאות מוחלטת, אשר הדעות היותר מפותחות והיותר אמיתיות אינם נמצאים לעולם ברשות הרבים השולטים אלא דווקא ברשות החלשים ביותר, דהיינו, דווקא במיעוט שאינו ניכר לעיניים.

כי כל חכמה וכל יקר דרכה לבוא לעולם בכמות מועטה. לפיכך נעשינו מוזהרים לשמור על הדעות של כל היחידים, משום חולשת היכולת של הרוב השולט, לבוא לברר ביניהם.

הבקורת כגורם הצלחה - אי הבקורת כגורם להתנוונות

ויש להוסיף עוד על האמור: כי המציאות מציעה לעינינו הפכיות קיצונית בין הדברים הגופניים - לדברים שבדעות והשכלות בנוגע לנדון, כי ענין האחדות החברתית, העשויה להיות מקור לכל אושר ולכל הצלחה, נוהג ביחוד רק בין הגופים ועניני הגוף בבני אדם. שהפרוד ביניהם, הוא המקור לכל פורענות ומקרים רעים.

Sin embargo, en cuestiones de opinión y pensamientos, lo cual es el polo opuesto, porque la unión y la falta de crítica son la fuente de todo fracaso y se interponen en el camino de todo avance y fertilidad intelectual, la obtención de conclusiones correctas está basada en la discusión y las diferencias basadas en la multiplicidad de opiniones.

A mayor oposición, contradicción y crítica que haya, mayor sabiduría y entendimiento pueden proliferar, y las cosas se vuelven claras y más fáciles de entender. Todo el fracaso y degeneración del entendimiento vienen como resultado de crítica y discusión insuficientes.

Así, está claro que la base para el éxito material es la unidad de la sociedad. Y la base para el éxito intelectual y las ideas es la desunión y el desacuerdo.

Vemos que cuando la humanidad alcanza su meta en términos de éxito físico, que es el logro completo del nivel de amor a los demás, entonces todos los cuerpos de todos en el mundo se unirán como un solo cuerpo y un corazón (como está explicado en el "Artículo sobre la Paz"), porque solamente entonces toda la felicidad esperada por la humanidad será revelada. Por lo tanto, por otra parte, debemos ser cuidadosos de no dejar que las opiniones de la humanidad se vuelvan tan similares que la discusión y la crítica de los sabios y eruditos desaparezcan, ya que el amor físico de manera natural causa similitud de opinión. Y la discusión y la crítica desaparecen, todo el avance intelectual y de ideas cesará, y la fuente de la sabiduría, como lo entendemos, se secará en el mundo.

Esta es una prueba clara de la obligación de proteger la libertad del individuo en términos de pensamientos y opiniones porque todo avance de la sabiduría y el conocimiento está basado en esta libertad del individuo. Por lo tanto, estamos advertidos de proteger cada simple forma de entre nosotros que llamamos el individuo, esto es, la fuerza personal de

אולם עניינים שבדעות והשכלות - הוא להפך מקצה אל הקצה. כי האיחוד ואי הביקורת, נבחן בהם למקור כל הכשלונות, והמפריע את כל ההתקדמות, וכל ההפריה השכלית, כי השגת המסקנות המוצלחות, עומדות ביחוד על רבוי המחלוקת והפרוד, היוצא והמתגלה בין הדעות.

שכפי רבוי הנגוד, והסתירה, וגדלות כח הביקורת כן מתרבה הדעת והתבונה. והעניינים נעשים מוכשרים להתברר ולהתלבן ביותר. וכל כשלונה והתנוונותה של התבונה, אינה באה רק ממעוט הביקורת ומיעוט המחלוקת שבענייניה.

הרי הדבר גלוי לעיניים, אשר כל בסיס של הצלחה גופנית, הוא שיעור האיחוד של החברה. והבסיס של הצלחת ההשכלה והדעות הוא הפירוד והמחלוקת שבהם.

לפיכך הדין יוצא, אשר בעת שהאנושות תגיע למטרתה, בדבר הצלחת הגופות, דהיינו, על ידי ביאתם לדרגה השלמה באהבת זולתו, שאז יתלכדו כל גופות בני העולם לגוף אחד, ולב אחד (כמ"ש במאמר "השלום"), אשר רק אז יתגלה כל האושר המקווה לאנושות על שיא גובהו - הנה לעומת זה צריכים אז להזהר, שלא יתקרבו הדעות של חברי האנושות כל כך, באופן שתתבטל המחלוקת והביקורת בין החכמים והמלומדים. משום שאהבת הגופים, מביא בטבע גם קרבת הדעות. ואם תתבטל המחלוקת והביקורת - תתבטל כל התקדמות בדעות והשכלות, ויתיבש מקור הדעת מהעולם, כמובן.

ומכאן הוכחה מוחלטת, על חיוב הזהירות בחרות היחיד, בנוגע לענייני דעות והשכלות. משום שכל התפתחות החכמה והדעת, מיוסדת על חרות היחיד הזה. ולפיכך אנחנו מוזהרים לשמור עליה בשמירה מעולה, באופן שכל צורה וצורה

la persona individual, lo cual en términos generales es llamado el *Deseo de Recibir*.

Herencia Ancestral

Esto es verdad de todos los componentes también, que están incluidos en el *Deseo de Recibir*, donde los definimos por medio del término "Fundamento" o "Primera Causa", que se refiere a todas las tendencias y hábitos, etc., que uno hereda de sus padres y ancestros. Vemos esto como una larga cadena de miles de personas que vivieron en su propio tiempo y están uno debajo del otro. Cada uno de ellos es la esencia de sus padres, y a través de esta esencia cada uno hereda las propiedades espirituales de sus padres a través del subconsciente en forma tal que el individuo determinado tiene todos los miles de herencias espirituales de cada individuo en la cadena de padres y ancestros que lo llevan a ellos.

Por lo tanto, así como la cara de cada individuo es diferente, sus opiniones son diferentes. No hay dos personas en parte alguna que tengan las mismas opiniones, ya cada una tiene sus propias grandes y elevadas propiedades que heredó de sus miles de ancestros, y otros no tienen ni pizca de estas.

Por lo tanto, todas estas propiedades son consideradas las propiedades del individuo, las cuales la sociedad está instruida para proteger de modo que no sean distorsionadas por el medio ambiente, sino que más bien, cada individuo retenga su herencia completa. Entonces la oposición y la contradicción entre ellas permanecerán para siempre, para asegurar que la crítica y el avance de la sabiduría permanezcan con nosotros por siempre. Eso es todo lo que hace superior a la humanidad con todos sus anhelos verdaderos y eternos.

שבתוכנו, שאנו קוראים לה בשם יחיד, דהיינו, בחינת הכח הפרטי של האדם היחיד שנקרא בכללות בשם "רצון לקבל".

מורשת אבות

גם כל הפרטים מהתמונות, אשר הרצון לקבל הזה כוללם, שגדרנו אותו תחת השם "מצע", או סיבה א', שמשמעותו כוללת, כל אותם הנטיות והמנהגים וכדומה, שירש מאבותיו ואבות אבותיו, המצויירים לנו כמו שלשלת ארוכה של אלפי בני אדם, שהיו מצויים בשעתם, ועומדים זה תחת זה, שכל אחד מהם הוא טפה תמציתית ממולידיו, שבטפה הזאת, הגיע לכל אחד כל הרכוש הרוחני של מולידיו, לתוך המוח המארך שלו שנקרא סובקונשינס*. באופן, שהיחיד הנמצא לפנינו, יש לו כל אלפי הירושות הרוחניות, מכל היחידים המוצגים באותה השלשלת, שהם מולידיו ואבותיו.

ולפיכך, כשם שפרצופיהם של כל יחיד ויחיד, משונה זה מזה כן דעותיהם משונות זו מזו. ואין לך שני בני אדם בעולם שיהיו דעותיהם שוות זו לזו. כי לכל אחד יש רכוש גדול ונשגב, אשר הורישו לו אלפי אבותיו, ולאחרים אין אף שמץ מה.

אשר על כן, כל הרכוש הזה, נבחן לרכושו של היחיד, שהחברה מוזהרת לשמור על טעמו ורוחו, שלא יטשטש בסיבת הסביבה שלו. אלא, כל יחיד ישאר עם שלמות מורשתו. ואז, הנגוד והסתירה שביניהם ישאר קיים לנצח, כדי להבטיח לנו לתמיד את הבקורת, ואת התקדמות החכמה, שהיא כל יתרון האנושות וכל מאויה האמיתיים הנצחיים.

Ahora que hemos reconocido hasta cierto grado el concepto del egoísmo humano, al cual hemos definido en términos de potencial y como el *Deseo de Recibir*, y el punto de la individualidad de todos los seres vivientes, también podemos entender claramente en toda su escala el nivel y las propiedades únicas de cada individuo, las cuales hemos definido como "herencia ancestral". Esto se refiere a todas las tendencias y rasgos que heredamos a través de nuestro "Fundamento", que es la Primera Materia de cada persona, esto es: la semilla de sus padres. Explicaremos ahora los dos aspectos del *Deseo de Recibir*.

He encontrado ahora la abertura para entender la intención de los sabios cuando dijeron: "que debido a la recepción de la Torá, se volvieron libres del Ángel de la Muerte…". Pero necesitamos un entendimiento más profundo en el asunto del egoísmo y la antes mencionada herencia ancestral. Ahora explicaremos los dos aspectos del *Deseo de Recibir*.

Dos Aspectos del Deseo de Recibir: la Potencialidad y la Realidad

Primero, debemos entender que aunque este egoísmo, que hemos definido como el *Deseo de Recibir*, es la base de la esencia del ser humano, es imposible decir que tiene una existencia real siquiera por un momento. Porque lo que definimos como "potencialidad", esto es: antes de que el potencial se vuelva real, solamente existe en el pensamiento, esto es: podemos solamente determinarlo a través del pensamiento.

Sin embargo, no podemos imaginar ninguna fuerza real cuando esta está en reposo y no en acción, ya que la fuerza solo existe cuando y a qué nivel se manifiesta como acción. Así como no podemos decir que un bebé es muy fuerte cuando no puede levantar un peso liviano, pero podemos decir: sabemos que cuando el bebé crezca será muy fuerte. Pero podemos decir que el poder y la fuerza que vemos en una persona una vez que

ואחר שבאנו לידי הכרה, במדה מסויימת, בדבר האנכיות של האדם אשר גדרנו
אותו במובן של בחינת כח, ו"רצון לקבל", שהיא בחינת הנקודה העצמית של
בעל החיים במערומו גם נתברר לנו היטב על כל גבוליו מדת רכושו המקורי
של כל גוף יחיד, אשר הגדרנו אותו במובן של "מורשת אבות", שפרושו הוא,
כל כח הנטיות והתכונות שהגיעו לו בירושה לתוך בחינת ה"מצע", שהוא חומר
ראשון של כל אדם, דהיינו טפה הזרעיית של מולידיו. נבאר עתה את ב' הבחינות
שברצון לקבל.

הנה עתה מצאני הפתח לפתור כוונת חז"ל במה שאמרו, שבסיבת קבלת התורה
נעשו בני חורין ממלאך המוות.... אולם להבנה יתרה אנו עוד צריכים, בעניין
האנוכיות, ובעניין מורשת אבות האמורה.

ב' בחינות: "כח" ו"פועל"

בתחילה צריכים להבין,אשר האנוכיית הזו, שגדרנו בשם כח של "רצון לקבל",
אף על פי שהוא כל עיקר עצמותו של האדם מכל מקום לא יצוייר כלל שיהיה
לו קיום במציאות ממשית אפילו רגע אחד. כי דבר זה שאנו מכנים אותו "כח",
דהיינו, בטרם שיתגלה מכח אל הפועל, הוא אמנם רק דבר שבמחשבה, כלומר,
שרק במחשבה, אפשר לקבוע אותו.

אולם למעשה לא יצוייר כלל שימצא איזה כח ממשי בעולם בה בשעה שהוא נח
לעצמו ואינו פועל כלום, משום שהכח אינו קיים במציאות, אלא בזמן ובמידה
המגולה בפעולה, כשם שלא יתכן לומר על איזה תינוק, שהוא בעל כח גדול,
שעה שאינו יכול להגביה אפילו משא קל. אלא אפשר לומר, שמכירים באותו
תינוק, אשר בשעה שיגדל יתגלה בו כח גדול. ומכל מקום אנו אומרים, אשר

haya crecido era aparente en sus miembros y cuerpo cuando era un bebé pequeño, pero su fuerza estaba escondida, y no manifiesta en realidad.

Es verdad que fue posible determinar (los poderes que se manifestarían finalmente) en el pensamiento, dado que la mente demanda esto. Sin embargo, en el cuerpo real del bebé ciertamente no existen ni fuerza ni poder para nada, ya que ninguna fuerza real estaba manifiesta en las acciones del bebé. Lo mismo se aplica al apetito. Este poder no se manifiesta en el cuerpo real de uno cuando los órganos de uno no son capaces de comer, esto es: cuando uno está saciado.

Sin embargo, aun cuando uno esté saciado, el apetito existe potencialmente, pero está oculto en el cuerpo, y más tarde, después de la digestión, se manifiesta otra vez, y va de la potencialidad a la realidad.

Sin embargo, esta declaración, (concerniente a la potencialidad que no se ha manifestado en la realidad) se aplica a las formas de pensamientos de la mente, aunque no exista realmente. Cuando estamos saciados lo sentimos, y está claro para nosotros que nuestro apetito ha desaparecido. Cuando lo buscamos, ya se ha ido.

Así vemos que no podemos concebir una fuerza como un objeto que transmite, está parado, descansa o existe en y de sí mismo, sino más bien es concebido como un sujeto, esto es: cuando la acción tiene lugar en la realidad, la fuerza se manifiesta a través de la acción.

Aunque hablando conceptualmente tenemos necesariamente dos cosas aquí: el objeto y el sujeto, esto es: lo potencial y lo real, tales como el apetito, que es el objeto, y la imaginación del alimento a ser comido, que es el sujeto y la realidad; en la realidad se manifiestan como una cosa.

אותו כח וגבורה שאנו מוצאים באדם בעת גדלותו, היה כלול באבריו וגופו של התינוק גם בקטנותו. אלא שהכח הזה, היה בו בהעלם. ולא היה מגולה בפועל.

והן אמת שבמחשבה אפשר היה לקבוע (את הכחות העתידים להתגלות). כן, משום שהשכל מחייב כן אולם במה שמשיות גופו של התינוק בודאי שלא קיים אצלו שום כח של גבורה ולא כלום, להיות ששום כח אינו מתגלה בפעולות של התינוק. כמו כן כח התאבון, כח זה לא יופיע במציאות ממשית בגופו של אדם, בשעה שהאברים אינם מסוגלים לאכול, דהיינו, בעת השביעה.

אולם, אפילו בעת השביעה נמצא כח התאבון, אלא שהוא בהעלם, בתוך גופו של האדם ואחר כך, לאחר העיכול, הוא חוזר ומתגלה, ויוצא מהכח אל הפועל.

אולם משפט זה (של הבחנת הכח שעדיין לא בא לידי גילוי בפועל), שייך לדרכי ההשכל של המחשבה. אכן, אין לו שום קיום במציאות ממשית. כי בעת השביעה אנו מרגישים, וברור לנו, שכח התאבון חלף הלך לו. והביט על מקומו, ואיננו.

המתבאר, שאי אפשר כלל להציג לעינינו כח, כבחינת נושא, העומד, ונח, וקיים לעצמו. אלא כבחינת נשוא, כלומר, בה בשעה שהפעולה מתקיימת במציאות באותה שעה מתגלה ה"כח" בתוך הפעולה.

ואם כי בדרכי ההשכלה בהכרח יש כאן ב' דברים, נושא ונשוא, דהיינו כח ופועל, כמו כח התאבון שהוא הנושא. והדמיון של הדבר הנאכל, שהוא הנשוא, ובחינת הפעולה, אולם במציאות באים כדבר אחד.

Nunca puede suceder que la fuerza del apetito se manifieste en una persona a menos que esta imagine algo para comer, ya que estas son dos mitades de una cosa. La fuerza del apetito debe revestirse con esa imagen —y entienda esto bien— el objeto y el sujeto se manifiestan al mismo tiempo y desaparecen al mismo tiempo.

De esto, está claro que por medio del *Deseo de Recibir*, el cual hemos presentado como egoísmo, no queremos decir que existe en el ser humano una fuerza que ansía y desea recibir como un sujeto pasivo. Más bien, esto significa que este es un objeto, esto es: toma la imagen de algo que merece ser comido y su acción está manifestada como una imagen de satisfacción de alimento. Esta acción es llamada: desear la fuerza del apetito que se manifiesta a través de la acción de la imagen de la satisfacción.

Así es con nuestro sujeto —el *Deseo de Recibir* en general— que es el meollo y esencia del ser humano. Se manifiesta y existe solamente cuando toma la forma de las cosas que es probable recibir. Solamente entonces, y en ningún otro momento, existe como un objeto. Nos referimos a esta acción como "vida", que es "la esencia vital del ser humano", significando que el *Deseo de Recibir* se manifiesta y actúa a través de las cosas que desea recibir. Y el grado en que en el que esta acción se manifiesta es el grado en el que la persona está viva, tal como dijimos acerca de la acción que llamamos "deseo".

Dos Creaciones: A) Adán (El Ser Humano); B) El Alma Viviente

De esta explicación podemos claramente entender que el pasaje bíblico: "Y Dios creó al hombre del polvo de la tierra y llenó sus fosas nasales con el aliento de vida, y Adán se volvió un alma viviente" (*Génesis 2:7*). Encontramos aquí dos Creaciones: Adán y Alma Viviente, separadamente.

ולא יקרה לעולם שיתגלה באדם כח תאבון, בלי שיצטייר במוחו דמיון של דבר הנאכל, באופן שהם שני חצאים מדבר אחד שכח התאבון מוכרח להתלבש באותו הדמיון הזה והבן זה היטב, אשר הנושא והנשוא מוצגים בבת אחת, ונעדרים בבת אחת.

ובזה מובן, אשר ה"רצון לקבל" הזה, שהצגנוהו בתור האנוכיות, אין הכוונה שקים כן באדם בבחינת כח החושק, ורוצה לקבל בבחינת נשוא נח. אלא הכוונה, רק מבחינת נושא, כלומר, שמתלבש בדמיון של הדבר הראוי לאכילה ופעולתו מתגלה, בדמיון הצורה הנאכלת, ובה הוא מתלבש לפעולה זו אנו קוראים חשק, דהיינו, כח התאבון, המתגלה בפעולת הדמיון.

וכן בנידון שלנו, ברצון לקבל הכללי, שהוא מהותו ועצמותו של האדם. הוא מתגלה וקיים, רק בהתלבשות בתוך הצורות של הדברים העשויים להתקבל. כי אז הוא מקויים בבחינת הנושא, ולא זולת. ופעולה זו אנו קוראים "חיים", דהיינו, "החיות של האדם", שמשמעותו שכח ה"רצון לקבל" מתלבש ופועל בתוך הדברים הרצויים לו להתקבל. שמדת הגילוי של הפעולה הזאת היא מדת חיו, על דרך שאמרנו בפעולה שאנו קוראים לה "חשק".

שתי יצירות: א' האדם. ב' נפש חיה

מהמתבאר מובן לנו היטב הכתוב:"וייצר ה' אלקים את האדם עפר מן האדמה ויפח באפיו נשמת חיים ויהי האדם לנפש חיה" (בראשית,ב', ז'). כי אנו מוצאים כאן שתי יצירות שהם: האדם לבד, נפש חיה לבד.

Este pasaje nos informa que Adán había sido creado como polvo de la tierra, esto es: la combinación de un cierto número de moléculas que incluyen la esencia del ser humano, esto es: su *Deseo de Recibir*.

Este *Deseo de Recibir* está imbuido en todas las moléculas de la existencia, como hemos explicado arriba, y de ellas fueron creados todos los cuatro tipos de existencia: Inanimado, Vegetal, Animal y Hablante. Y en los términos de esto, el ser humano no es superior a los otros tipos de la Creación. Este es el significado de: "polvo de la tierra".

Sin embargo, como ya hemos explicado, esta fuerza a la que llamamos el *Deseo de Recibir* no tiene existencia a menos que se manifieste y actúe a través de las cosas que son deseadas. Esta acción es llamada "vida", y así encontramos que antes de que Adán alcanzara las formas de recibir del placer humano, que son diferentes de aquellas de las otras creaciones, él estaba considerado como muerto, persona sin vida, ya que su *Deseo de Recibir* no tenía manera de manifestarse y revelar sus acciones, lo cual es la manifestación de la vida, como hemos dicho.

Es por esto que dice: "… y llenó sus fosas nasales con el aliento (*nishmat*) de vida", que es la combinación de las formas de recibir, que se aplican al ser humano. La palabra *nishmat* viene de la expresión "*shamin*", la tierra, significando evaluar o apreciar. (El origen de la palabra "*neshamá*" puede entenderse del pasaje: "El espíritu de Dios me ha hecho, y el alma del Todopoderoso me ha dado vida" (*Job 33:4*); vea el comentario por el *Malbim*). Y la palabra "*neshamá*" es un verbo pasivo como "ser contado", "ser evaluado", "ser culpado", etc.

Y este pasaje nos enseña que "… y llenó sus fosas nasales" significa que Dios inyectó en la interioridad de Adán la evaluación y medida de la "vida", lo cual significa la suma total de todas la formas que son merecedoras de ser deseadas a través del *Deseo de Recibir* de Adán. Y luego esta fuerza

והכתוב משמיענו, שמתחילה נברא האדם בבחינת עפר מהאדמה, דהיינו, קיבוץ מספר מסויים של פרודות, שבתוכם כלול עצמותו של האדם, דהיינו, ה"רצון לקבל" שלו.

אשר כח הרצון לקבל הזה, שרוי בכל הפרודות שבמציאות, כמו שביארנו לעיל, שמהם נבראו ויצאו כל ד' הסוגים: דומם, צומח, חי, מדבר. ובדבר הזה, אין שום יתרון לאדם על יתר חלקי הבריאה. וזה שמשמיענו הכתוב במילים: "עפר מן האדמה".

אולם, כבר נתבאר, שאין מציאות לכח הזה, שנקרא רצון לקבל, שיתקיים בלי התלבשות ופעולה בדברים הרצויים להתקבל. אשר פעולה זו נקראת "חיים", שלפי זה נמצא, שבטרם שהגיעו לו לאדם צורות קבלת ההנאה האנושית, השונות מצורות של שאר בריות, הרי הוא נבחן עוד לאדם מת בלי חיים, שהרי הרצון לקבל שלו, לא היה לו מקום שיתלבש, ויגלה שם פעולותיו שהם גילוי החיים כאמור.

וז"ש: "ויפח באפיו נשמת חיים", שהוא כללות הצורות של קבלה, הראויות למין האדם. ומילת נשמת היא מלשון "שמין" לו את הקרקע, שהוראתה כמו "ערך" (ומקור השם של "נשמה" תבין מהכתוב [בספר] איוב ל"ג, "רוח אל עשתני ונשמת שדי תחייני", ועיין פרוש המלבי"ם שם) ונשמה היא מבנין נפעל, כמו השם, נפקד, נאשם, נאשמה.

ושיעור הכתוב הוא: "ויפח באפיו" כלומר, שהביא לתוך פנימיותו ותוכיותו נשמה והערכה של חיים, שמשמעותו כל סכום הצורות הראויים להתקבל אל "הרצון לקבל" שלו כנ"ל. ואז, אותו הכח של הרצון לקבל שהיה צרור בפרודות שלו, מצא

del *Deseo de Recibir*, que estaba contenida en sus moléculas, encontró un lugar en el cual vestirse y actuar, esto es: a través de las mismas formas de recibir que el Creador le dio. Esta acción es llamada "vida", como se explicó antes.

Es por esto que el pasaje termina con: "... y Adán se volvió un alma viviente". De ese modo, una vez que el *Deseo de Recibir* empezó a actuar dentro de él de acuerdo con los niveles de estas formas de recibir, la vida se manifestó inmediatamente en él y se volvió un alma viviente. Esto no era así antes de que él recibiera las formas de recibir. Aunque él ya estaba imbuido con la fuerza del *Deseo de Recibir*, todavía estaba considerado un cuerpo muerto, sin vida, ya que esta no tenía lugar para ser vista y entrar en él como una manifestación de acción, como hemos explicado.

Como está explicado previamente, aunque la esencia de un ser humano es el *Deseo de Recibir*, esto es solo la mitad de esta, ya que necesita algo real para manifestarse a través de algo real; y por lo tanto, el deseo y la imagen de eso que desea son uno y el mismo. El deseo no puede existir ni siquiera por un momento sin la imagen deseada, como hemos explicado.

Así, cuando el cuerpo está en lo alto de sus fuerzas, lo cual es en la mitad de su término promedio de vida, y su ego está en lo más alto como intrínseco desde el nacimiento, es cuando siente el *Deseo de Recibir* en su máxima extensión y máxima fuerza. Es decir: desea alcanzar gran riqueza y honor y todo lo que ve. Esto es debido a la compleción del ego de la persona, que atrae hacia sí las formas de las estructuras y los conceptos en los cuales se manifiesta y de esa manera existe.

Sin embargo, cuando la edad mediana pasa, empiezan los días de la declinación y su esencia es los días de la muerte, porque una persona no muere de inmediato, así como no adquiere toda su forma viviente final de inmediato, sino que más bien su "vela", que es su ego, se apaga

המקום שיוכל להתלבש ולפעול שם. דהיינו, באותן הצורות של קבלה שהשיג מהשי"ת. אשר פעולה זו, נקראת "חיים", כמבואר לעיל.

וזהו שסיים הכתוב: "ויהי האדם לנפש חיה", כלומר, כיוון שהתחיל הרצון לקבל לפעול על פי המדות של אותן צורות של קבלה תיכף נגלה בו החיים והיה לנפש חיה. מה שאין כן בטרם שהשיג הצורות של קבלה, אף על פי שכבר הוטבע בו אותו הכח של "רצון לקבל" מכל מקום נחשב עוד כגוף מת בלי חיים, משום שאין לו המקום להתראות, ולבוא בתוכו לידי גילוי הפעולה, כמבואר.

וכפי שנתבאר לעיל אשר אע"פ אף על פי שעיקרו של האדם הוא רק ה"רצון לקבל" מ"מ מכל מקום הוא מובן כמו חצי דבר להיותו מוכרח להתלבש באיזו מציאות המזדמנת לו, אשר ע"כ על כן הוא ותמונת הקנין שמצייר הם יחד ממש דבר אחד, כי אין לו זכות קיום על רגע קטן זולתו כמבואר.

ולפיכך בשעה שמכונת הגוף על היכנה ועל מלואה דהיינו עד אמצע שנותיו הרי "האגו" שלו עומד בכל קומתו המוטבע בו מלידתו שמשום זה מרגיש בעצמו רצון לקבל במדה גדולה וחזקה. דהיינו, שרוצה להשיג עשירות מרובה וכבוד גדול וכל המזדמן לנגד עיניו, והוא מטעם השלמות של ה"אגו" של האדם, אשר הוא מושך לעצמו צורות של בנינים ומושגים שהוא מתלבש בהם ומתקיים על ידיהם.

אולם כעבור אמצע שנותיו אז מתחילים ימי ירידה אשר לפי תוכנם המה ימי מיתה, כי אין האדם מת ברגע אחד כמו שאינו מקבל גמר צורת החיים ברגע אחד, אלא נרו, דהיינו ה"אגו" שלו הולך וכבה לאט לאט עם זה הולכים ומתנונים תמונות הקנינים שרוצה לקבל, כי מתחיל לותר על הרבה קנינים

gradualmente y, junto con esta, las imágenes de las cosas que desea recibir se esfuman. Él empieza a desechar las cosas con las que soñó en su juventud, y se desprende más y más de la intensidad de las cosas cuando se aproxima a la vejez, hasta que es muy viejo y la sombra de la muerte pende sobre él en toda su extensión. En este punto en el tiempo, él vive en los días de no desear de plano, ya que el *Deseo de Recibir*, que es su ego, gradualmente se desvanece y se va hasta que todo lo que queda es una pequeña y oculta chispa, esto es: en la manifestación de algún objeto. Y por lo tanto, en estos días no tiene ningún deseo o esperanza de alguna imagen del recibir.

Así, hemos probado que el *Deseo de Recibir* y la imagen del objeto que uno desea son uno y el mismo, donde la manifestación es la misma, y el grado de vida es el mismo, y las medidas son las mismas. Sin embargo, hay una importante distinción en cuanto a la forma de concesión que ocurre al final de la vida de uno. Esta concesión no es porque una persona está harta de comer y se desprende de todo deseo de comer, sino más bien por desesperanza.

Es decir: que el ego, cuando uno empieza a morir en los días de su declinación, siente su propia debilidad y la muerte aproximándose, y por lo tanto, uno se vuelve desesperanzado y se desprende de los sueños y esperanzas de su juventud. Examine bien la diferencia con la concesión debida a saciedad, la cual no causa pena y no puede ser llamada "una muerte parcial", sino más bien es una acción que ha sido completada.

Pero la concesión por desesperanza está llena de pena y dolor, y por lo tanto, puede ser llamada "muerte parcial"; entienda bien esto.

שחלם עליהם בנעֲרותו וכן נעשה להולך ומותר על גדלות הקנינים כפי שני
השקיעה של החיים, עד שבימי זקנה האמתיים שצלה של המיתה כבר מרחפת
על כל קומתו. נמצא האדם בימים שאין בהם חפץ לגמרי, כי הרצון לקבל שלו
שהוא ה"אגו"נכבה והלך לו ולא נשאר בו רק ניצוץ קטן ממנו הבלתי מגולה
לעינים, דהיינו בהתלבשות של איזה קנין, לכן אין בימים אלו שום רצון ותקוה
אל איזה תמונה של קבלה.

והנה הוכחנו אשר הרצון לקבל עם תמונת החפץ שמצטייר לו להתקבל הם
ממש דבר אחד, אשר גילויים שוה וקומתו שוה ושעור חייהם שוה, אולם יש
כאן הבחן חשוב בצורת היתור שאמרנו בימי שקיעת החיים, שהויתור הזה אינו
מחמת שביעה כמו האדם שמוותר על דברי אכילה בשעת שביעתו אלא הם
מחמת יאוש.

כלומר שה"אגו" כשמתחיל למות בימי הירידה הוא עצמו מרגיש חולשתו ואת
מיתתו, וע"כ ועל כן הוא הולך ומתיאש ומוותר על חלומותיו ותקוותיו של ימי
השחרות. והתבונן היטב בהבחן היתור מחמת שביעה שאין זה גורם שום צער
ולא יתכן לכנותו בשם מיתה חלקית, אלא כפועל שגמר פעולתו.

אכן הויתור מחמת יאוש הוא מלא צער ומכאובים וע"כ יתכן לכנותו מיתה
חלקית והבן זה היטב.

Libertad del Ángel de la Muerte

Ahora, basados en todo lo que he expuesto, encontramos una abertura para entender correctamente las palabras de los sabios que enseñaron: "Grabadas en las tablas; no lean 'grabar' (*jarut*), sino más bien 'libertad' (*jerut*)", que se refiere a la libertad del Ángel de la Muerte.

Porque como hemos explicado en los artículos sobre "La Entrega de la Torá" y "Artículo sobre la Responsabilidad", antes de que les fuera entregada la Torá, tomaron sobre sí mismos el renunciar a toda propiedad privada al grado expresado con la frase "reino de sacerdotes". Y aceptaron el objetivo de toda la Creación: adherirse al Creador a través de la afinidad de forma a esa del Creador, quien comparte y no recibe. Esto era de modo que ellos compartirían y no recibirían, que es último nivel de adhesión como está expresado por la frase "nación santa", como se manifiesta al final del "Artículo sobre la Responsabilidad".

Ya lo he llevado a usted a darse cuenta de que la esencia de la individualidad de una persona, esto es: su ego, definido como el *Deseo de Recibir*, es solamente la mitad del asunto, y no puede existir sin manifestarse en alguna imagen de posesión o esperanza de posesión, porque solamente entonces y en ningún otro momento, puede ser llamada la individualidad de una persona.

Encontramos, por lo tanto, que los Hijos de Israel merecieron la adherencia final en ese Evento Santo. Su vasija para recibir estaba completamente vacía de todas las posesiones y ellos se adhirieron a Él en afinidad total, significando que ellos no tenían deseo de poseer para sí mismos excepto al grado que dieran placer al Creador. Y dado que su *Deseo de Recibir* se manifestaba en esta imagen de posesión, se manifestaba en esta y se unía a esta para constituir un ser completo. Por lo tanto, ellos ciertamente estaban libres del Ángel de la Muerte, ya que la muerte es necesariamente

חרות מלאך המות

ועתה אחר כל המבואר מצאנו פתח להבין את דברי חז"ל על היכנם במה שדרשו "חרות על הלוחות, אל תקרי חרות [בקמץ] אל חירות [בצירה]" שנעשה חירות ממלאך המוות.

כי נתבאר במאמרים "מתן תורה" ו"ערבות", אשר בטרם מתן תורה קבלו עליהם לבטל כל קנין פרטי בשעור המתבטא בהמלות "ממלכת כהנים" ואת המטרה של הבריאה כולה, להדבק בו בהשואת הצורה אליו ית' כמו שהוא ית' משפיע ואינו מקבל כן יהיו המה משפיעים ולא מקבלים שהוא דרגה האחרונה של דביקות המתבטא במלים "גוי קדוש" כמ"ש כמו שכתוב בסוף מאמר הערבות.

וכבר הבאתיך לידי הכרה, שעיקר עצמותו של האדם דהיינו האנוכיות שלו המוגדר ברצון לקבל אינו אלא חצי דבר, ואין לו זכות קיום זולת בהתלבשו באיזה תמונה של קנין או תקוה של קנין, כי אז נשתלם ענינו שיתכן לקרותו בשם עצמות האדם ולא זולת.

נמצא, אשר בני ישראל שזכו לתכלית הדבקות במעמד הקדוש היה כלי קבלה שלהם בהתרוקנות גמורה מכל קנינים שבעולם והיו דבוקים בו בהשואת הצורה, שמשמעותה שלא היה להם שום רצון של קנין לעצמם אלא רק בשעור של השפעת נחת רוח שיוצרם יהנה מהם. וכיון שהרצון לקבל שלהם התלבש בתמונה של קנין הזה הרי הרי התלבש בה והתחבר עמה לעצמות אחד שלם, א"כ אם כן ודאי שנעשו בני חורין ממלאך המוות, כי המוות בהכרח הוא בחינת העדר

la ausencia y opuesto de la existencia de cualquier cosa dada. Esto solamente es posible cuando allí permanece alguna chispa del *Deseo para Sí mismo Solamente*. Podemos decir acerca de esta chispa que dejó de existir, porque desapareció y murió.

Esto no es así si un ser humano no tiene ninguna de estas chispas mencionadas arriba, sino que todas las chispas de su individualidad se manifiestan a través de dar placer al Creador, y no pueden estar faltando ni muertas. Dado que aun cuando el cuerpo concede, solamente concede desde el aspecto del deseo egoísta. El *Deseo de Recibir* se manifiesta en este y no puede existir de otra manera.

Sin embargo, cuando uno alcanza el Propósito de la Creación y el Creador tiene placer de él porque la voluntad se está cumpliendo, encontramos que la esencia de uno se manifiesta a través de ese placer del Creador y por medio de eso, él gana la eternidad absoluta como el Creador y por lo tanto merece la libertad del Ángel de la Muerte.

Este es el significado del *Midrash*: "... libertad del Ángel de la Muerte" (*Shemot Rabá 41:7*) y la *Mishná*: ""Grabadas en las tablas..." (*Avot 6*). No lean 'grabar' (*jarut*) sino más bien 'libertad' (*jerut*)". Porque nadie es libre excepto quien se dedica al estudio de la Torá.

ושלילת הקיום של דבר מה, וזהו יתכן בעוד שיש איזה ניצוץ הרוצה להתקיים לקנינו עצמו, יתכן לומר עליו שהניצוץ הזה אינו מתקיים כי נעדר ומת.

מה שאין כן אם לא נמצא באדם שום ניצוץ כזה אלא כל ניצוצי עצמותו מתלבשים בהשפעת נ"ר נחת רוח ליוצרם וזהו לא נעדר ולא מת, כי אפילו כשהגוף מתבטל אינו מתבטל אלא מבחינת קבלה עצמית שהרצון לקבל מלובש בה ואין לו זכות הויה זולתה כנ"ל.

אולם כשבא על הכונה של הבריאה והשי"ת יש לו נ"ר נחת רוח ממנו שנעשה רצונו, נמצא העצמות של האדם שמתלבש בנחת רוחו ית' הזה וזוכה לנצחיות גמורה כמוהו ית', ונמצא שזכה לחירות ממלאך המוות.

וז"ש במדרש (שמות רבה, מ"א, ז') חרות ממלאך המוות. ובמשנה (אבות פרק ו') חרות על הלוחות אל תקרא חרות אלא חירות. שאין לך בן חורין, אלא מי שעוסק בתלמוד תורה.

Artículo para la Compleción del Zóhar

Entregado en la comida especial de celebración por la compleción de la publicación del Zóhar con el Comentario del Sulam, en Merón, Israel, en Lag BaÓmer, 1953 (El aniversario de la muerte de Rav Shimón Bar Yojái).

Sabemos que el resultado deseado de la obra de la Torá y sus preceptos es adherirse al Creador como está escrito: "y adherirse a Él" (*Deuteronomio 11:22*). ¿Cómo podemos, y necesitamos entender el significado de adherirse al Creador, si, después de todo, la mente no puede concebirlo a Él en absoluto? De hecho, los sabios me han precedido en el argumento que plantearon acerca del pasaje: "y adherirse a Él", por medio de hacer la pregunta de cómo es posible adherirse al Creador si Él es "un fuego que consume"? Y respondieron: "Uno debe adherirse a Sus cualidades; así como Él es misericordioso, ustedes deben ser misericordiosos; así como Él es perdonador, ustedes deben ser perdonadores, etc." (*Rashí, sobre Deuteronomio 11:22*). Sin embargo, es difícil ver cómo los sabios entendieron esto del simple significado del pasaje, ya que el pasaje claramente declara: "y adherirse a Él". Y si esto significa de hecho "adherirse a Sus cualidades", el pasaje debería decir: "y adherirse a Sus maneras", así que ¿por qué dice: "y adherirse a Él"?

La explicación es que en la realidad física que involucra al espacio, entendemos "adherir" como estar físicamente cerca, mientras que separación significa estar físicamente distante. Sin embargo, en el nivel espiritual, donde no hay materia de espacio físico, adherir y separar no pueden ser entendidos como cerca o lejos; más bien, entendemos la similitud (afinidad) de forma entre dos entidades espirituales como "adherir" y la diferencia de forma entre dos entidades espirituales como "separación". Y así como un hacha corta y divide una cosa material en

מאמר לסיום הזהר

נאמר לרגל סיום הדפסת ספר הזהר עם פירוש "הסולם"

נודע כי התכלית הנרצית מהעבודה בתורה ובמצוות היא להדבק בהשם ית', כמ"ש כמו שכתוב ולדבקה בו (דברים, י"א, כ"ב). ויש להבין מה הפירוש של הדביקות הזאת בהשם ית'. הלא אין המחשבה תופסת בו כלל, אכן כבר קדמוני חז"ל בקושיא זו שהקשו על הכתוב ולדבקה בו ואיך אפשר להדבק בו הלא אש אוכלה הוא (דברים ד', י'), והשיבו, הדבק במידותיו מה הוא רחום אף אתה רחום מה הוא חנון אף אתה חנון וכו' (רש"י על דברים, י"א, כ"ב). ולכאורה קשה איך הוציאו חז"ל את הכתוב מפשוטו. הלא כתוב במפורש ולדבקה בו. ואם היה הפירוש הדבק במידותיו היה לו לכתוב ולהידבק בדרכיו, ולמה אומר ולדבקה בו.

והעניין הוא כי בגשמיים התופשים מקום מובנת לנו הדביקות בקירוב מקום, והפירוד מובן לנו בריחוק מקום. אבל ברוחניים שאינם תופשים מקום כלל, אין הדביקות והפירוד מובנים בהם בקירוב מקום ובריחוק מקום, שהרי אין תופשים מקום כלל, אלא השוואת הצורה שיש בין שני רוחניים מובנת לנו כדביקות, ושינוי הצורה בין שני רוחניים, מובן לנו כפירוד. וכמו שהגרזן מחתך ומבדיל בדבר גשמי לחלקו לשנים ע"י שמרחיק החלקים זה מזה, כך שינוי הצורה מבדיל את הרוחני ומחלק אותו לשנים. ואם שינוי הצורה בהם הוא קטן, נאמר שרחוקים הם זה מזה בשיעור מועט, ואם שינוי הצורה הוא גדול נאמר שרחוקים הם

dos por medio de separar y distanciar las dos partes una de la otra, así la diferencia de forma divide lo espiritual en dos. Y si la diferencia de forma es pequeña, decimos que la distancia entre las partes es pequeña, y si la diferencia de forma es grande, decimos que las partes están muy alejadas una de la otra, y si las formas son opuestas, decimos que la distancia entre ellas es absoluta.

Por ejemplo: cuando dos personas se odian una a la otra, decimos que están tan distantes una de la otra como el Este y el Oeste. Y si se aman una a la otra, decimos que ellas se funden y se adhieren juntas como un cuerpo. Y esto no se refiere a distancia física, sino más bien a su similitud (afinidad) de forma o diferencia de forma. Porque cuando dos personas se aman una a la otra, es porque tienen una similitud o afinidad de forma. Cuando una persona ama todo lo que su amigo ama y odia todo lo que su amigo odia, esto hace que se adhieran y fundan uno con otro y amen uno al otro. Pero si hay una diferencia de forma entre ellos, esto es: si uno ama algo aunque su amigo lo odie, el nivel de esta diferencia los hace odiarse uno al otro y los separa y los distancia uno del otro.

Y si ellos son opuestos, en que todo lo que uno ama lo odia el otro, decimos que son tan distantes como el Este y el Oeste. Así, vemos que la diferencia de forma en el nivel espiritual actúa como el hacha que separa el nivel físico. Y así, el grado de distancia y separación entre ellos es proporcional al grado de similitud o afinidad entre ellos.

De esto podemos entender cuán correctas son las palabras de los sabios al decir que adherirse al Creador significa "adherirse a Sus cualidades; así como Él es misericordioso, tú debes ser misericordioso, y así como Él es perdonador, tú debes ser perdonador". De hecho, ellos no han sacado la cita del contexto de su simple significado; por el contrario, este es el significado simple de la cita, ya que la adherencia espiritual no puede ser descrita excepto en términos de la similitud o afinidad de forma. Y

בהרבה זה מזה, ואם הם בהפכיות הצורה, נאמר שרחוקים הם זה מזה מן הקצה אל הקצה.

למשל כשב' אנשים שונאים זה לזה, נאמר עליהם, שהם נפרדים זה מזה כרחוק מזרח ממערב. ואם אוהבים זה לזה, נאמר עליהם, שהם דבוקים זה בזה כגוף אחד. ואין המדובר כאן בקרבת מקום או ריחוק מקום, אלא המדובר הוא בהשואת הצורה או בשינוי הצורה. כי בהיות בני אדם אוהבים זה לזה, הוא משום שיש ביניהם השואת הצורה, כי מפני שהאחד אוהב כל מה שחבירו אוהב ושונא כל מה שחבירו שונא, נמצאים דבוקים זה בזה ואוהבים זה את זה, אבל אם יש ביניהם איזה שינוי צורה, דהיינו, שהאחד אוהב איזה דבר אף על פי שחבירו שונא את הדבר ההוא וכדומה, הרי בשיעור שינוי הצורה הזו, הם שנואים זה על זה ונפרדים ורחוקים זה מזה.

ואם הם בהפכיות באופן שכל מה שהאחד אוהב נמצא שנוא על חבירו, נאמר עליהם שנפרדים ורחוקים הם כרחוק מזרח ממערב. והנך מוצא ששינוי הצורה פועל ברוחניות כמו גרזן המפריד בגשמיות. וכן שיעור הרחקת מקום, וגודל הפירוד שבהם, תלוי במידת שינוי הצורה שביניהם. ומדת הדביקות שביניהם תלויה במידת השואת הצורה שביניהם.

ובזה אנו מבינים מה צדקו דברי חז"ל, שפירשו הכתוב ולדבקה בו שהוא הדביקות במידותיו: מה הוא רחום אף אתה רחום, מה הוא חנון אף אתה חנון (רש"י על דברים, י"א, כ"ב). כי לא הוציאו הכתוב מפשוטו, אלא להיפך, שפירשו הכתוב לפי פשוטו בתכלית, כי הדביקות הרוחנית לא תצוייר כלל בדרך אחרת אלא בהשואת הצורה. ולפיכך ע"י זה שאנו משוים צורתנו לצורת מידותיו יתברך, אנו נמצאים דבוקים בו. וזש"א וזה שאומר הכתוב מה הוא רחום אף הוא חנון וכו' כלומר, מה הוא יתברך כל מעשיו הם להשפיע ולהועיל לזולתו ולא לתועלת עצמו כלל, שהרי

así, por medio de tomar una forma similar a la forma del Creador, nos adherimos a Él. Y esto es lo que ellos quisieron decir con: "así como Él es misericordioso" etc., esto es: tal como todas las acciones del Creador tienen la intención de beneficiar a otros sin beneficiarse Él mismo para nada. Así como el Creador no tiene escasez o limitaciones, o necesidad de ser perfeccionado y completado, y no tiene de quien recibir, todas tus acciones deben beneficiar a otros, y así harás tu forma similar a la forma de las cualidades del Creador, y esto es "adhesión espiritual".

Esta similitud de forma tiene un aspecto de mente y un aspecto de corazón; y dedicarse a la Torá y sus preceptos para dar placer al Creador significa hacer la forma de uno similar en términos de mente. Porque así como el Creador no piensa en Sí mismo, ya sea que Él esté presente o que esté supervisando Sus creaciones, etc., de esta manera uno que desea hacer su forma similar a la del Creador no debe pensar en estas cosas, ya que está claro que el Creador no piensa en ellas, ya que no hay mayor diferencia que esta. Y así, cualquiera que piensa en estas cosas está ciertamente en un estado de separación del Creador y nunca alcanzará la similitud o afinidad de forma con Él. Y esto es lo que los sabios quisieron decir al manifestar que todas las acciones de uno deben ser por amor al Cielo, significando: adherirse al Cielo; que uno no debe hacer nada que no lo acerque a la meta de adherirse al Creador. Esto es: todas tus acciones deben ser para compartir y beneficiar a los demás, y esto hará a tu forma similar a esa del Cielo, y así como todas las acciones del Creador son para compartir y beneficiar a otros, así todas tus acciones deben ser para compartir con y beneficiar a otros; y esta es la completa adhesión o fusión.

Y uno puede hacer una pregunta: ¿Cómo es posible para una persona hacer que todas sus acciones sean para beneficiar a otros, ya que uno debe trabajar para su propia subsistencia y la subsistencia de su familia? La respuesta es que todas las acciones que uno hace por necesidad, tal

הוא יתברך אינו בעל חסרון שיהיה צריך להשלימו וכן אין לו ממי לקבל. אף אתה כל מעשיך יהיו להשפיע ולהועיל לזולתך, ובזה תשוה צורתך לצורת מידות הבורא יתברך שזו הדביקות הרוחנית.

ויש בהשוואת הצורה האמורה בחי' "מוחא מוח" ובחי' "לבא לב" ועניין העסק בתורה ובמצוות ע"מ על מנת להשפיע נ"ר נחת רוח ליוצרו, הוא השואת הצורה מבחינת מוחא. כמו שהשי"ת שהשם יתברך אינו חושב בעצמו, אם הוא נמצא או אם הוא משגיח על בריותיו וכדומה מהספיקות, אף הרוצה לזכות להשואת הצורה אסור לו לחשוב בדברים האלו שברור לו שהשי"ת אינו חושב בהם, כי אין לך שינוי צורה גדולה מזה. ולפיכך כל מי שחושב דברים אלו, נמצא בוודאי בפירודא ממנו יתברך. ולא יבוא לידי השואת הצורה לעולם. וזה מה שאמרו ז"ל, כל מעשיך יהיו לשם-שמים (אבות ב', יב'), דביקות בשמים, לא תעשה שום דבר שאינו מביא מטרה זו של הדביקות. דהיינו שכל מעשיך יהיו להשפיע ולהועיל לזולתך שאז תבוא להשואת הצורה עם השמים, מה הוא יתברך כל מעשיו להשפיע ולהועיל לזולתו אף אתה כל מעשיך יהיו רק להשפיע ולהועיל לזולתך שזו היא הדביקות השלימה.

ואין להקשות על זה איך אפשר שהאדם יעשה כל מעשיו לטובת זולתו, הרי הוא צריך בהכרח לעבוד לקיום עצמו ולקיום משפחתו. התשובה היא כי אותם

como recibir el mínimo que uno necesita para sobrevivir, no es para ser condenado ni exaltado, y no es considerado como si estuviera haciendo esto para su propio beneficio.

Y cualquiera que entiende completamente lo profundo de estas cosas, se preguntará ciertamente cómo es posible para una persona llegar a un punto de similitud de forma, donde todas sus acciones tienen la intención de beneficiar a otros, cuando toda la existencia y ser del humano es recibir para sí mismo solamente. Y la naturaleza inherente al ser humano no le permite hacer ni la más mínima cosa para beneficiar a otros a menos que espere que finalmente él obtendrá algo en retribución. Y si tiene alguna duda de que obtendrá algo en retribución, no realizará la acción. Así que ¿cómo es posible que todas las acciones de uno sean solamente para beneficio de otros, y nada para sí mismo?

Yo, ciertamente, admito que esta es una pregunta difícil, ya que nadie tiene la fuerza para cambiar su naturaleza intrínseca, la cual es recibir para sí mismo solamente, por no mencionar cambiar su naturaleza absolutamente, esto es: no hacer nada para su propio beneficio sino únicamente para beneficio de los demás. Pero es por esto que el Creador nos dio la Torá y sus preceptos para cumplir solamente para dar placer al Creador. Y sin dedicarnos a la Torá y sus preceptos por ellos mismos, esto es: para dar placer al Creador, sin beneficiarse uno mismo, no hay treta; nada en el mundo que pueda ayudarnos a cambiar nuestra naturaleza intrínseca.

De esto podemos entender lo imperativo de dedicarnos a la Torá y sus preceptos por ellos mismos. Porque si nos dedicamos a la Torá y sus preceptos, no por amor al Creador sino por nosotros mismos, no solamente no cambiaremos nuestra naturaleza intrínseca, la cual es recibir solamente para nosotros mismos, sino que nuestro *Deseo de Recibir para Sí Mismo Solamente* se vuelve más fuerte de lo que es naturalmente, como expliqué

המעשים שעושה מטעם ההכרח, דהיינו כדי לקבל המעט הנחוץ לקיומו, הנה ההכרח לא יגונה ולא ישובח ואין זה נחשב כלל שעושה משהו לעצמו.

והנה כל היורד לעומקם של הדברים בודאי יתפלא איך אפשר לאדם שיבוא להשואת הצורה הגמורה, שכל מעשיו יהי' להשפיע לזולתו בשעה שכל הויתו של האדם אינה אלא לקבל לעצמו. ומצד טבע בריאתו אינו מסוגל לעשות אפילו מעשה קטן לטובת זולתו, אלא בשעה שמשפיע לזולתו, הוא מוכרח לצפות שבסופו ישיג ע"י זה תמורה המשתלמת יפה, ואם אפילו מסופק בתמורה, כבר ימנע את עצמו מלעשות המעשה. ואיך אפשר שכל מעשיו יהיה רק להשפיע לאחרים ולא כלום לצרכי עצמו.

אכן אני מודה שהוא דבר קשה מאד, ואין בכוחו של אדם לשנות טבע בריאתו שהוא רק לקבל לעצמו,ואין צריך לומר להפוך טבעו מקצה אל קצה. דהיינו שלא יקבל כלום לעצמו, אלא כל מעשיו יהיו להשפיע. אבל לפיכך נתן לנו השי"ת תורה ומצוות שנצטוינו לעשותן רק על מנת להשפיע נ"ר להקב"ה נחת רוח לקדושו ברוך הוא. ולולא העסק בתורה ובמצוות לשמה, דהיינו בהם נ"ר נחת רוח ליוצרו, ולא לתועלת עצמו, אין שום תחבולה שבעולם מועילה לנו להפוך טבעו.

ומכאן תבין את גודל החומרה של העסק בתורה ומצוות לשמה. כי אם גם כוונתו בתורה ומצוות אינה לתועלת הקב"ה אלא לתועלת עצמו, הרי לא בלבד שלא יהפך טבע הרצון לקבל שבו, אלא אדרבה הרצון לקבל שבו הוא יהיה

en la *Introducción al Comentario del Sulam en el Volumen 1 del Zóhar* (ver la Sección 30 y 31, y este no es el lugar para extenderme sobre esto).

¿Cuáles son las cualidades de la persona que ha alcanzado la adhesión con el Creador? No son descritas en detalle en ninguna parte excepto en pequeñas referencias. Pero para aclarar esto en mi artículo, me veo obligado a revelar un poquito "porque hay necesidad de esto" y explicarlo por vía de la analogía.

El cuerpo y sus órganos son uno; el cuerpo como un todo intercambia pensamientos y sensaciones con cada uno de sus órganos individuales. Por ejemplo: si el cuerpo como un todo piensa que uno de sus órganos debe servirle y darle placer, el órgano conoce este pensamiento inmediatamente, y acerca el placer del que se pensó. Y si un órgano piensa y se siente incómodo donde está, el cuerpo como un todo conoce esto inmediatamente y lo mueve a otro lugar donde esté más cómodo.

Y si un órgano es separado del cuerpo, se vuelve una entidad separada y el cuerpo como un todo no conoce las necesidades del órgano que ha sido separado. Y el órgano no conoce los pensamientos del cuerpo al que puede servir y beneficiar. Y si un médico reacomoda otra vez el órgano en el cuerpo como estaba antes, el órgano, una vez más, es capaz de conocer los pensamientos y las necesidades del cuerpo como un todo y el cuerpo como un todo conoce otra vez las necesidades del órgano.

Por medio de esta analogía, podemos entender la diferencia de una persona que ha merecido adherirse al Creador, porque yo ya he probado esto en mi *Introducción al Zóhar, Volumen 1, sección 9* (también como en la "*Guía para la Idra Zutá*" que publiqué especialmente para *Lag BaÓmer*): que el alma es una iluminación que se deriva y se extiende de la esencia del Creador, y la iluminación ha sido separada del Creador por el Creador vistiéndola con el *Deseo de Recibir*. El Pensamiento de la Creación del

הרבה יותר ממה שיש לו מטבע בריאתו. כמו שביארתי בהקדמה לביאור הסולם בכרך הראשון עי"ש עיין שם באות ל', ל"א ואין להאריך כאן.

ומה הן מעלותיו של אותו האדם שזכה לדביקות השי"ת? הן אינן מפורשות בשום מקום, אלא ברמזים דקים. אבל כדי לבאר הדברים שבמאמרי אני מוכרח לגלות קצת לפי מדת ההכרח ואסביר הדברים בדרך משל.

הגוף עם אבריו אחד הם. וכללות הגוף מחליף מחשבות והרגשים על כל אבר פרטי שלו. למשל, אם כללות הגוף חושב שאבר אחד ממנו ישמשו ויענג אותו, מיד אותו האבר יודע מחשבתו. וממציא לו התענוג שחושב. וכן אם איזה אבר חושב ומרגיש שצר לו המקום שהוא נמצא בו, מיד יודע כללות הגוף מחשבתו והרגשתו ומעבירו למקום הנוח לו.

אמנם אם קרה ואיזה אבר נחתך מן הגוף, אז הם נעשים לשתי רשויות נפרדות וכללות הגוף כבר אינו יודע צרכיו של אותו האבר הנפרד. והאבר אינו יודע עוד מחשבותיו של הגוף שיוכל לשמש אותו ולהועיל לו. ואם יבוא הרופא ויחבר את האבר לגוף כמקודם לכן, הנה חוזר האבר לדעת מחשבותיו וצרכיו של כללות הגוף, וכללות הגוף חוזר לדעת צרכיו של האבר.

לפי המשל הזה יש להבין ג"כ גם כן מעלת האדם שזכה להידבק בהשי"ת בהשם יתברך, כי כבר הוכחתי בהקדמה שלי לספר הזהר (אות ט' שבכרך הא',וכן בחוברת להאדרא זוטא שהוצאתי ביחוד לכבוד ל"ג בעומר) שהנשמה היא הארה נמשכת מעצמותו ית' והארה זו נפרדה מאת השי"ת ע"י שהשי"ת השם יתברך על ידי שהשם יתברך הלבישה ברצון לקבל, כי אותה מחשבת הבריאה להנות לנבראיו בראה בכל נשמה רצון לקבל הנאה, ושינוי צורה זה של רצון לקבל הפריד אותה הארה

Creador para satisfacer a Sus creaciones creó en cada alma el placer del *Deseo de Recibir*, y esta forma del *Deseo de Recibir* separó esa iluminación de su esencia del Creador y la hizo una entidad separada. Vea esto en el original, ya que este no es el lugar para entrar en esto.

De esto, aprendemos que cada alma estaba incluida antes de la Creación en la esencia del Creador, pero a través del proceso de la Creación — esto es: junto con la naturaleza del *Deseo de Recibir* satisfacción que fue instilado en esta— adquirió una forma diferente y fue separada del Creador, cuya intención completa es impartir, ya que la diferencia de forma causa separación espiritual tal como un hacha causa una separación física, como se explicó antes. Así, encontramos que el alma es tal como el órgano en la analogía en que es amputado del cuerpo y separado de este, y aunque originalmente el órgano y el cuerpo eran uno, y ellos intercambiaban pensamientos y sensaciones, una vez que el órgano estuvo amputado se volvieron dos entidades separadas y una no conoce ya más los pensamientos y las sensaciones de la otra. Mucho más es de ese modo el alma, una vez que ha sido vestida en el cuerpo de este mundo; todas las conexiones que una vez tuvo antes de que fuera separada del Creador están terminadas, y se vuelven como dos entidades separadas.

De esto, la distinción de una persona que ha merecido adherirse al Creador se vuelve obvia, significando que él merece hacer su forma similar a esa del Creador, a través del poder de la Torá y sus preceptos; él cambió su naturaleza intrínseca para recibir, que lo separa del Creador, en el deseo de beneficiar a otros y dirigiendo todas sus acciones hacia el beneficio de los demás por medio de hacer su forma similar a esa de su Creador. Vemos que esto es justo como el órgano que fue separado del cuerpo y después es vuelto a unir con el cuerpo, y una vez más conoce los pensamientos del cuerpo como un todo, tal como antes de que fuera separado del cuerpo. Lo mismo es verdad con el alma: una vez que ha alcanzado la similitud y la afinidad con el Creador, otra vez conoce Sus

מעצמותו ית', ועשה אותה לחלק נפרד ממנו. ותעיין שם במקור כי אין כאן המקום להאריך בזה.

היוצא מזה, שכל נשמה היתה מקודם בריאתה בכלל עצמותו ית', אלא עם הבריאה, דהיינו עם הטבע של רצון לקבל הנאה שהוטבע בה, קנתה שינוי צורה ונפרדה מהשי"ת, שכל ענינו רק להשפיע, כי שינוי הצורה מפריד ברוחניות כמו הגרזן בגשמיות, כמבואר לעיל. ונמצאת עתה הנשמה דומה לגמרי למשל האיבר הנחתך מהגוף ונפרד ממנו שאעפ"י שאף על פי שמקודם הפירוד היו שניהם האיבר עם כללות הגוף אחד, והיו מחליפים מחשבות והרגשות זה עם זה. אבל לאחר שנחתך האיבר מהגוף נעשו בזה שתי רשויות, וכבר אין אחד יודע מחשבותיו של השני וצרכיו של השני. ומכל שכן אחר שהנשמה נתלבשה בגוף של העוה"ז העולם הזה נפסקו כל הקשרים שהיו לה מטרם שנפרדה מעצמותו יתברך, וכמו שתי רשויות נפרדות הם.

ולפי זה מובנת מאליה מעלת האיש שזכה שוב להידבק בו, שפירושו שזוכה להשואת הצורה עם השי" ת עי"ז השם יתברך על ידי זה שבכח התורה והמצוות והפך את הרצון לקבל המוטבע בו, אשר הוא הוא שהפריד אותו מעצמותו ית', ועשה אותו לרצון להשפיע, וכל מעשיו הם רק להשפיע ולהועיל לזולתו שהוא השוה את הצורה ליוצרה, נמצא ממש בדומה לאותו אבר שנחתך פעם מהגוף וחזר ונתחבר שוב עם הגוף, שחוזר לדעת מחשבותיו של כללות הגוף, כמו שהי' יודע טרם שנפרד מהגוף. אף הנשמה אחר שקנתה השואה אליו יתברך, הנה היא חוזרת ויודעת מחשבותיו יתברך כמו שידעה מקודם שנפרדה ממנו בסבת שינוי

pensamientos tal como antes de que fuera separada de Él por medio del cambio de forma del *Deseo de Recibir,* y entonces manifiesta el pasaje "Conoce al Dios de tus padres" (*Crónicas 1, 28:9*). Porque entonces el alma merece el conocimiento completo, que es el conocimiento Divino, y merece recibir todos los secretos de la Torá, ya que los pensamientos del Creador son los secretos de la Torá.

Y esto es lo que Rav Meir quiso decir con: "Cualquiera que estudia la Torá por ella misma merece muchas cosas, y merece los secretos y las razones de la Torá, y se vuelve como un manantial rebosante" etc., (*Pirkéi Avot, Ética de los Padres, Capítulo 6, Mishná 1*). Esto es, como hemos dicho, por dedicarse a la Torá por ella misma, lo cual significa dirigir sus acciones hacia dar placer a su Creador dedicándose a la Torá por ella misma sin beneficio personal, él está seguro de alcanzar adherencia al Creador. Esto significa alcanzar similitud y afinidad de forma, donde todas sus acciones son dirigidas al beneficio de los demás y para nada a su propio beneficio, tal como el Creador, cuyas acciones son todas para beneficio de otros, y al hacerlo así, una vez más uno alcanza adherencia al Creador, como el alma estaba antes de ser creada.

Y así, uno "merece muchas cosas y merece los secretos y razones de la Torá, y ya que se reconectó con el Creador una vez más, conoce el Pensamiento del Creador, tal como el miembro que fue amputado del cuerpo y reimplantado. Los Pensamientos del Creador son llamados "secretos y razones de la Torá" y es por eso que cuando uno está estudiando la Torá por ella misma, él merece la revelación de los secretos y las razones de la Torá y se vuelve como "un manantial rebosante" por medio de la eliminación de las paredes que lo separaban del Creador, y una vez más se vuelve uno con el Creador, como estaba antes de que él fuera creado.

Y es verdad que la Torá toda, la oculta y la revelada, es ella misma los Pensamientos del Creador, sin distinción. Esto es como un hombre

הצורה של הרצון לקבל ואז מקויים בו הכתוב, דע את אלוקי אביך (דברי הימים א', כ"ח, ט'). כי אז זוכה לדעת השלמה שהיא דעת אלוקית. וזוכה לכל סודות התורה, כי מחשבותיו יתברך הן סודות התורה.

וזה שאמר ר' מאיר [בעל הנס], כל הלומד תורה לשמה זוכה לדברים הרבה, ומגלים לו רזי וטעמי התורה ונעשה כמעיין המתגבר וכו' (פרקי אבות, פרק ו', משנה א'). דהיינו כמו שאמרנו שע"י שעל ידי העסק בתורה לשמה, שפירושו שמכוון לעשות נ"ר נחת רוח ליוצרו בעסקו בתורה ולא לתועלתו כלל, אז מובטח לו להידבק בהשי"ת, שפירושו שיבוא להשואת הצורה שכל מעשיו יהי' לתועלת זולתו ולא לתועלת עצמו כלל דהיינו ממש כמו הקב"ה הקדוש ברוך הוא, שכל מעשיו הם רק להשפיע ולהיטיב לזולתו שבזה חוזר האדם להידבק בהשי" ת כמו שהיתה הנשמה מטרם שנבראה.

ולפיכך זוכה לדברים הרבה וזוכה לרזי וטעמי התורה, כי כיון שחזר ונתחבר עם השי" ת הוא חוזר ויודע מחשבותיו של הקב"ה, כמשל האבר שחזר ונתדבק בגוף, ומחשבותיו של הקב"ה נקראות רזי וטעמי תורה, הרי שהלומד תורה לשמה זוכה שמתגלים לו רזי וטעמי התורה, ונעשה כמעיין המתגבר מחמת ביטול המחיצות שהפרידוהו מהשי"ת, שחזר להיות אחד עמו יתברך כמטרם שנברא.

ובאמת כל התורה כולה בין הנגלה ובין הנסתר, הם מחשבותיו של הקב" ה בלי הפרש כל שהוא. אלא הדבר דומה לאדם טובע בנהר שחברו זורק לו חבל כדי

ahogándose en un río y cuyo amigo le arroja una cuerda para salvarlo, y si el hombre ahogándose agarra la punta de la cuerda que está cerca de él, su amigo puede jalarlo y sacarlo del río y rescatarlo. Así también es la Torá, que no es sino los pensamientos del Creador; es como la cuerda que el Creador le arroja a la humanidad para rescatarla y sacarla de las *Klipot*. Y el final de la cuerda, que está cerca de todos los seres humanos, es la Torá revelada, lo cual no requiere intención o pensamiento.

No solamente esto, sino que aun si un pensamiento indigno acompaña la realización de un precepto, es aceptado por el Creador, como está escrito: "Una persona siempre debe dedicarse a la Torá y sus preceptos, aun si no lo hace por ella misma, porque por hacerlo no por ella misma él llega a cumplirlos por ella misma" (*Pesajim, página 50b*). Y así la Torá y sus preceptos son como el extremo de una cuerda, a la cual nadie en el mundo es incapaz de aferrarse. Y si uno la sostiene con firmeza, esto es: si uno merece cumplir la Torá y sus preceptos por ella misma, de ese modo da placer a su Creador, y no haciéndolo por el propio beneficio de él, entonces la Torá y sus preceptos lo traen a la similitud de forma con el Creador, lo cual es el secreto de "adherirse a Él" como se mencionó anteriormente; él merece el entendimiento de todos los pensamientos del Creador, que son llamados los secretos y las razones de la Torá, que son el resto de la cuerda, que uno no merece hasta que alcanza la adhesión completa, como se mencionó antes.

Y la razón por la que comparamos los pensamientos del Creador, que son los secretos y las razones de la Torá, a una cuerda, es que hay muchos niveles para hacer la forma de uno similar a la del Creador, y por lo tanto, hay muchos niveles para la cuerda, esto es: la comprensión de los secretos de la Torá, ya que el grado de similitud de forma con el Creador es proporcional al grado de comprensión de los secretos de la Torá, que son los pensamientos del Creador, y en general hay cinco niveles: *Néfesh, Rúaj, Neshamá, Jayá, Yejidá*. Y cada uno de estos está constituido de todos

להצילו שאם הטובע תופס את החבל בחלקו הסמוך אליו, יכול חבירו להצילו
ולהוציאו מן הנהר. אף התורה כן, שהיא כולה מחשבותיו של הקב"ה, היא בדומה
לחבל שזרקו הקב" ה אל בני האדם להצילם ולהוציאם מן הקליפות. וקצהו של
החבל סמוך לכל בני האדם, שהוא סוד התורה הנגלית שאינה צריכה שום כוונה
ומחשבה.

ולא עוד אלא אפילו שיש במעשה המצוות מחשבה פסולה, הוא ג"כ גם כן
מקובל להקב"ה, כמ"ש כמו שכתוב: "לעולם יעסוק אדם בתורה ומצוות שלא
לשמה, שמתוך שלא לשמה בא לשמה" (מסכת] פסחים נ:). ולפיכך תורה ומצוות
קצהו של החבל, שאין אדם בעולם שלא יוכל להחזיק בו. ואם תופס בו בחזקה,
דהיינו שזוכה לעסוק בתורה ומצוות לשמה, דהיינו לעשות נ"ר נחת רוח ליוצרו,
ולא לתועלת עצמו, אז התורה והמצוות מביאים אותו להשואת הצורה עם
הקב"ה, שהוא סוד ולדבקה בו כנ"ל, שאז זוכה להשיג כל מחשבותיו של הקב"ה
הנקראות רזי תורה וטעמי תורה, שהם כל שאר החבל, שאין זוכה בו אלא אחר
שבא לדביקות השלימה כנ"ל.

ומה שאנו מדמים מחשבותיו של הקב"ה דהיינו רזי התורה וטעמי התורה לחבל,
הוא משום שיש הרבה מדרגות בהשואת הצורה עם השי"ת, ע"כ כל כן יש הרבה
מדרגות בחלק החבל שבו, דהיינו בהשגת רזי התורה, שלפי מדתה של מדריגת
השואת הצורה להשי"ת להשם יתברך, כן מדת השגתו ברזי התורה. דהיינו בידיעת
מחשבותיו יתברך, שבדרך כלל הן ה' מדרגות: נפש, רוח, נשמה, חיה, יחידה.

los cinco niveles y cada uno contiene todos los cinco niveles, de manera que en total hay por lo menos ciento veinticinco niveles.

Y estos son también llamados "mundos", como los sabios dijeron: "En el futuro Dios dará a cada persona justa 310 mundos" (*Yalkut Shimoni, Salmos, Capítulo 68*). Y la razón por la cual los niveles de comprensión del Creador son llamados mundos es que la palabra "mundo" (Heb. *olam*, literalmente ocultamiento) tiene dos significados:

1) A todas las personas que pertenecen a cada "mundo" les es dada la misma capacidad para sentir y razonar, y cada persona de ese "mundo" ve, oye y siente.

2) Cada uno que pertenece a ese mundo oculto no puede saber o comprender algo de otro mundo.

Y así, también encontramos dos niveles de comprensión:

1) Cualquiera que alcanza un nivel dado sabe y comprende todo lo que la otra gente que ha alcanzado el mismo nivel a través de todas las generaciones pasadas y futuras sabe y comprende, así que tienen una comprensión común ya que son del mismo mundo.

2) Cualquiera que ha alcanzado un nivel dado no puede saber o comprender nada de otro nivel, por ejemplo: la gente de este mundo no puede saber algo del Mundo de la Verdad. Es por esto que los niveles son llamados "mundos" (*olamot*, ocultamientos).

Así, aquellos que alcanzan la comprensión espiritual pueden escribir libros y entregar sus comprensiones en indicios y analogías, las cuales pueden ser percibidas por cualquiera que ha alcanzado los mismos niveles espirituales de que el libro habla y tienen comprensión mutua. Pero

שכל אחת כלולה מכולן ויש בכל אחת ה' מדרגות ונפרטות שבכל אחת מהן יש לכל הפחות קכ"ה 125 מדרגות.

ומכונים ג"כ "עולמות" כמ"ש כמו שכתבו חז"ל, עתיד הקב"ה להנחיל לכל צדיק ש"י 310 עולמות (ילקוט שמעוני, תהלים, פרק ס"ח). והטעם שהמדריגות בהשגתו יתברך נקראות עולמות, הוא משום ששתי משמעויות יש בשם עולם:

א) שכל באי העולם ההוא מושפע להם חוש והרגש שוה, וכל מה שהאחד רואה ושומע ומרגיש, רואים ושומעים ומרגישים כל באי אותו העולם.

ב) שכל באי אותו העולם ה"נעלם" לא יכולים לדעת ולהשיג משהו בעולם אחר.

וכן נמצאות אלו ב' הגדרות גם בהשגה:

א) שכל מי שזכה באיזו מדריגה, הוא יודע ומשיג בה כל מה שהשיגו באי אותה המדרגה בכל הדורות שהיו ושיהיו, ונמצא עמהם בהשגה משותפת כמו שנמצאים בעולם אחד.

ב) שכל באי אותה המדריגה לא יכלו לדעת ולהשיג מה שהוא משיג מה שיש במדריגה אחרת, כמו באי העולם הזה שלא יכלו לדעת משהו במה שיש בנמצאים בעולם האמת. לפיכך נקראות המדרגות בשם עולמות.

ולפיכך יכולים בעלי ההשגה לחבר ספרים ולרשום השגותיהם ברמזים, ומשלים, ומובנים לכל מי שזכה לאותן המדרגות שבהם מדברים הספרים, ויש להם עמהם השגה משותפת. אבל מי שלא זכה בכל כמות המדרגה כאותם המחברים, לא

alguien que no ha alcanzado plenamente el nivel que los autores han alcanzado no puede entender sus indicios, por no mencionar a aquellos que no han alcanzado ningún nivel de comprensión espiritual, quienes no entenderán nada acerca de ellos, ya que no tienen estos niveles comunes de comprensión.

Y ya hemos manifestado que la adhesión completa y la comprensión completa se divide en 125 niveles inclusivos, y debido a esto, antes de la llegada del Mesías es imposible alcanzar todos los 125 niveles. Y hay dos diferencias entre la generación del Mesías y todas las otras generaciones:

1) Solamente en la generación del Mesías pueden ser alcanzados todos los 125 niveles.

2) En todas las generaciones, aquellos que alcanzan comprensión y adhesión son pocos, como los sabios dijeron acerca del pasaje: "He encontrado un hombre en un millar; mil entran a una sala (de estudio) … y uno sale a enseñar" (*Vayikrá Rabá 2:1*), esto es: uno alcanza la adhesión y la comprensión. Pero en la generación del Mesías, todos y cada uno pueden merecer la adhesión y la comprensión, como está escrito: "Y la tierra estará llena del conocimiento de Dios…" (*Isaías 11:9*), "y el hombre no enseñará ya más a su prójimo, y el hombre no enseñará a su hermano, diciéndole: 'Conoce a Dios', porque todos Me conocerán, grandes y pequeños" (*Jeremías 11:13*).

Solamente Rashbi (Rav Shimón Bar Yojái) y su generación, los autores del *Zóhar*, alcanzaron los 125 niveles completamente, aunque ellos estaban vivos antes del tiempo del Mesías. Está dicho de Rav Shimón y sus estudiantes: "Un sabio es mejor que un profeta" (*Yalkut Shimoni, Salmos, capítulo 19*). Y por lo tanto, encontramos escrito muchas veces en el *Zóhar* que no habrá generación como esa de Rashbi hasta la generación del Rey Mesías. Es por esto que su gran composición ha hecho tan fuerte

יכול להבין רמזיהם. ואין צריך לומר אותם שלא זכו להשגה, שלא יבינו בהם כלום, משום שאין בהם השגות משותפות.

וכבר אמרנו שהדביקות השלימה וההשגה השלימה מתחלקת לקכ"ה מדרגות כוללות, ולפי זה מטרם ימות המשיח אי אפשר לזכות בכל קכ"ה המדרגות. ויש ב' הפרשים מכל הדורות לדורו של המשיח:

א) שרק בדורו של המשיח אפשר להשיג כל קכ"ה המדרגות ולא בשאר הדורות.

ב) שבכל הדורות בני עליה שזכו להשגה ולדביקות מועטים הם, כמ"ש כמו שאמרו חז"ל על הכתוב אדם אחד מאלף מצאתי, שאלף נכנסים לחדר וכו' ואחד יוצא להוראה (ויקרא רבה, פרשה ב', פסקה א'), דהיינו לדביקות ולהשגה, אבל בדורו של משיח יכול כל אחד ואחד לזכות לדבקות ולהשגה, כמו שאמרו ומלאה הארץ דעה את ה' וגו' (ישעיהו, י"א, ט'). ולא ילמדו עוד איש את רעהו ואיש את אחיו לאמר דעו את ה' כי כולם ידעו אותי למקטנם ועד גדולם (ירמיהו, ל"א, ל"ג).

חוץ מרשב"י רבי שמעון בר יוחאי ודורו, דהיינו בעלי הזהר, זכו לכל קכ"ה המדרגות בשלימות, אעפ"י אף על פי שהיו לפני ימות המשיח. שעליו ועל תלמידיו ז"ל נאמר חכם עדיף מנביא (ילקוט שמעוני, תהלים,פ' צ'). וע"כ נמצא הרבה פעמים בזהר, שלא יהיה כדור הזה של רשב"י עד דורו של מלך המשיח. ולפיכך עשה חבורו

281

impresión en el mundo. Los secretos de la Torá dentro de esta abarcan todos los 125 niveles.

Y por lo tanto, ellos dijeron en el *Zóhar* que el *Zóhar* será revelado solamente en el final de los días, el tiempo del Mesías. Como hemos dicho, si los niveles de los lectores no han alcanzado los niveles completos del autor, no entenderán sus insinuaciones, ya que ellos no están en un nivel común de comprensión, y dado que el nivel de los autores del *Zóhar* abarcaban todos los 125 niveles, no pueden ser comprendidos hasta el tiempo del Mesías. Así, encontramos que las generaciones que preceden al tiempo del Mesías no tienen una comprensión común con los autores del *Zóhar*, y por lo tanto, el *Zóhar* no puede ser revelado a las generaciones que preceden a la generación del Mesías.

Esta es una prueba clara de que esta generación es la generación del Mesías, ya que vemos que ninguno de los comentarios previos en el *Zóhar* consiguió explicar siquiera el diez por ciento de los pasajes difíciles en el *Zóhar*, y en las cosas que explicaron, sus palabras son casi tan impenetrables como el *Zóhar* mismo; mientras que en nuestra generación, hemos merecido el Comentario del *Sulam*, el cual es una explicación completa del *Zóhar* en su totalidad. Y además de que el *Sulam* no deja nada inexplicado en el *Zóhar*, las explicaciones están basadas en el simple pensamiento analítico, que cualquier lector promedio puede entender. Y dado que el *Zóhar* ha sido revelado a esta generación, esto es una prueba clara de que el tiempo del Mesías está aquí, y estamos al comienzo de la generación acerca de la cual fue dicho: "y la tierra estará llena del conocimiento de Dios".

Debemos saber que los asuntos espirituales no son como los materiales, en los que dar y recibir son simultáneos, porque en el nivel espiritual, el tiempo de dar y el de recibir son diferentes. Al principio, eso que es dado por el Creador es dado al receptor, y por medio de esto, solamente la oportunidad de recibir es dada, pero nada es recibido hasta que el

הגדול רושם חזק כל כך בעולם, כי סודות התורה שבו תופסים קומת כל קכ"ה המדרגות.

ולפיכך אמרו בזהר שספר הזהר לא יתגלה, אלא באחרית הימים, דהיינו בימות המשיח. כי אמרנו שאם מדריגות המעיינים אינן בכל השיעור של מדריגת המחבר לא יבינו רמזיו משום שאין לשניהם השגה משותפת, וכיון שמדריגת בעלי הזהר היא בכל הגובה של קכ"ה מדרגות, אי אפשר להשיגם מטרם ימות המשיח. נמצא שבדורות שלפני ימות המשיח אין השגה משותפת עם בעלי הזהר, וע"כ ועל כן לא היה יכול הזהר להתגלות בדורות שקדמו לדורו של המשיח.

ומכאן הוכחה ברורה שכבר הגיע דורנו זה לימות המשיח, כי עינינו הרואות שכל הביאורים על ספר הזהר שקדמו לנו, לא ביארו אפילו עשרה אחוזים מהמקומות הקשים בזהר, וגם באותו המקצת שכן ביארו, סתומים דבריהם כמעט כדברי הזהר עצמו. ובדורנו זה זכינו לפירוש "הסולם" שהוא ביאור מלא על כל דברי הזהר. ומלבד זה שאינו מניח דבר סתום בכל הזהר בלי לפרשו, אף גם הביאורים מיוסדים על פי השכל העיוני הפשוט, שכל מעיין בינוני יכול להבינם. ומתוך שנגלה הזהר בדורנו זה, הרי זו הוכחה ברורה שאנחנו נמצאים כבר בימות המשיח בתחילתו של אותו הדור שעליו נאמר ומלאה הארץ דעה את ה' וגו'.

ויש לדעת שענינים רוחניים אינם כענינים גשמיים שבהם הנתינה והקבלה באים כאחד. כי ברוחניות זמן נתינה לחוד וזמן קבלה לחוד. כי תחילה ניתן הדבר מהשי"ת מהשם יתברך למקבל, ובנתינה זו נותן לו רק הזדמנות לקבל, אבל עוד לא קיבל כלום. עד שיתקדש ויטהר כראוי, אז זוכה לקבל הדבר, באופן שמזמן הנתינה עד זמן הקבלה יכול להתעכב זמן מרובה. ולפי זה מ"ש מה שאמרנו שהדור

receptor se santifica y purifica apropiadamente. Solamente entonces merece recibir. De esta manera, mucho tiempo puede pasar entre el tiempo de dar y el tiempo de recibir. Podemos ver que lo que hemos dicho —que esta generación ha alcanzado "y la tierra estará llena del conocimiento de Dios"— se aplica solamente al aspecto de dar, y nosotros ciertamente no hemos alcanzado todavía el aspecto de recibir, y hasta que nos purifiquemos y santifiquemos y estudiemos y nos dediquemos suficientemente, no llegará el tiempo para recibir, cuando el versículo: "la tierra estará llena del conocimiento de Dios" se aplique a nosotros.

Es sabido que la Redención y la comprensión completa son dependientes una de la otra, y la prueba de esto es que todo aquel que se siente atraído a los secretos de la Torá es atraído a la tierra de Israel, y es por esto que la promesa de "la tierra estará llena del conocimiento de Dios" solamente pertenece al final de los días, esto es: el tiempo de la Redención.

Así, con relación a una comprensión completa, vemos que así como no hemos llegado todavía al tiempo de recibir, sino solamente al tiempo de dar, por medio del cual tenemos la oportunidad de alcanzar la comprensión completa, así es con el asunto de la Redención que todavía no hemos merecido, excepto en el nivel de dar. Porque el hecho es que el Creador quitó nuestra Tierra Santa a otros y nos la regresó, pero nosotros no poseemos todavía la tierra ya que no hemos llegado todavía al tiempo de recibir, como explicamos con referencia al asunto de la comprensión completa, ya que Él ha dado pero nosotros todavía no hemos recibido, porque no somos económicamente independientes, y no hay independencia política sin independencia económica.

Y además, no hay redención del cuerpo sin redención del alma, y mientras la mayoría de los residentes de Israel estén atrapados en las culturas extrañas de las naciones, y no estén acostumbrados a la ley israelita y al espíritu israelita, los "cuerpos" están todavía bajo las potencias extranjeras.

הזה כבר הגיע להכתוב ומלאה הארץ דעה את ה' וכו', הנה זה אמור מבחינת נתינה בלבד, אבל לבחינת קבלה ודאי לא הגענו עוד, עד שנטהר ונתקדש ונלמד ונתייגע בשיעור הרצוי, יגיע זמן הקבלה ויקויים בנו הכתוב ומלאה הארץ דעה את ה' וגו'.

ונודע שהגאולה ושלימות ההשגה כרוכים זה בזה, והמופת הוא שכל מי שיש לו המשכה לסודות התורה יש לו המשכה לארץ ישראל, ולפיכך לא הובטח לנו: ומלאה הארץ דעה את ה' וגו' אלא באחרית הימים, דהיינו בזמן הגאולה.

ולפיכך כמו שבשלימות ההשגה לא זכינו עוד לזמן קבלה אלא לזמן נתינה בלבד, שבכחה ניתנת הזדמנות לבוא לשלימות ההשגה, כן הוא בענין הגאולה שלא זכינו לה, אלא בבחינת נתינה בלבד. כי העובדה היא שהקב"ה הוציא ארצנו הקדושה מרשות הנכרים והחזירה לנו, ובכל זאת עדיין לא קבלנו הארץ לרשותנו מפני שעוד לא הגיע זמן הקבלה, כמו שביארנו בענין שלימות ההשגה, באופן שנתן ואנחנו עוד לא קבלנו. שהרי אין לנו עצמאות כלכלית, ואין עצמאות מדינית בלי עצמאות כלכלית.

ועוד הרבה יותר מזה, כי אין גאולת הגוף בלי גאולת הנפש, וכל עוד שרוב בני הארץ שבויים בתרבויות הזרות של האומות, ואינם מסוגלים כלל לדת ישראל ותרבות ישראל, הרי גם הגופות שבויים תחת הכוחות הנכרים. ומבחינה זו נמצאת עוד הארץ בידי הנכרים, והמופת הוא שאין שום אדם מתרגש כלל מן

Y así desde este aspecto, Israel todavía está en las manos de los otros, y la prueba sorprendente es que nadie está entusiasmado acerca de la Redención como debería estar después de dos mil años de exilio. Y no solamente no están los residentes en el exilio entusiasmados en venir aquí y disfrutar la Redención; muchas personas que ya han sido redimidas y viven entre nosotros no pueden esperar a deshacerse de esta redención y regresar a la Diáspora.

Porque aunque el Creador haya tomado la tierra de Israel de las manos de las naciones y nos la haya dado, todavía no la hemos recibido, y no nos beneficiamos todavía con esta. Al darnos la tierra, el Creador nos dado la oportunidad de la Redención, esto es: de purificarnos y santificarnos y aceptar la tarea del Creador dedicándonos a la Torá y sus preceptos por ella misma, y entonces el Templo será reconstruido y recibiremos la tierra, y sentiremos además el gran gozo de la Redención. Pero mientras no hayamos alcanzado esto, nada ha cambiado, y no hay diferencia entre las reglas de la Tierra Santa ahora y la manera en que estaba bajo el gobierno extranjero, en términos de ley, economía y la obra del Creador. Y esto es nada sino una oportunidad para la Redención.

De esto, entendemos que esta es la generación del Mesías, y por lo tanto, hemos merecido la Redención de nuestra Tierra Santa de las manos de otros. Y hemos también merecido la revelación del *Zóhar*, lo cual es el principio del cumplimiento del pasaje: "y la tierra estará llena del conocimiento de Dios…" "… y el hombre no enseñará más… porque todos Me conocerán, grandes y pequeños". Pero de estos dos solamente hemos merecido la entrega del Creador, mientras que no hemos recibido algo sino la oportunidad de empezar a hacer la tarea del Creador y dedicarnos a la Torá y sus preceptos por ella misma. Una vez que hagamos eso, mereceremos luego gran éxito como se prometió a la generación del Mesías, lo cual ninguna de las otras generaciones ha conocido. Y entonces

הגאולה כמו שהיה צריך להיות בזמן הגאולה אחרי אלפיים שנה. ולא בלבד שאין בני הגולה מתפעלים לבוא אלינו וליהנות מן הגאולה, אלא חלק גדול מאותם שנגאלו וכבר יושבים בתוכנו, מצפים בכליון עיניים להפטר מגאולה זו ולשוב לארצות פזוריהם.

הרי שאעפ"י שהקב"ה שאף על פי שהקדוש ברוך הוא הוציא הארץ מרשות האומות ונתנה לנו, עכ"ז עם כל זה אנו עוד לא קבלנוה, ואין אנו נהנים מזה. אלא שבנתינה זו נתן לנו הקב"ה את ההזדמנות לגאולה, דהיינו להיטהר ולהתקדש ולקבל עלינו עבודת ה', בתורה ובמצוות לשמה, ואז יבנה בית המקדש ונקבל הארץ לרשותנו, ואז נחוש ונרגיש בשמחת הגאולה. אבל כל עוד שלא באנו לזה, שום דבר לא נשתנה, ואין שום הפרש בין נמוסי הארץ עתה, מכפי שהיתה עדיין תחת ידי זרים, הן במשפט, הן בכלכלה והן בעבודת ה'. ואין לנו אלא הזדמנות לגאולה.

היוצא מדברינו, שדורנו זה הוא הדור של ימות המשיח. ולפיכך זכינו לגאולת ארצנו הקדושה מידי הנכרים. גם זכינו להתגלות ספר הזהר שהוא תחילת קיום הכתוב ומלאה הארץ דעה את ה' וגו'. ולא ילמדו עוד וגו'. כי כולם ידעו אותי למקטנם ועד גדולם. אבל בשתי אלה זכינו רק בבחינת נתינה מהקב"ה, אבל אנו לידינו עוד לא קבלנו כלום, אלא שניתנה לנו הזדמנות בזה להתחיל בעבודת השי"ת, לעסוק בתורה ובמצוות לשמה, שאז נזכה להצלחה גדולה ככל

mereceremos la recepción de ambas: la "completa comprensión" y la "completa redención".

Hemos explicado claramente la respuesta de los sabios a la pregunta de cómo es posible adherirse al Creador, en la cual ellos contestaron: "adhiérete a Sus atributos", que es correcto por dos razones:

1) porque la adhesión espiritual no es un asunto de acercamiento físico sino una similitud y afinidad de forma; y

2) ya que el alma fue solamente separada del Creador a causa del *Deseo de Recibir* que fue instilado en esta por el Creador, una vez que el alma es separada del *Deseo de Recibir*, regresa a su previo estado de adherirse a Su Esencia.

Todo esto es verdad en teoría, pero en la práctica no hemos recibido todavía una explicación de: "adhiérete a Sus atributos", lo que significa que uno ha de separarse de su *Deseo de Recibir* inherente y alcanzar el *Deseo de Compartir*, que es lo opuesto de la naturaleza humana.

Y como explicamos, dado que el hombre que se ahoga tiene que aferrarse fuertemente a la cuerda, y hasta que uno se dedique a la Torá y sus preceptos por ella misma hasta el punto de donde uno nunca regrese a sus caminos insensatos, no se considera que uno está "aferrándose fuertemente a la cuerda". Esto nos trae de regreso a la pregunta: ¿Dónde encuentra uno el "combustible" para hacer cada esfuerzo con todo su corazón y con toda su fuerza para dar placer a su Creador?, ya que un ser humano no puede hacer nada sin derivar algún beneficio para sí mismo, así como una máquina no puede funcionar sin combustible, y si uno no se beneficia, no tiene "combustible" para trabajar.

המובטח לדורו של המשיח, מה שלא ידעו כל הדורות שלפנינו, ואז נזכה לזמן הקבלה של שתי אלה: "שלימות ההשגה" ו"הגאולה השלימה."

והנה ביארנו היטב תשובת חז"ל על הקושיה, איך אפשר להדבק בו שאמרו שפירושו "הדבק במידותיו" שהוא צודק מב' טעמים:

א) כי דביקות הרוחנית אינה בקירוב מקום אלא בהשואת הצורה.

ב) כיון שלא נפרדה הנשמה מעצמותו ית' אלא בסבת הרצון לקבל שהטביע בה הבורא ית', א"כ אחר שהפריד הרצון לקבל ממנה חזרה מאליה בדביקות הקדומה בעצמותו ית'.

אמנם כל זה להלכה, אבל למעשה עוד לא תרצו כלום עם הפירוש הדבק במידותיו, שפירושו להפריד את הרצון לקבל המוטבע בטבע בריאתו, ולבא לרצון להשפיע שהוא היפך טבעו.

ומה שביארנו שהטובע בנהר צריך להחזיק החבל בחזקה, ומטרם שעוסק בתורה ובמצוות לשמה באופן שלא ישוב לכסלו עוד, אינו נחשב שמחזיק החבל בחזקה, שוב הדרא קושי' לדוכתי' שוב חזרנו לשאלה המקורית, מאין יקח חומר דלק להתייגע בכל לבבו ומאודו רק כדי לעשות נ"ר נחת רוח ליוצרו, כי אין אדם יכול לעשות תנועה בלי שום תועלת לעצמו כמו המכונה שאינה יכולה לעבוד בלי חומר דלק ואם לא יהיה שום תועלת לעצמו אלא רק נ"ר ליוצרו אין לו חומר דלק לעבודה.

La respuesta es que para cualquiera que comprende suficientemente la exaltación del Creador apropiadamente, lo que comparte con el Creador se convierte en recibir, como está escrito en *Tratado Kidushín, página 7a*, que se refiere a una persona espiritualmente importante: si la novia le da el dinero y él lo acepta, se considera que ella es quien recibe realmente el dinero de él, y así, se convierte en casada con él. Y así es con el Creador; si uno comprende Su exaltación no hay recibir más importante para él que dar placer a su Creador y esto es suficiente "combustible" para él para dedicarse con todo su corazón, alma y fuerza, a dar placer al Creador. Pero está claro que si uno no comprende la exaltación del Creador suficientemente, el acto de dar placer al Creador no es solamente considerado "recibir" hasta el punto en que él dedica todo su corazón y alma y fuerza al Creador.

Y así, cada vez que uno se dedica verdaderamente a dar placer al Creador de uno y no para el propio beneficio de uno, inmediata y completamente, uno pierde la fuerza para trabajar, ya que se vuelve como una máquina sin combustible. Un ser humano no mueve ni un solo miembro a menos que él obtenga algún beneficio por hacerlo, ni que hablar de hacer un gran esfuerzo, y dedicar toda su alma y fuerza, como la Torá lo obliga a hacerlo; porque no hay duda de que él es incapaz de hacerlo sin obtener algún beneficio para sí.

La verdad es que no es difícil en lo más mínimo comprender la exaltación del Creador al nivel donde nuestro compartir se vuelve recibir, como en el caso de una persona altamente exaltada, ya que cada uno está consciente de la grandeza del Creador, quien creó todo y dura más allá de todo y no tiene principio ni fin y Su exaltación es infinita. Más bien, la dificultad está en que el grado de exaltación no depende del individuo sino del ambiente que lo rodea; por ejemplo: aun si uno está lleno de buenas

והתשובה היא שכל משיג רוממותו ית' כראוי, הרי ההשפעה שהוא משפיע אליו מתהפכת להיות קבלה כמו"ש כ ‏ממו שכתוב במסכת קידושין (דף ז'.), באדם חשוב, שהאשה נותנת לו כסף, ונחשב לה לקבלה ומתקדשת, וכך הוא אצל השי"ת, שאם משיג רוממותו ית' אין לך קבלה יותר חשובה מנ"ר מנחת רוח ליוצרו, והוא די מספיק לחומר דלק לעמול ולהתייגע בכל לבו ונפשו ומאודו כדי לעשות נ"ר אליו ית', אבל זה ברור שאם עוד לא השיג רוממותו ית' כראוי, הנה השפעת נ"ר נחת רוח להשי"ת להשם יתברך לא נחשבת אליו לקבלה, בשיעור שימסור כל לבבו ונפשו ומאודו להשי"ת.

ולפיכך בכל פעם שיתכוון באמת רק לעשות נ"ר נחת רוח ליוצרו ולא לתועלת עצמו,יאבד תיכף כח העבודה לגמרי, כי נשאר כמו מכונה בלי חומר דלק כי אין אדם יכול להזיז אבר בלי שיפיק מזה איזה תועלת לעצמו, ומכ"ש ומכל שכן יגיעה כ"כ כל כך גדולה כמידת מסירת נפשו ומאודו, כפי המחוייב בתורה, שאין ספק שלא יוכל לעשות זאת בלי שיפיק איזה קבלת הנאה לעצמו.

ובאמת השגת רוממותו ית' בשיעור שההשפעה תהפך לקבלה כמו שאמרו באדם חשוב אינו דבר קשה כלל, והכל יודעים גדלות הבורא ית' שברא הכל ומבלה הכל בלי ראשית ובלי אחרית שלרוממותו אין קץ ותכלית, אלא הקושי שבדבר הוא כי ערך הרוממות אינו תלוי ביחיד אלא בסביבה, למשל, אפילו אם האדם מלא מעלות טובות, אם לא יחשבוהו הסביבה ולא יכבדוהו אדם כזה ימצא תמיד נכה רוח ולא יוכל להתגאות במעלותיו, אעפ"י אף על פי שאינו מסופק באמיתותם, ולהיפך מזה אדם שאין לו מעלה כלל אלא הסביבה יכבדוהו

cualidades, si el ambiente que lo rodea no reconoce estas cualidades y no lo respeta por ellas, tal persona estará siempre deprimida e incapaz de enorgullecerse de sus cualidades aunque él mismo no dude de ellas. Y en el caso contrario, una persona que no tiene ningunas cualidades, si es respetado por el ambiente que lo rodea como si estuviera lleno de buenas cualidades, se llena de orgullo, ya que el grado de importancia y exaltación es completamente dependiente del ambiente circundante.

Y cuando uno ve que la sociedad que lo rodea no toma en serio la obra del Creador y no aprecia apropiadamente Su exaltación, uno no puede superar a su entorno y no será capaz de comprender la exaltación del Creador. No tomará en serio la tarea del Creador, como ese entorno no lo hace. Y ya que él no tiene base para alcanzar la percepción de la exaltación del Creador, es obvio que no puede funcionar para dar placer a su Creador, ni para su propio beneficio, ya que no tiene "combustible" para hacer el esfuerzo. Y "si uno dice que no hizo el esfuerzo y aún así encontró lo que buscaba, no le creas" (*Pirkéi Avot, Ética de los Padres*), uno no tiene más opción que trabajar para su propio beneficio o de plano no trabajar, ya que no puede sentir como que está obteniendo satisfacción o "combustible" por medio de dar placer a su Creador.

Y esto explica el pasaje: "La gloria del rey está entre la multitud" (*Proverbios 14:28*), ya que el grado de exaltación depende del ambiente circundante por medio de dos condiciones:

1) El grado de aprecio por el ambiente circundante; y

2) la medida en números de los alrededores, así: "la gloria del rey está entre la multitud".

Y debido a que esto es tan difícil, los sabios sugirieron: "Hazte de un Rav y adquiere un amigo" (*Pirkéi Avot, Ética de los Padres, capítulo*

כמו שיש לו מעלות מרובות האדם הזה יהי' מלא גאות רוח, כי ערך החשיבות
והרוממות ניתנה לגמרי לרשות הסביבה.

ובשעה שאדם רואה איך הסביבה שלו מקילים ראש בעבודתו ית' ואינם מעריכים
רוממותו כראוי אין האחד יכול להתגבר על הסביבה וגם הוא אינו יכול להשיג
רוממותו ית', אלא שמיקל ראשו בעת עבודתו כמוהם, וכיון שאין לו הבסיס
של השגת רוממותו ית' מובן מאליו שלא יוכל לעבוד להשפיע נ"ר ליוצרו ולא
לתועלת עצמו, כי אין לו חומר דלק ליגיעה, ו'לא יגעת ומצאת אל תאמין' (מסכת
מגילה ו:), ואין לו שום עצה אלא או לעבוד לתועלת עצמו, או שלא לעבוד כלום, כי
השפעת נ"ר נחת רוח ליוצרו לא תשמש לו כמו קבלה ממש.

ובזה תבין הכתוב, ברוב עם הדרת מלך (שמות, י"ד, כ"ח), כי ערך הרוממות בא
מן הסביבה בב' תנאים:

א)   במדת ההערכה של הסביבה.

ב)   במידת גדלה של הסביבה, וע"כ ועל כן ברוב עם הדרת מלך.

ובשביל גודל הקושי שבדבר יעצו לנו חז"ל "עשה לך רב וקנה לך חבר" (פרקי
אבות, פרק א', ו') דהיינו שהאדם יבחר לעצמו אדם חשוב ומפורסם שיהי' לו

1:6) significando que uno debe escoger una persona importante y bien conocida para ser su Rav de modo que pueda dedicarse a la Torá y sus preceptos para dar placer a su Creador.

Un Rav hace esto más fácil de dos maneras: (1) Porque él es importante, su estudiante puede darle placer de acuerdo con la exaltación de su maestro, porque el compartir del estudiante se convierte en recibir, que es el combustible natural que lo capacita para hacer más acciones benéficas. Y una vez que está acostumbrado a compartir con su Rav, puede convertir esto en dedicarse a la Torá y sus preceptos por ella misma y por amor al Creador, ya que el hábito se vuelve una segunda naturaleza. (2) Hacer la forma de uno similar a la del Creador es efectiva solamente si es permanente, esto es: hasta que pueda ser dicho que: "Aquel que conoce los Misterios Ocultos puede garantizar que el estudiante nunca regresará a sus caminos insensatos" (Maimónides). Esto no es así cuando se trata de hacer la forma de uno similar a la de su Rav, dado que el Rav de uno es parte de este mundo, sujeto al tiempo. Hacer la forma de uno similar a la de su Rav será bueno solo temporalmente, y después regresa uno a sus viejas maneras. Sin embargo, cada vez que uno hace su forma similar a esa de su Rav, uno se adhiere a él por el momento, y al hacerlo así uno comprende el conocimiento y los pensamientos de su Rav, en proporción al grado de adhesión y fusión, como explicamos por medio de la analogía del órgano que es separado del cuerpo y luego vuelto a unir a este: lea esto cuidadosamente.

Así el estudiante puede usar la comprensión de su Rav de la exaltación del Creador, la cual convierte el compartir en recibir y tiene suficiente combustible para dedicar su alma y fuerza. Entonces el estudiante puede dedicarse también a la Torá y sus preceptos por ella misma con todo su corazón, alma y fuerza, que es la cualidad que conduce a la adhesión eterna al Creador.

לרב שממנו יוכל לבוא לעסק תו"מ ע"מ תורה ומצוות על מנת להשפיע נ"ר נחת רוח ליוצרו.

כי ב' הקלות יש לרבו. אחת שמתוך שהוא אדם חשוב הרי התלמיד יכול להשפיע לו נ"ר נחת רוח על בסיס רוממותו של רבו כי ההשפעה נהפכה לו לקבלה, שהוא חומר דלק טבעי שיוכל להרבות מעשי ההשפעה בכל פעם, ואחר שהתרגל בעסק ההשפעה אצל רבו הוא יכול להעבירו גם לעסק תורה ומצוות לשמה כלפי הקב"ה כי הרגל נעשה טבע. הקלה ב' הוא, כי השואת הצורה להקב"ה אינה מועילה אם אינה לנצח דהיינו עד שיעיד עליו יודע תעלומות שלא ישוב לכסלו עוד (רמב"ם), משא"כ מה שאין כן השואת הצורה לרבו, מתוך שרבו הוא בעולם הזה בתוך הזמן, מועילה השואת הצורה אליו אפילו היא רק זמנית שאח"כ שאחר כך ישוב בו לסורו, ונמצא בכל פעם שמשוה צורתו לרבו הוא מתדבק בו לשעתו, ומתוך כך הוא משיג ידיעותיו ומחשבותיו של רבו, לפי מדת דביקותו, כמו שבארנו במשל האיבר הנחתך מהגוף וחזר ונתדבק בו, עש"ה עיין שם היטב.

וע"כ ועל כן התלמיד יכול להשתמש מהשגת רוממות השי"ת של רבו, המהפכת ההשפעה לקבלה ולחומר דלק מספיק למסירת נפשו ומאודו. ואז יוכל גם התלמיד לעסוק בתורה ומצוות לשמה בכל לבבו ונפשו ומאודו, שהיא הסגולה המביאה לדביקות נצחי בהקב"ה.

Y de esto, usted puede entender las palabras de los sabios: "Servir a la Torá es más grande que estudiarla, ya que está escrito de Elishá Ben Shafat, quien vertió agua para Elías el Profeta, no que él aprendió, sino que él vertió" (*Berajot 7b*). Puede parecer extraño que simples actos puedan ser más grandes que el estudio de la sabiduría y el conocimiento, y aprendemos de este pasaje que por servir físicamente al Rav de uno con toda su fuerza para agradar al Rav de uno, uno llega a adherirse al Rav de uno, esto es: a hacer su forma similar a la de su Rav, y por medio de esto recibe el conocimiento y los pensamientos de su Rav. Este secreto es llamado "boca a boca", que es la adhesión de un espíritu a otro espíritu, y por medio de esto él llega a comprender la exaltación del Creador al grado en que cambia su compartir en recibir, lo cual es suficiente combustible para entregar completamente su alma y ser. Hasta que merece su adhesión al Creador, como se mencionó arriba.

Esto no es así cuando se trata del estudio de la Torá con su Rav, lo cual es necesariamente para el propio beneficio de uno, y no trae la adhesión. Esto es llamado "boca a oído", ya que través del servicio el estudiante aprende los pensamientos de su Rav, mientras que a través del estudio él solamente aprende las palabras de su maestro, y por lo tanto, el servicio es mayor que el estudio, tal como los pensamientos de su maestro son más grandes que sus palabras, y "boca a boca" es más grande que "boca a oído". Pero todo esto solamente se aplica cuando el servicio tiene la intención de dar placer al Rav, mientras que si la intención es beneficiarse uno mismo, uno no alcanza la adhesión al Rav de uno, y entonces el estudio es más importante que el servicio.

Así como dijimos acerca de la exaltación del Creador —que un entorno no apreciativo debilita al individuo y le impide alcanzar la percepción de la exaltación del Creador— esto también es verdad del Rav de uno. Si el entorno es ingrato con el Rav, esto evita que el estudiante comprenda su exaltación apropiadamente. Y es por esto que los sabios dijeron: "Hazte

ובזה תבין מה שאמרו חז"ל (ברכות ז:) "גדולה שימושה של תורה יותר מלימודה שנאמר פה אלישע בן שפט אשר יצק מים ע"י _{על ידי אליהו}, למד לא נאמר אלא יצק". שלכאורה תמוה איך מעשים פשוטים יהיו גדולים מלימוד החכמה והדעת, ובאמור מובן היטב כי השימוש ששימש לרבו בגופו ומאודו ע"מ _{על מנת} לעשות נ"ר _{נחת רוח} לרבו מביאהו לדביקות ברבו דהיינו להשוואת הצורה ומקבל עי"ז _{על ידי זה} ידיעותיו ומחשבותיו של רבו, בסוד פה אל פה שהיא דביקות רוחא ברוחא, שעי"ז _{שעל ידי זה} זוכה להשיג רוממותו ית' בשיעור שתתהפך ההשפעה לקבלה להיות לו חומר דלק מספיק למסירת נפשו ומאודו עד שיזכה לדביקות בהקב"ה כנ"ל.

משא"כ _{מה שאין כן} לימוד התורה אצל רבו, כי היא מוכרחת להיות לתועלת עצמו, ואינה מביאה לידי דביקות והיא נבחנת מפה לאוזן, באופן שהשימוש מביאו להתלמיד מחשבותיו של רבו, והלימוד רק הדבורים של רבו, ומעלת השימוש גדלה על מעלת הלימוד, כשיעור חשיבות מחשבת רבו על הדבורים של רבו וכחשיבות פה אל פה על פה לאוזן. אמנם כל זה אמור אם השימוש הוא ע"מ להשפיע אליו נ"ר אבל אם השימוש הוא לתועלת עצמו ששימוש מעין זה אינו מסוגל להביאהו לדביקות ברבו, ודאי שהלימוד אצל רבו חשוב יותר משמושו.

אמנם כמו שאמרנו אצל השגת רוממותו ית', שהסביבה שאינה מחשיבה אותו ית' כראוי, מחלשת את היחיד ומונעת אותו מהשגת רוממותו ית', הנה ודאי דבר זה נוהג גם ברבו אשר הסביבה שאינה מחשיבה רבו כראוי את רבו מונעת את התלמיד שיוכל להשיג רוממות רבו כראוי. ולפיכך אמרו חז"ל "עשה לך רב וקנה לך חבר" דהיינו שהאדם יוכל לעשות לו סביבה חדשה שהסביבה תעזור לו

de un Rav y adquiere un amigo"; esto es: uno puede hacer o crear nuevos entornos que lo ayudarán a comprender la exaltación de su Rav a través del amor de los amigos que aprecian al Rav, ya que por medio de las conversaciones entre los amigos acerca de exaltación del Rav, cada uno obtiene un sentido de la exaltación del Rav, y este compartir se convierte en recibir y combustible al grado que conduce a cada uno de ellos a dedicarse a la Torá y sus preceptos por ella misma. Esto es lo que se quiso decir al decir que 'incluidos en los 48 niveles por medio de los cuales es adquirida la Torá, está el servir a los sabios y el estudio detallado con los amigos', porque no es suficiente con que él sirva a su Rav; necesita el estudio minucioso con sus amigos, esto es: la influencia de sus amigos quienes trabajarán sobre el entorno de uno, y un individuo no puede alcanzar esto solo, como hemos explicado.

De hecho, estas son dos condiciones para el logro de la comprensión de la exaltación:

1) Siempre escuchar y aceptar el aprecio del entorno en toda su extensión.

2) Que el entorno sea populoso, como está escrito: "La gloria del rey está entre la multitud".

Y para cumplir la primera condición, cada estudiante debe sentir que es el más bajo entre sus compañeros y entonces puede recibir el aprecio de la exaltación de todos ellos, porque el superior no puede recibir del inferior, y mucho menos ser inspirado por sus palabras; solamente el inferior puede ser inspirado por el aprecio del superior. Y en términos de la segunda condición, cada estudiante está obligado a alabar a cada uno de sus compañeros y a amarlo como si fuera el más grande de su generación, y entonces el entorno actuará sobre él como si ellos fueran tan populosos como deben ser, ya que la calidad es más importante que la cantidad.

* * *

להשיג רוממות רבו ע"י אהבת חברים המחשיבים את רבו שע"י שיחת החברים ברוממות רבו מקבל כל אחד הרגשת רוממותו, באופן שההשפעה לרבו תהפך לקבלה ולחומר דלק, והיינו בשיעור שיביאהו כן לעסוק בתורה ומצוות לשמה,שע"ז אמרו במ"ח (48) *שעל זה* מעלות שהתורה נקנית בהם בשימוש חכמים ובדקדוק חברים, כי מלבד שמשמש לרבו צריך גם כן לדקדוק חברים, כלומר להשפעת החברים שיפעלו עליו להשגת רוממותו של רבו כי השגת הרוממות תלויה לגמרי בהסביבה, ואדם יחידי אי אפשר שיפעל בזה במשהו כמבואר.

ואמנם ב' תנאים פועלים בהשגת הרוממות:

א)   לשמוע תמיד ולקבל את הערכת הסביבה בשיעור הפלגתם.

ב)   שהסביבה תהיה גדולה, כמ"ש *כמו שכתוב* ברוב עם הדרת מלך.

ולקבל תנאי הא' מחויב כל תלמיד להרגיש עצמו שהוא הקטן שבכל החברים, ואז יוכל לקבל הערכת הרוממות מכולם, כי אין גדול יכול לקבל מקטן ממנו ומכ"ש *ומכל שכן* שיתפעל מדבריו, ורק הקטן מתפעל מהערכת הגדול. וכנגד תנאי הב' מחויב כל תלמיד להרים מעלת כל חבר ולחבבו כאילו היה גדול הדור, ואז תפעל עליו הסביבה כמו שהיתה סביבה גדולה כראוי, כי ברוב בנין חשוב יותר מרוב מנין.

* * *

299

El pasaje que dice que cada persona está obligada a entender la raíz de su alma significa que el propósito deseado y esperado del Creador para Sus creaciones es la adhesión a Él, como está escrito: "y adherirse a Él" (*Deuteronomio 11:22*), y los sabios explicaron esto como significando adherirse a las cualidades del Creador: así como Él es misericordioso, etc. Y las cualidades del Creador son manifestadas por las santas *Sefirot*, como sabemos. Este es el secreto de la consciencia que origina y conduce a Su mundo y reparte a Sus criaturas Su beneficencia y bondad maravillosas.

Pero debemos entender por qué es esto llamado adherirse al Creador, cuando esto solamente parece ser un estudio ordinario. Usaré una analogía para explicar el concepto que con cada acción en el mundo, la conciencia que la causa, se adhiere a esta y permanece con esta. Así como en una mesa, oculto dentro de esta está la conciencia de su carpintero y artesanía, grande o pequeña, ya que, mientras él trabajaba, la planeó de acuerdo a su idea. Cuando una persona ve la acción completada —y comprende la conciencia oculta adentro— entonces, en ese momento se adhiere a esta conciencia que la causó. Significando que ellos se vuelven completamente unidos.

Porque realmente no hay distancia o separación entre las cosas espirituales, aun cuando estén vestidas con formas físicas separadas, pero la consciencia dentro de cada una no puede ser descrita en partes separadas, porque no hay cuchillo que pueda cortar lo espiritual para que permanezca en partes separadas. Más bien, la mayor diferencia entre las cosas espirituales está en su clasificación, esto es: si son merecedoras de elogio o de condenación, y también de acuerdo con los componentes de su compatibilidad, ya que una mente que piensa acerca de la sabiduría de las estrellas no puede adherirse a la mente científica. Y aún dentro de una sabiduría dada hay muchos componentes, ya que si uno es más sabio que otro aun en un aspecto de sabiduría, esto los divide espiritualmente. Pero cuando dos personas sabias contemplan la misma sabiduría y su entendimiento de

מ"ש מה שכתוב שֶכל אדם מחוייב להשיג שורש נשמתו, פירוש: שתכלית הנרצה
והמקווה מהנברא היא הדביקות בו ית' כמו שכתוב "וּלְדָבְקָה בוֹ" (דברים י"א,
כ"ב), ופירשו חז"ל שזה הדביקות במידותיו ית', מה הוא רחום וכו' . ועניין מדותיו
ית' הם הספירות הקדושות כידוע, שז"ס שזה סוד שֶׁכָּל הַפּוֹעֵל ומנהג עולמו ומודד
להם על ידם השפעתו וטובו יתברך.

אבל צריך להבין למה נקרא זה דביקות בהבורא יתברך, ולכאורה הרי זה לימוד
בעלמא. ואבאר דרך משל, אשר בכל פעולה שבעולם מתדבק ונשאר באותה
הפעולה אותו שכל הפועל אותה, כמו שבשלחן מושג בחינת שכל של הנגר,
וחריצותו באומנות זו אם רב או מעט, כי בעת מלאכתו ערך אותה בבחינת
שכלו ומידת שכלו, והמסתכל בפעולה וחושב בשכל הטמון בה, הרי הוא בשעת
מעשה דבוק בשכל הפועל אותה, דהיינו שמתאחדים ממש.

כי באמת אין מרחק וחתך בין הרוחניים ואפילו כשבאים בגופים מחולקים אבל
השכליים שבהם אי אפשר לתארם בחילוקים כי באיזה סכין תחתוך הרוחני
וישאר נבדל. אלא עיקר ההבדל שנמצא ברוחניים הוא בתוארים, פירוש, משובח
או מגונה, וגם בהרכבות, כי שכל המחשב בחכמת המחשב כוכבים לא ידבוק במחשב
חכמת טבעיים, ואפילו באותה חכמה עצמה נמצא חכמה הרכבות הרבה, כי אחד
מתעלה על חבירו אפילו בחכמה אחת ורק בזה יבדלו הרוחניים איש מרעהו.

esta es igual, entonces están verdaderamente unidos, ya que nada los divide; lea esto cuidadosamente.

Por lo tanto, cuando una persona piensa acerca de las acciones de otra y comprende la conciencia detrás de su acción, ambas tienen la misma medida de fuerza y pensamiento, y están verdaderamente unidas. Es como una persona que encuentra a un amigo querido en el mercado y lo abraza y lo besa, y no pueden estar separados debido a la gran unión entre ellos.

Y así, de acuerdo con esta regla es que la conciencia de los humanos es la fuerza que es la más cercana a, y la más compatible con el Creador, y esto es considerado "el medio". Esto significa que el Creador emanó una chispa de esa fuerza y por medio de esa chispa todo puede regresar a Él. Y está escrito: "Tú haces todo por medio de Tu sabiduría" (*Salmos 104:24*), esto es: el mundo entero fue creado a través de la sabiduría del Creador, y por lo tanto, aquel que merece percibir las maneras con las cuales el Creador creó el mundo y sus órdenes se adhiere a la Conciencia que las causó; así regresa al Creador.

Y este es el secreto de la Torá, que es todos los Nombres del Creador que son aplicables a Sus creaciones. Y el que fue creado alcanza por medio de ellos la conciencia del Creador, porque el Creador se refería a la Torá cuando creó al mundo como es sabido. Y a través de la iluminación que uno alcanza a través de la Creación, por medio de adherirse a esta Mente siempre, uno se adhiere al Creador.

Y a través de esto, entendemos por qué el Creador nos mostró toda Su obra: "¿Necesitamos este conocimiento para crear los mundos?". De eso, aprendemos que el Creador nos mostró Sus caminos de modo que sepamos cómo adherirnos a Él, lo cual es por medio de "adherirse a Sus cualidades" (*Yalkut Shimoní*).

אבל כששני חכמים מחשבים בחכמה אחת ושיעור אחד במידת השכלתם, אז ממש מאוחדים המה כי במה יבדלו, ודו"ק ודייק ותמצא קל.

ולכן כשנמצא אחד מחשב בפעולת חבירו ומשיג את השכל מהחכם הפועל אותה, נמצא ששניהם מדודים בכח ושכל אחד, והמה עתה ממש מאוחדים כמו איש שפגע ברעהו האהוב בשוק ומחבקו ומנשקו ואי אפשר לנתק אחד מחבירו מרוב האחדות שביניהם.

ולכן כפי הכלל אשר בחינת השכל שבמדברים הוא הכח היותר מותאם שבין הבורא לנבראיו, והוא בבחינת ה"אמצע", דהיינו שהאציל ניצוץ אחד מהכח הזה אשר על ידי אותו הניצוץ הכל שב אליו. וכתיב: כֻּלָּם בְּחָכְמָה עָשִׂית (תהילים, ק"ד, כ"ד), דהיינו שכל העולם ברא בחכמתו ית', ועל כן הזוכה להשיג את האופנים שברא בהם את העולם וסדריו, הרי הוא דבוק בשכל הפועל אותם, ונמצא שהוא דבוק בבורא ית'.

וזה סוד התורה שהיא כל שמותיו של הקדוש ברוך הוא ששייכים לנבראים, ובהיות הנברא משיג על ידם שכל הפועל הכל, כי בתורה הבורא היה מסתכל בעת שברא העולם כידוע, והארה שמשיג דרך הבריאה ומתדבק בשכל הזה תמיד, נמצא שהוא דבוק בבורא ית'.

ובזה מובן למה הראה לנו הקב"ה את כלי אומנותו, וכי לברוא עולמות אנו צריכים ומה"נ"ל ניחא, כי הראה לנו הקב"ה סדריו שנדע איך להתדבק בו ית' שזהו "הדבק במידותיו" (ילקוט שמעוני).

Y en Cuanto a Yehuda

(Del Comentario sobre la Hagadá de Pésaj publicado en 1930)

"Este es el pan de aflicción que nuestros padres comieron en la tierra de Egipto". El precepto de comer *Matzá* fue dado a los hijos de Yisrael aún antes de que dejaran Egipto. Esto fue en representación de la futura Redención que estaría sucediendo rápidamente. Encontramos que el precepto de comer *Matza* les fue dado mientras todavía estaban esclavizados. El precepto se refería verdaderamente al tiempo de la Redención, ya que salieron con apresuramiento. Es por esto que, cuando comemos *Matzá* hoy, nos da gusto mencionar la comida de la *Matzá* en Egipto, porque nosotros estamos también en un tiempo de esclavitud, en el exilio. Y nuestra intención en el precepto de comer la *Matzá* es atraer la Redención futura pronto y en nuestro tiempo, así como nuestros antepasados lo hicieron cuando comieron *Matzá* en Egipto.

"Ahora somos esclavos; el año próximo seremos libres". Como dijimos anteriormente, la intención detrás de este precepto es despertar la Redención futura que es cierta para nosotros, por medio de comer la *Matzá* en la forma en que nuestros antepasados la comieron en Egipto. [Nota del Editor: Ver la introducción a *Tikunéi Zóhar, artículos 340-343*, y la explicación de *Maalot HaSulam*].

"Esclavos fuimos en Egipto..." Aprendemos en *Tratado Pesajim, página 116a*, que nosotros: "empezamos con condena y terminamos con alabanza". En lo que concierne a la condena, Rav y Samuel están en desacuerdo; Rav dice que debemos empezar con: "en un principio nuestros antepasados fueron idólatras", y Samuel dice que debemos empezar con: "esclavos fuimos". La *Halajá* está de acuerdo con Samuel.

וזאת ליהודה

(מתוך פרוש על ההגדה של פסח)

"הא לחמא עניא די אכלו אבהתנא בארעא דמצרים זה לחם העוני אשר אכלו אבותינו בארץ מצרים" (מתוך ההגדה) כי מצות אכילת מצה ניתנה לבני ישראל עוד בטרם יציאתם ממצרים, והיינו על שם הגאולה העתידה להיות בחפזון, נמצא שמצות אכילת מצה ניתנה להם בעוד שהיו בשעבוד, וכוונת המצוה היתה לזמן הגאולה, דהיינו משום שאז יצאו בחפזון, וזהו שחביב לנו להזכיר בעת אכילת מצה של עכשיו, ענין אכילת מצה של מצרים, משום שאנו נמצאים ג"כ גם כן בשעת השעבוד בחוצה לארץ, ואשר גם כוונתו במצוה זו להמשיך הגאולה העתידה להיות בב"א במהרה בימינו אמן על דרך אכילת אבותינו במצרים.

השתא הכא השנה כאן **וכו' לשנה הבאה בני חורין:** והיינו כדאמרן לעיל, אשר בכוונת המצוה הזו יש לנו לעורר גאולה הבטוחה העתידה לנו, על דרך מצות אכילת מצה של אבותינו במצרים כנ"ל. (עיין בהקדמת תקוני הזהר אות ש"מ - שמ"ג ובפירוש מעלות הסולם. הערת המו"ל).

עבדים היינו וכו'. שנינו במסכת פסחים (דף קט"ז.) שמתחיל בגנות ומסיים בשבח, ובענין הגנות פליגי בה יש מחלוקת בה [בין] רב ושמואל, רב אומר להתחיל מתחילה עובדי ע"ז עבודה זרה היו אבותינו, ושמואל אומר להתחיל מעבדים היינו, והלכתא והלכה [נוהגת] כשמואל.

Es importante entender el desacuerdo. Y la razón para: "empezamos con condena y terminamos con alabanza" es la misma que: "porque la luz es mejor que la oscuridad" (*Eclesiastés 2:13*). Pero primero debemos reconocer la condena de modo que podemos apreciar más la bondad del Creador y lo que hizo por nosotros. Es sabido que todo nuestro comienzo vino de un lugar de condena, ya que la no existencia, o ausencia, precede a la existencia. Es por eso que: "el hombre nace como cría de un asno salvaje" (*Job 11:12*), y luego toma la forma de un ser humano, lo cual es común a todo en la Creación; este es también el proceso de fundación de toda la nación israelita.

Esto significa que dado que el Creador trajo a la Creación a ser como "algo de nada", no hay un ser existente que no estuvo previamente en una forma de no existente, aunque cada producto individual de la Creación tiene su propia forma separada de no existencia. Así que, cuando dividimos la existencia en los cuatro tipos: Inanimado (mineral), Vegetal, Animal y Hablante (humano), encontramos que necesariamente el comienzo de cada producto Inanimado empezó de la no existencia completa, mientras que cada producto Vegetal comienza y resulta de su tipo de existencia precedente y no de la total no existencia. El comienzo del producto Vegetal no es de la total no existencia sino que más bien comienza y resulta de su tipo de existencia precedente, que es considerado como su forma de no existencia relativamente. Por lo tanto, el proceso de siembra y descomposición, que es necesario para toda semilla, se considera que es su recibir de lo Inanimado. Asimismo es con la fase de no existente de los Animales y los Hablantes, ya que la forma del Vegetal está considerada ser la no existencia relativa a la forma Animal, y la forma Animal es la no existencia relacionada con el ser Hablante.

Así, este versículo nos enseña acerca de la forma no existente, que precede a la forma Hablante, significando la Animal, diciendo: "el hombre nace como cría de un asno salvaje", donde un ser humano comienza

וצריך להבין פלוגתייהו המחלוקת, הנה הטעם של "להתחיל בגנות ומסיים בשבח"
הוא עד"ה על דרך הכתוב "כיתרון האור מן החשך" (קהלת, ב', י"ג) וע"כ ועל כן צריך
לזכור ענין הגנות שמתוכו יוכר לנו ביותר שיעור חסדיו ית' שעשה עמנו, ונודע
אשר כל ההתחלה שלנו הוא רק ענין הגנות, משום שההעדר קודם להויה,
וע"כ "עייר פרא אדם יולד" (איוב, י"א, י"ב) ובסופו קונה צורת אדם, שזהו נוהג
בכל הפרטים שבבריאה, ועד"ז ועל דרך זה היה ג"כ גם כן בהשרשת כלל האומה
הישראלית.

וטעם הדברים הוא, משום שהשי"ת שהשם יתברך הוציא הוציא את הבריאה יש מאין
וא"כ ואם כן אין לך שום הויה שלא היתה בהעדר מקודם לכן, אמנם ענין ההעדר
הזה יש לו צורה נבדלת בכל אחד ואחד מפרטי הבריאה, כי כאשר נחלק את
המציאות לד' סוגים: דומם, צומח, חי, מדבר. אנו מוצאים שהתחלה של הדומם
יהיה בהכרח העדר גמור, אמנם התחלה של הצומח איננו העדר גמור אלא
רק מהדרגה הקודמת לו שנחשבת העדר בערכו, והיינו ענין הזריעה והרקבון
ההכרחית לכל גרעין, שהוא קבלתו מצורת הדומם, וכן ההעדר של הויות החי
והמדבר, כי צורת הצומח נחשבת העדר כלפי החי, וצורת החי, נחשבת העדר
כלפי המדבר.

ולפיכך מלמדנו הכתוב ענין ההעדר הקודם להיות האדם, שהוא צורת הבהמה,
וז"ש "עייר פרא אדם יולד", אשר זהו מוכרח לכל אדם שתהיה לו התחלה של
בחינת בהמה, כאמור. והנה הכתוב אומר, "אדם ובהמה תושיע ה' " (תהלים, ל"ו,

necesariamente como un animal. Y está también escrito: "Dios otorga salvación a ambos: el hombre y la bestia" (*Salmos 36:7*), y así como el Creador atiende todas las necesidades de la bestia para sobrevivir y cumplir su propósito, así Él atiende al ser humano con todo lo que él necesita para sobrevivir y cumplir su propósito.

Así, necesitamos entender la superioridad intrínseca del ser humano sobre la bestia. Esto puede ser visto por medio de sus necesidades y carencias, ya que las carencias de un ser humano son ciertamente diferentes de esas de la bestia, y en el mismo grado, la salvación de Dios del ser humano se distingue de la salvación de Dios de la bestia.

Después de investigar este concepto cuidadosamente, no encontramos diferencia intrínseca entre las necesidades del ser humano y las del reino animal, excepto por el despertar para adherirse a Dios, que es inherente solo al ser humano. Encontramos que toda la existencia del ser humano puede ser medida solamente por el grado de anhelo inherente de hacer la tarea del Creador, y esta es la medida de su superioridad con respecto al reino animal. Y muchos ya han sacado esta idea de que aun la mente inteligente tratando con artesanías o habilidades políticas también puede ser encontrada en muchas especies del reino animal.

Y por medio de esto, podemos también entender la ausencia que precede a la existencia del ser humano —la no existencia del deseo de estar cerca del Creador— , el nivel de la bestia, como mencionamos arriba. Por medio de esto podemos entender las palabras de la *Mishná*: "Empezamos con condena y terminamos con alabanza", que significa que debemos recordar y comprender esta falta de una manera positiva. Esta es la condena que precede a la alabanza, y de esto experimentamos la alabanza más cuidadosa y poderosamente, a través de: "empezamos con condena y terminamos con alabanza".

ז'), וכמו שמזמין לבהמה כל משאלותיה ההכרחיים לקיומה ולהשלמת ענייניה, כן מזמין לאדם כל משאלותיו ההכרחיים לקיומו להשלמת ענינו.

ויש להבין א"כ איפה הוא יתרון צורת האדם על הבהמה מצד הכנתם בעצמם. אמנם זה נבחן במשאלות שלהם, כי משאלותיו של אדם שונות בודאי ממשאלותיה של הבהמה, אשר כן בשיעור הזה, נבדל ג"כ ישועת ה' לאדם מישועת ה' לבהמה.

והנה אחר כל החקירות והבדיקות אין אנו מוצאים צורך מיוחד נטוע בחפץ האדם שלא יהיה נמצא בכל מין החי, זולת ההתעוררות לדביקות אלקית. אשר רק מין האדם מוכן אליה ולא זולתו. ונמצא שכל ענין ההויה של מין האדם, הוא משוער רק באותה ההכנה הטבועה בו להשתוקק לעבודתו ית', ובזה נעלה הוא על הבהמה. וכבר דברו בזה רבים, אשר אפילו השכל העיוני למלאכות ולהנהגות מדיניות, אנו מוצאים בתבונה רבה בפרטים רבים במין החי.

ולפי"ז ולפי זה נבין ג"כ גם כן ענין ההעדר הקודם להוית האדם, שהוא ענין שלילת החפץ והרצון לקרבת ה', שכן הוא מדרגת הבהמה כנ"ל, ובזה נבין דברי המשנה שאמרה "מתחיל בגנות ומסיים בשבח" דהיינו כדאמרן כמו שאמרו, שצריך לזכור ולהשכיל אותו ההעדר הקודם להויה שלנו בדרך החיוב, כאמור. שהוא הגנות הקודם לשבח, ומתוכן נבין את השבח ביתר שאת וביתר עוז, והיינו דתנן שלמדנו "מתחיל בגנות ומסיים בשבח".

Esto también ilustra el concepto de nuestros cuatro exilios, exilio tras exilio que preceden a las cuatro Redenciones; Redención tras Redención hasta la cuarta Redención que es la perfección absoluta deseada que esperamos llegue en nuestros días. El exilio es la no existencia que precede a la existencia. Y la existencia es la Redención, ya que esta no existencia es la etapa de preparación de la existencia, tal como sembrar es la etapa de preparación de la cosecha, como hemos explicado en los libros. Por lo tanto, todas las letras en "*Gueulá*" (Redención) —*Guímel, Álef, Vav, Lámed, Hei*— son encontradas en la palabra "*Golá*" (exilio, *Guímel, Vav, Lámed, Hei*) excepto la letra *Álef*, que se refiere al Señor (en hebreo: *Aluf*) del mundo, lo cual nos enseña como los sabios han dicho: que la forma de la ausencia es solamente la no existencia de la existencia.

La forma de esta existencia es la Redención, como la Escritura nos informa: El hombre no enseñará a su prójimo y un hombre no enseñará a su hermano diciendo: 'Conoce a Dios' porque todos Me conocerán, los grandes y los pequeños" (*Jeremías 31:33*). Por lo tanto, la forma de la no existencia precedente —el exilio (*Golá*)— es solamente la no existencia del conocimiento del Creador, lo cual está indicado por la *Álef* faltante, de la cual carecemos en el exilio (*Golá*) y en el cual esperamos por la Redención (*Gueulá*), esto es: la adhesión al Señor del universo, como hemos mencionado. Esta es precisamente la Redención de nuestras almas, ni más ni menos, y es lo que queremos decir al expresar que todas las letras en "Redención" (*Guímel, Álef, Vav, Lámed, Hei*) están también en "exilio" (*Guímel, Vav, Lámed, Hei*) excepto la *Álef*, la cual significa el Señor del universo; entienda esto bien.

Para entender el importante concepto de que cada no existencia prepara el camino para su correspondiente entidad de existencia, podemos aprender acerca de esto de las cosas en este mundo material. Vemos que el concepto de libertad, que es un ideal exaltado, es experimentado por solamente unos pocos selectos, y ellos solamente a través de una preparación adecuada.

וזהו ג"כ ענין ד' גלויות שלנו גולה אחרי גולה, המוקדמים לד' הגאולות, גאולה אחר גאולה עד הגאולה הרביעית שהיא השלימות הגמורה המקווה לנו בבי"א במהרה בימינו אמן. שהגולה היא ענין ההעדר הקודם להויה שהוא ענין הגאולה. ומתוך שההעדר הזה הוא המכין להויה המיוחסת לו, כדמיון הזריעה המכין לקצירה כמבואר בספרים, לפיכך כל האותיות של גאולה אנו מוצאים בגולה חוץ מאות אל"ף, אשר אות זו מורה על אלופו של עולם, כמאמר חז"ל, והוא ללמדנו שצורתו של ההעדר אינו אלא בחינת השלילה של ההויה.

והנה צורת ההויה שהיא הגאולה, מודעת לנו בכתוב "ולא ילמדו עוד איש את רעהו" וכו' "כי כולם ידעו אותי למקטנם ועד גדולם" (ירמיהו, ל"א, ל"ג). וא"כ ואם כן יהיה צורתו של ההעדר הקודמתו דהיינו צורתו של הגולה רק בבחינת השלילה של דעת השי"ת השם יתברך שזהו חסרון באל"ף, שחסר לנו בגולה, והמקווה לנו בגאולה, שהיא הדביקות באלופו של עולם כאמור. שזהו כל פדות נפשינו בדיוק, לא פחות ולא יותר, והוא שאמרנו שכל האותיות של גאולה נמצא בגולה, חוץ מאל"ף, שהוא אלופו של עולם, והבן מאד.

ובכדי להבין הענין הנכבד הזה הנ"ל אשר ההעדר בעצמו הוא המכין אותה ההויה המיוחסת לו, נלמד זה מהויות עולם הזה הגשמי כי אנו רואים במושג של חרות שהוא מושג גבוה מאד נעלה, לא יטעמו בו רק יחידי סגולה, וגם המה רק ע"י הכנות מותאמות, אבל רוב העם אינם מסוגלים כלל לטעום בו טעם.

La mayoría de la gente no puede probar esto ya que no tienen concepto de ello. Por otra parte, en la esclavitud, los grandes y los pequeños son iguales, y hasta los más bajos de los hombres no la pueden tolerar.

(Hemos visto esto con el pueblo polaco, quienes perdieron su reino solamente porque la mayoría de ellos no apreciaban la importancia de su libertad y no la guardaron estrechamente. Cayeron en la esclavitud bajo el régimen ruso por cien años. Luego todos ellos gimieron bajo el yugo de la esclavitud y todos ellos, grandes y pequeños, suplicaron por la libertad. Y aunque no sabían cómo apreciar la verdadera esencia de la libertad, y cada uno la imaginaba como quería, de la falta de libertad, que es la esclavitud, el valor de la libertad fue marcado en sus almas para apreciar y amar la libertad.

Sin embargo, cuando fueron liberados del yugo de la esclavitud, muchos de ellos estaban confusos y no apreciaban lo que habían ganado por medio de su libertad. Algunos se lamentaban y decían que su gobierno los agobiaba con los impuestos aún más que el gobierno extranjero, y deseaban que las cosas no hubieran cambiado, porque el poder de la ausencia de la libertad no había actuado sobre ellos como tenía que).

Ahora podemos entender el desacuerdo entre Rav y Samuel. Rav interpreta la Mishná que dice que "empezamos con condenación…" significando que esto debe hacernos apreciar aún más la Redención, y por lo tanto, empezamos con el tiempo de Téraj, y él está en desacuerdo con Samuel, porque en Egipto, algunos ya tenían el amor y el servicio al Creador instilado en ellos, y la desgracia extra de la esclavitud en Egipto no era una falta en y de sí misma para la nación llamada "Adán" como analizamos antes.

Samuel dice, a diferencia de Rav, que el concepto de libertad nacional a través del conocimiento del Creador es un concepto extremadamente

ולעומת זה במושג של השעבוד הרי קטן וגדול שוים בו, ואפילו הפחות שבעם לא יוכל לסובלו.

(כמו שראינו בעם פוליניא שלא איבדו מלכותם רק משום שמרביתם לא הבינו לשער כראוי מעלת החרות ולא שמרו אותו, וע"כ ועל כן נפלו בעול השעבוד תחת ממשלת רוסיא מאה שנה. ובאותו זמן כולם נאנחו תחת עול השעבוד ומבקשים חרות בכליון עינים מקטן ועד גדול. והגם שעדיין לא ידעו לשער בנפשם טעמו של החרות כדמותו וכצלמו, וכל אחד ואחד היה מדמה אותו כחפצו, אמנם בהעדר של החרות, שהוא השעבוד, נטבעה היטב סגולה זו בנפשם להוקיר ולחבב את החרות.

וע"כ ז ועם כל זה בעת שנשתחררו מעול השעבוד, אנו מוצאים הרבה מהם שמשתוממים בנפשם ואינם יודעים כלל מה הרויחו בכל החרות הזו, וחלק מהם עוד מתחרטים ג"כ ויאמרו שממשלתם מכבידה עליהם מסים וארנונות עוד יותר מהממשלה הזרה והלואי שעמדנו בראשונה. כי עליהם לא פעל עוד כח ההעדר כראוי).

ועתה נבין פלוגתייהו המחלוקת דרב ושמואל כי רב מפרש המשנה שמתחיל בגנות וכו', כדי שמתוך כך יוכר שיעור הישועה ביותר וע"כ אומר להתחיל מזמן תרח וכו' ואינו אומר כשמואל, משום שבמצרים כבר היתה אהבתו ועבודתו ית' נטועה במקצת האומה, וענין קושי השעבוד הנוסף במצרים, אינו חסרון מחמת עצמו בהוית האומה הקרויה אדם כנ"ל.

ושמואל לא אומר כרב, מחמת שמושג של חרות האומה בידיעת ה' הוא מושג מאד נעלה שרק יחידי סגולה מבינים אותו וזה עפ"י על פי הכנות מתאימות. אבל

exaltado que solamente unos pocos pueden captar, y solamente por medio de una preparación apropiada. Pero la mayor parte de la nación no estaba en este nivel todavía. Por otra parte, el concepto de la desgracia de la esclavitud era comprensible para todos, como Ibn Ezra escribió en su interpretación del principio de la porción de *Mishpatim*: "No hay nada más duro para un ser humano que estar bajo la autoridad de otro ser humano como él".

Y él interpreta la *Mishná* diciendo que la no existencia prepara el camino para la existencia, y es por lo tanto considerada una parte de la Redención del Creador por la cual debemos estar agradecidos. Por lo tanto, no debemos empezar con: "... al principio, nuestros antepasados eran idólatras", porque en ese tiempo este no era el caso de la no existencia preparando el camino para una existencia. Ellos estaban lejos de tener una existencia "humana" porque estaban lejos del amor del Creador. Así que empezamos con la esclavitud en Egipto cuando una pequeña chispa del amor del Creador ya ardía en sus corazones. Pero con el trabajo duro, esta chispa se fue apagando, y así, puede ser considerada la ausencia que precedió a la existencia. Por lo tanto, empezamos con: "Esclavos fuimos en Egipto".

רוב העם עוד לא הגיעו להשגה זו. לעומת זה, ההשגה של קושי השעבוד מובן לכל אחד כמו שכתב האבן עזרא [בפירוש לתורה] בתחילת פרשת משפטים "שאין לאדם בעולם יותר קשה עליו, מהיות ברשות אדם כמוהו" עכ"ל עד כאן לשונו.

ומפרש המשנה מטעם שההעדר מכין ההויה ונחשב משום זה לחלק מישועתו ית' שצריך להודות גם עליו, ולפיכך אין להתחיל מתחילה עובדי ע"ז [עבודה זרה היו אבותינו כי זמן ההוא אינו נכנס אפילו בבחינת ההעדר הקודם להויה בהיותם נשללים לגמרי מסוג הוית האדם כי היו מרוחקים מאהבתו ית' בתכלית, וע"כ [ועל כן מתחילים משעבוד מצרים שכבר שביבי אהבתו ית' היה בוער בלבם במקצת, אלא מקוצר רוח ומעבודה קשה היה הולך ונכבה יום יום וזהו שנחשב להעדר הקודם להויה ולכן אומר להתחיל מעבדים היינו.

Artículo sobre la Unidad

La manera en que la conciencia opera es que primero uno encuentra el cuerpo de la otra persona, y luego, cuando se conocen uno al otro, uno se familiariza con la mente de la persona y el conocimiento también. Y aun si el amigo de uno no está presente físicamente ante sus ojos, la ocultación es solamente para los ojos físicos. En "los ojos de su espíritu" —su imaginación— él no está ausente en lo absoluto, ya que en la mente de uno, el recuerdo de la persona permanece como estaba antes, casi sin cambio. Hasta la descripción de su cuerpo, que es una cosa espiritual, no puede desaparecer y permanece visible.

Por medio de esto, aunque la mayor parte de la mente de una persona no puede ser comprendida sin ver su cuerpo físico, el cual puede entonces ser imaginado, cuando la mente de uno ha captado la mente y criterio de su amigo junto con su cuerpo físico, el proceso está completo, y él puede ser retenido siempre en la mente de uno.

Esto ilustra el concepto de que lo general precede a lo particular. Lo general contiene la conciencia resuelta que no pertenece al mundo material. La comprensión del sujeto junto con la mente del sujeto es suficiente para la plena consciencia. Esto no es así cuando el sujeto mismo no es captado. Aun si él captara la mente del sujeto, esto no sería una comprensión completa. Este no sería el caso si aunque fuera una vez los dos (el sujeto y su mente) fueran captados juntos. No siempre necesita el sujeto estar presente, porque esto nada añadiría en términos de la mente, como en el ejemplo dado antes. Ya que este es retenido por encima del tiempo y se vuelve una consciencia completa para compartir con él su mente, no sería apropiado si permaneciera sin motivo, porque el deseo de adherirse no pertenece al sujeto sino a la mente. El espíritu se adhiere al espíritu; igual se adhiere a igual. Este no es el caso cuando se comparan los sentidos

מאמר היחוד

שכל הפועל הנה מדרך ההכרה שמתחלה מזדמן גופו של חבירו, ואח"כ ואחר כך
כשמתחיל התחברותו עמו מזדמן לפניו דעתו ושכלו ג"כ גם כן. ואפילו כשנעלם
חבירו מעיניו הרי נעלם דוקא מעיני הגשמיים, אבל מעיני הרוחניים שמתדבק
דוקא בשכלו, הרי לא נעלם מהם כלום, כי שכלו נמצא בזכרונו כמאז כן גם עתה
כמעט בלי שום שינוי כלל. ואפילו תואר צורת גופו שהוא רוחני לא יפול עליו
שום העלמה.

ולפי זה הגם שעיקר שכלו של אדם לא יהיה נתפס זולת בראיית תואר גופו
הגשמי, להיותו תמיד נמצא לנגד עיניו, וכיון שהשיג שכלו ודעתו בהכרה שלימה
מצורף עם גופו הגשמי כבר נשלמה הפעולה, והרי יכול להיות מדובק בשכלו
תמיד.

וזה ענין הכלל המוקדם לפרט, שבכלל הושם ההכרה התכליתי מה שלא שייך
לעולם הזה, והיה זה כדי להשיג הפועל בצרוף עם שכל הפועל שזה די להכרה
שלימה, משא"כ מה שאין כן אם לא היה משיג הפועל בעצמו, הגם שהיה משיג
שכל הפועל לא היתה השגה זו שלימה, משא"כ מה שאין כן אם פעם אחת השיג
אותם בצרוף יחד, אינו מחויב הפועל להיות מצוי עמו תמיד, שזה לא יוסיף
מעלה אפילו בענין השכל בעצמו כמו במשל הנ"ל הנזכר לעיל, וכיון שנשאר
עמו משך זמן שיהיה להכרה שלימה להשפיע עליו שכלו הנרצה, אינו מן
הכבוד שישאר עמו לבטלה, כי לא שייך תשוקת הדבקות בפועל עצמו כי אם
בשכל הפועל, בזה שייך דביקות דהיינו רוחני ברוחני מן במינו. משא"כ מה שאין

físicos y la conciencia, los cuales no son de la misma clase. En el orden general de las cosas, la acción física es usada para revelar la conciencia o la idea abstracta, de modo que la acción puede causar la adhesión a la idea en forma completa.

Para entender esto debemos extendernos en este tema y es necesario conocer el secreto de la Unidad que es enseñado en todos los libros, porque la respuesta a este acertijo llegó por medio de un razonamiento inverso: la eliminación de la posibilidad de cualquier tipo de separación entre alguna fuerza y el Creador, ya que todo está unido en Su santidad. Por ejemplo: con los adjetivos "sabio" y "bondadoso", el adjetivo implica que hay sabiduría y bondad. No es necesario revelar necedad para saber que hay sabiduría, o revelar el mal para conocer la bondad. La sabiduría y la bondad son grandes y encomiables en y de ellas mismas aun sin sus opuestos. Este no es el caso con la palabra de Unión ("*Yijud*"), que deriva grandeza y encomio de su opuesto. Y mientras más fuerte es el opuesto, más poderosa es la Unión, que se impone a todo lo demás.

Si su opuesto no existiera, no sabríamos de la Unidad. Sería como una sombra producida por una persona, como un esclavo que sigue a su amo. Así, el grado de la exaltación de la Unión del Creador está determinado por el grado de su opuesto. Así que vamos a mirar en aquellos que se oponen a la Luz y descubren su naturaleza.

Los idólatras albergan siete abominaciones en sus corazones: un grupo alega que el Creador, después de que hizo Su obra, se retiró, dejó Sus creaciones y no las mira, y ciertamente no tiene necesidad de estas criaturas humildes. El Creador dio dominio sobre ellas a ángeles ministros y a las estrellas, y es por esto que ellas las adoran.

כן החושים הגשמיים על שכל רוחני הוי מין בשאינו מינו, ובסדר הכללי היה זה לשימוש בעלמא לגלות שכל הפועל שתדבק הפעולה בה קומה בקומה.

וכדי להבין צריך להאריך קצת, ומעיקרא צריך לידע סוד היחוד השגור בכל הספרים, דהנה פתרון חידה זו היא בדרך השלילה, דהיינו כלומר ששולל כל בחינת פירוד איזה כח מהשם יתברך, אלא הכל מתיחד בקדושתו ית'. דרך משל: שאר השמות חכם ועושה חסד, נופל השם על מציאות בחינת חכמה המחויבת בו. ומציאות מחסד וטוב המחויב בו ואין צריך לגלות סכלות לידע טיב החכמה, וכן בחינת רשע רע לידע טיב החסד, כי החכמה וחסד יוכלו להתגדל ולהתפאר ממציאות עצמה, ואפילו אם לא יהיה הפכי להם, משא"כ מה שאין כן מלת היחוד, שם זה מתגדל ומתפאר דוקא ממציאות ההיפך מיחודו, ועד כמה שמתחזק ההפכי, מגדיל ומפאר יחודו העצום, שמעביר ומבלה את כל.

ולמשל, אם לה היה כלל ממידת ההפכי לא נודע לנו כלל מבחינת היחוד, אלא הכל היה כצל הנמשך אחר אדם. וכעבד דשקיל וטרי נושא ונותן אחורי אדונו, ולכן מתרומם יחודו לפי שיעור מדרגות ההיפוך, ולכן נחקור קצת במורדי אור מה טבעם. הנה העובדי ע"ז עבודה זרה, שבע תועבות בלבם.

כת א' אומרים שהבורא אחר שעשה פעולתו נתרומם נתרומם מהם, ועזב אותם ואינו מביט ומכל שכן שאינו מזדקק לשפלים האלו, אלא את ההנהגה נתן לשרים ולכוכבי שמים, על כן הם עובדים להם.

Un segundo grupo dice que no hay poder más grande que la naturaleza, y todo depende ya sea de la suerte o los actos de cada individuo. La pereza los daña y la diligencia los ayuda, y a veces la suerte del día o la hora es también un factor.

Un tercer grupo, algunas otras naciones y religiones, alegan que ya que Dios escogió a los israelitas y los acercó por medio de la Torá y sus preceptos, y luego pecaron ante Él, Él los rechazó para siempre y ellos lo rechazaron a Él. Este largo exilio es su castigo y ellos fueron reemplazados con otra nación.

Un cuarto grupo conoce a su Señor y tratan de irritarlo y se rebelan contra Sus leyes y hacen todo contra Él. Al entregarles las leyes y nombres con los que Él creó el cielo y la Tierra, Él instiló en ellos una fuerza que no puede ser retirada. Y aun aquellos que no siguen Sus caminos… y encuentran gracia en Sus ojos, pueden adquirir mayor influencia y entendimiento que los ángeles. Y este fue el pecado de las generaciones del Diluvio y la generación de la Torre de Babel. Como dijeron a Jeremías, quien profetizó la destrucción del Templo: "Lo rodearé a Él con agua" (*Midrash Eijá Rabatí, capítulo 1*).

Y hay otro grupo que dice que hay dos autoridades: el Creador del Bien y el Creador del Mal, dado que han observado fenómenos contradictorios en el Creador. Y uno es la fuente del bien en el mundo y el otro es la fuente del mal. La Escritura dice: "El Formador de la luz y el Creador de la oscuridad, el Hacedor de la paz y Creador del mal; Yo, el Eterno, hago todo esto" (*Isaías 45:7*). Esta es una prueba clara de que el Creador gobierna Su mundo con un principio de incertidumbre e hizo un lugar para todos los errores destructivos mencionados previamente, de modo que a través de ellos la fuerza tremenda de la Unidad se haga conocida a todas las criaturas y sus pensamientos se vuelvan subordinados a la raíz de esta tremenda Unidad. Como está escrito: "Pronto no habrá mal; mirarás a su lugar y se habrá ido…" (*Salmos 37:10*).

כת ב' אומרים שאין למעלה מן הטבע שום כח, והכל תלוי או במזל או במעשה
וחריצות של כל אחד, ועצלותם הוא המזיק וחריצותם המועיל, ולפעמים מזל
יום גורם או מזל שעה.

כת ג' דעת גויי ארץ, שכיון שהשם ית' בחר בישראל וקרבם בתורה ומצות, וחטאו
והרשיעו לפניו, כבר מאס בהם לנצח וכבר נמאס להם, ואורך הגלות יוכיח להם,
והחליפם באומה אחרת.

כת ד' יודעים רבונם ומכונים להכעיס ולמרוד בחוקיו, באומרם לעשות נגד
השי"ת וכיון שמסר להם החוקים והשמות שנבראו בהם שמים וארץ, הרי הטביע
בהם הכח ולא יעבור. ואפילו מי שאינו הולך בדרכיו ... ומוצא חן לפניו, מכל
מקום יכול להמשיך השפעה והשגה על פני מלאך. וזה חטא דור הפלגה ודור
המבול, וכמו שאמרו לירמיהו שהיה [מנבא] להם חורבן המקדש, אמרו (מדרש
איכה רבתי, פ"א) אנא אקפי לה מיא.

ויש עוד מין אחד שאמרו שתי רשויות יש, בורא טוב ובורא רע, כיון שלחקירות
(שלהם אפשר) כביכול להיות בחינת הרכבה בהבורא ורואים פעולות הפכיות,
על כן עשו לו... ומאחד נמצאים טובות שבעולם, ומאחד נמצאים רעות שבעולם.
ומקרא כתוב: "יוצר אור ובורא חושך עושה שלום ובורא רע אני ה' עושה כל
אלה" (ישעיהו, מ"ה, ז'). הרי לנו בפירוש שמנהג את עולמו בהנהגה מסופקת ונתן
מקום לכל הטעויות המכשילות הנזכר לעיל, להמצא כי מתוכן יוודע כח היחוד
העצום לכל היצור ומחשבותיהם נבלעים בשורש יחודו העצום... אפילו כמ"ש
כמו שכתוב: "ועוד מעט ואין רשע והתבוננת על מקומו ואיננו..." (תהלים, ל"ז, י').

LOS CENTROS DE KABBALAH

La Kabbalah es el significado más profundo y oculto de la Torá o la Biblia. A través del gran conocimiento y las prácticas místicas de la Kabbalah se pueden alcanzar los más altos niveles espirituales posibles. Aunque mucha gente confía en sus creencias, fe y dogmas para buscar el significado de la vida, los kabbalistas buscan una conexión espiritual con el Creador y las fuerzas del Creador, así lo extraño se vuelve conocido y la fe se convierte en conocimiento.

A lo largo de la historia, aquellos que conocieron y practicaron la Kabbalah fueron muy cuidadosos con respecto a la diseminación del conocimiento porque sabían que las masas no estaban preparadas aún para la gran verdad de la existencia. Hoy en día los kabbalistas saben que no sólo es adecuado sino también necesario hacer que la Kabbalah esté disponible para todo aquel que la busque.

El Centro de Kabbalah es un instituto independiente, sin fines de lucro, fundado en Israel en 1922. El Centro provee investigación, información y ayuda a quienes buscan las enseñanzas de la Kabbalah. El Centro ofrece charlas públicas, clases, seminarios y excursiones a lugares místicos en los centros de Israel y Estados Unidos. Se han abierto centros y grupos de estudio en México, Montreal, Toronto, París, Hong Kong y Taiwán.

Nuestros cursos y materiales tratan sobre los conocimientos zohóricos de cada porción semanal de la Torá. Cada aspecto de la vida es estudiado y otras dimensiones, desconocidas hasta ahora, proveen una conexión más profunda con una realidad superior. Los tres cursos principales para principiantes abarcan temas como: tiempo, espacio y movimiento; reencarnación, matrimonio y divorcio; meditación kabbalística; la limitación de los cinco sentidos; ilusión y realidad; las cuatro fases; hombre y mujer, muerte, dormir y sueños; la alimentación; y Shabat.

Miles de personas se han beneficiado de las actividades del Centro, las publicaciones de material kabbalístico del Centro siguen siendo las más completas de su tipo en el mundo, incluyendo las traducciones al inglés, hebreo, ruso, alemán, portugués, francés, español y persa.

La Kabbalah puede darnos el verdadero significado de nuestro ser y el conocimiento necesario para nuestro máximo beneficio. Además, puede mostrarnos que la espiritualidad va más allá de la fe. El Centro de Kabbalah continuará haciendo que la Kabbalah esté a la disposición de todo aquel que la busque.

EL ZÓHAR

El *Zóhar*, la fuente principal de la Kabbalah, fue escrito hace 2000 años por Rav Shimón bar Yojái mientras se escondía de los romanos en una cueva en Pekiín, Israel, por 13 años. Luego fue sacado a la luz por Rav Moshé de León en España y posteriormente revelado a través de los kabbalistas de Safed y el sistema lurianico de la Kabbalah.

Los programas del Centro de Kabbalah han sido instaurados para proporcionar oportunidades para el aprendizaje, la enseñanza, la investigación y la demostración de conocimiento especializado a partir de la sabiduría eterna del *Zóhar* y los sabios kabbalistas. Oculto de las masas por mucho tiempo, hoy en día el conocimiento del *Zóhar* y la Kabbalah deben ser compartidos por todos aquellos que buscan entender el significado más profundo de esta herencia espiritual y del significado de la vida. La ciencia moderna apenas está empezando a descubrir lo que nuestros sabios tenían cubierto con simbolismo. Este conocimiento es de naturaleza práctica y puede ser aplicado diariamente para el mejoramiento de nuestra vida y la vida de la humanidad.

La oscuridad no puede existir en presencia de la Luz. Hasta una habitación oscura es afectada por la luz de una vela. Mientras compartimos este momento juntos, comenzamos a presenciar una revolución de iluminación en la gente y, de hecho, algunos de nosotros ya estamos participando en ella. Las nubes oscuras de conflicto y disputa se harán sentir sólo mientras la Luz Eterna permanezca oculta.

El *Zóhar* es ahora un instrumento para infundir al cosmos con la Fuerza de Luz del Creador revelada. El *Zóhar* no es un libro sobre religión, el *Zóhar* hace referencia a la relación entre las fuerzas invisibles del cosmos, la Fuerza de Luz y su influencia en la humanidad

El *Zóhar* promete que con la entrada de la Era de Acuario el cosmos será de fácil acceso para el entendimiento humano. El *Zóhar* dice que en los días del Mesías "no habrá necesidad de decirle a nuestro semejante, 'Enséñame sabiduría'" (*Zóhar* Nasó, 9:65). "Y no enseñará más ninguno a su prójimo, ni ninguno a su hermano, diciendo: 'Conoce al Eterno'; porque todos Me conocerán, desde el más pequeño de ellos hasta el más grande" (Jeremías 31:34).

Podemos recuperar el dominio de nuestra vida y nuestro entorno. Para lograr este objetivo, el *Zóhar* nos da una oportunidad para superar el aplastante peso de la negatividad universal.

Estudiar el *Zóhar* diariamente, sin intentar entenderlo o traducirlo, llenará de Luz nuestra conciencia, mejorando así nuestro bienestar e influirá de actitudes positivas todo lo que nos rodea. Incluso recorrer visualmente el *Zóhar*, aunque se desconozca el alfabeto hebreo, tendrá los mismos resultados.

La conexión que creamos mediante recorrer visualmente el *Zóhar* es la de unidad con la Luz del Creador. Las letras, aunque no sepamos hebreo o arameo, son los canales a través de los cuales se realiza la conexión; puede compararse con marcar el número de teléfono o introducir los códigos para iniciar un programa de computadora. La conexión se logra en el nivel metafísico de nuestro ser y se extiende hasta nuestro plano físico de existencia. Pero primero está el prerrequisito del "arreglo" metafísico. Tenemos que permitir conscientemente que, a través de acciones y pensamientos positivos, el inmenso poder del *Zóhar* irradie amor, armonía y paz a nuestra vida para que compartamos eso con toda la humanidad y el universo.

En los años que vienen, el *Zóhar* continuará siendo un libro para la humanidad, tocará el corazón y la mente de aquellos que anhelan la paz, la verdad y el alivio del sufrimiento. Ante las crisis y catástrofes, el *Zóhar* tiene la capacidad de aliviar las aflicciones de agonía humana mediante la restauración de la relación de cada individuo con la Fuerza de Luz del Creador.

Información de Contacto de Centros y Grupos de Estudio

ARGENTINA:

Buenos Aires
Teléfono: +54 11 4771 1432
kcargentina@kabbalah.com

COLOMBIA:

Bogotá
Teléfonos: +57 1 321 7430 /
+57 1 212 6620 / 6621
kcbogota@kabbalah.com
Facebook: Centro de Kabbalah Bogotá
Twitter: @kabbalah_Co

Medellín
Teléfonos: +57 4 311 9004 /
+57 313 649 2898
kcmedellin@kabbalah.com
Facebook: Centro de Kabbalah Medellín

ESPAÑA:

Madrid
Teléfono: +34 9 11883526
kcspain@kabbalah.com
Facebook: Centro Centre Spain
Twitter: KabbalahCentreSpain

MÉXICO:

D.F., Polanco
Galileo 64
Ciudad de México, DF 11550
Tel: 5280 0511

D.F., Tecamachalco
Av. de Las Fuentes 218
Naucalpan, MEX 53950
Tel: 5280 0511

D.F., San Ángel
Plaza Versalles
Av de La Paz #40 local 102-C
Col. San Angel, México DF, CP 011000
Tel: 5280 0511

Otros
Si vives fuera de la Ciudad de México:
+52 55 8526 1251
kcmexico@kabbalah.com
Facebook: kabbalahmexico
Twitter: kabbalahmx

Guadalajara
Teléfonos: +52 33 31 23 09 76 /
+52 33 15 96 24 78
kcguadalajara@kabbalah.com
Facebook: Kabbalah Centre Guadalajara
Twitter: kabbalahgdl

San Luis Potosí
kcsanluispotosi@kabbalah.com

PANAMÁ:

Teléfono: +507 396 5270
kcpanama@kabbalah.com

PARAGUAY:

Teléfono: +598 981 576 740
paraguay@kabbalah.com

PERÚ:

Teléfono: +511 422 2934 /
+51 98741 1087
peru@kabbalah.com
Facebook: Kabbalah Perú
Twitter: kabbalahperu

PUERTO RICO:

Teléfono: +1 787 717 0281
kcpuertorico@kabbalah.com

CENTROS EN EUA:

Boca Ratón, FL +1 561 488 8826
Los Ángeles, CA +1 310 657 5404
Miami, FL +1 305 692 9223
Nueva York, NY +1 212 644 0025

CENTROS INTERNACIONALES:

Londres, Inglaterra +44 207 499 4974
París, Francia +33 6 68 45 51 41
Toronto, Canadá +1 416 631 9395
Tel Aviv, Israel +972 3 52 66 800

URUGUAY:

Teléfono: 00 59894 793900
uruguaykabbalah@gmail.com

VENEZUELA:

Caracas
Teléfono: +58 212 267 7432 / 8368
caracastkc@kabbalah.com
Facebook: Centro Kabbalah Venezuela
Twitter: KabbalahVe

Valencia
Teléfono: 241 843 1746
venezuelatkc@kabbalah.com

Esta primera traducción de un libro de Rav Áshlag al español
está dedicada a ti,
estudiante de Kabbalah de habla hispana
que has tomado la responsabilidad de tu vida.

Está dedicada también a todos aquellos que, con su entrega, están
acercando la Luz de la Kabbalah en español a millones de personas:
a todos los maestros del Centro Kabbalah que tanto nos inspiran.
A todos aquellos que pacientemente subtitulan las clases, traducen en
los eventos o cada texto que nos llega.
Sabed todos que vuestra entrega fructifica.

A los amigos que iluminan mi camino, y que por espacio solo
personalizaré en uno: mi querido Palo, has marcado la diferencia en mi
vida desde el primer instante que entraste en ella.

Finalmente, con profundo agradecimiento,
de ese que no cabe en palabras,
a mi maestro, mi guía y mi apoyo Yigal Kutnovsky.
Y, sobre todo, a Rav y Karen por todo lo que han hecho con tanto Amor.
Gracias por ayudarme a formar parte de la vasija única que estamos
siendo para, al fin, eliminar el caos y sufrimiento del mundo.
Una sola alma,

Mallorca, España
Mayo de 2015